编委会名单

传媒集刊 2022

中国传媒实践教学研究

|第二辑|

Research on Media Practical Teaching in China

胡一梁 姚争 主编

中国传媒大学出版社

·北京·

前　言

2021年，新冠肺炎疫情仍在全球许多国家扩散蔓延。疫情不断反复，病毒迭代传播，隔离、封锁、重启……百年未有之大变局与全球疫情交织，令全球经济陷入第二次世界大战结束以来最严重的衰退，冲击超出预想。原有的全球化基础面临瓦解，新的全球化范式若隐若现，我们可能正经历20年来最大的社会经济生活结构巨变。

与此同时，疫情之下社会数字化、智能化步伐越来越快。从线下到线上，社会各个领域的数字化进化全面加速。远程、在线、上云、非接触、协同成为社会新标签。云计算、大数据、5G、物联网、区块链、人工智能、虚拟现实/增强现实、元宇宙等新一代信息技术交织在一起，继续在社会各个领域深入应用和发展，为人类世界发展打开新空间，改变我们对社会的认知，给生产力变革和媒介生态带来巨大影响。人类社会进入媒体化社会，媒体由“传递信息的工具”转向“关系的纽带”，媒介的形式得到很大拓展，媒体的组织边界、关系结构也正在被打破。

从报纸、杂志、广播、电视等传统媒体到央视频、新华云、芒果TV，从搜狐、网易、新浪到今日头条、腾讯、百度，从网络论坛、博客、微博、微信到公众号、视频号、抖音，从社区、朋友圈到用户生成内容(UGC)，每个人、每个组织的发声渠道变宽了，彰显存在感、展现能力的舞台变多了。目前资讯、短视频、音乐、游戏、小说等各种数字内容构成的共享云端欣欣向荣，信息无处不在、无时不在。我们每个人并不是一座孤岛，我们彼此交流，相互欣赏，以一种新的云端方式彼此连接。

2021年，面对媒体颠覆性、裂变式的变革，越来越多的高校传媒相关学科专业加快融入以新基建、新学科、新实践为特色的人才培养数字空间建设之中，顺应了传媒教学、科研、创新云端共享共建的现实需求。中国高校影视学会实验教学专业委员会一直致力于传媒实践教学的与时俱进，我们想借此向全国传媒实践教学领域的各位教师同仁分享三个关键词：

第一个关键词是"初心"。培养传媒实践创新人才是我们共同的初心。每位教师、每个教学团队，不管身处哪所高校，不管从事何种传媒实践教学业务，都在为践行这个共同的使命而努力。21世纪20年代，传媒发展日新月异，社会变化丰富多彩，我们有幸身处在大时代、大潮流、大变革中，用知识、能力和远见培养学生的实践创新能力，这是一项非常有意义的事业。

第二个关键词是"成长"。无论何时，传媒始终是最活跃、最反映时代变化、最具正能量的社会元素，传媒实践教学也始终充满挑战和青春活力。每一位从事实践教学教师的心态都是年轻的，我们一直兢兢业业从传媒人才培养和社会需求两端出发，去创造传媒实践教学的价值。在这个过程中，学生在快速成长，我们也在教学相长，这注定是一段无与伦比、相互成就的美好历程。

第三个关键词是"责任"。传媒已经赋能社会方方面面，我们不仅要面向传媒领域，培养更多更优秀、更卓越的实践创新人才，而且要面向非传媒领域，为非传媒领域培养更多能够创造社会价值的实践创新人才。传媒实践教学既能培养学生的实践创新能力，也能塑造学生的社会责任感，从而为社区、为传媒、为社会创造价值，这就是我们在传媒实践教学中孜孜以求的责任。

每个教学形态最终都是大时代的产物。星光不负赶路人，江河眷顾奋楫者。无论何时，只要我们心中的梦想与期待不变，奋斗的勇气与执着不变，时刻与社会同频共振，我们就可以从容翻千山越万水，归来依旧少年。

2021年岁末，《中国传媒实践教学研究》(第二辑)编辑完成，这本集刊凝聚了国内从事传媒实践教学专家学者的聪明才智，在传媒发展、实践教学体系、实践教学模式、实践课程改革、示范中心建设等方面，展开了全方位、多角度、深层次的研究与讨论，反映了2021年传媒实践教学成果。

《中国传媒实践教学研究》(第二辑)集刊征集过程中得到了中国高校影视学会、浙江传媒学院全媒体实验创新中心、国内高校传媒相关院系和中国传媒大学出版社的大力支持，胡一梁、王轶群、马文策等同志参与了本集刊的编辑工作。对上述单位和付出辛勤劳动的编辑校对工作人员，在此一并表示衷心感谢。书中若存在疏漏和不当之处，恳请读者批评指正。

《中国传媒实践教学研究》编辑委员会

2021年12月28日

目 录 >>>>CONTENTS

实践教学前沿研究

实践教学模式改革研究

实践教学课程改革研究

实验教学中心构建研究

实践教学创新研讨会综述

实践教学系统构建研究

实践教学前沿研究

云端融合背景下传媒实践教学虚拟教研室建设探索与实践

◎胡一梁　姚　争　李　琳

摘要:虚拟教研室是在“智能+”时代背景下,利用信息化智慧教学手段开展线上线下、虚实结合的教学研究活动及课堂教学实践的新型基层教学组织。本文叙述了影视摄制技术与艺术创研虚拟教研室组成、建设基础与建设特色、建设目标与建设内容、建设预期成果,提出了应用智能媒体技术与业务,实现跨时空、跨学校、跨专业云端融合一体的多场景融合传媒实践教学新模式。

关键词:影视摄制;虚拟教研室;实践教学;共享平台

根据《教育部高等教育司关于开展虚拟教研室试点建设工作的通知》(教高司函〔2021〕10 号)①和《浙江省教育厅办公室关于开展国家级虚拟教研室推荐及省级名师网络工作室(虚拟教研室)试点建设工作的通知》(浙教办函〔2021〕186 号)②两个文件通知精神,浙江传媒学院影视摄影与制作国家一流专业、电视编辑与导播国家级实验教学示范中心,在已有的影视传媒实践教学创新基础上,联合包括西部高校相关传媒专业院系在内的 14 所高校,组建了影视摄制技术与艺术创研虚拟教研室。该虚拟教研室 2021 年 10 月入选首批浙江省本科高校省级名师网络工作室(虚拟教研室)试点建设名单,这为跨时空、跨学校、跨专业的全国性传媒实践教学模式创新开启了新征程。

该虚拟教研室将全面聚焦智能媒体时代“传媒类专业多场景融合教学模式探索”

---

① 教育部高等教育司关于开展虚拟教研室试点建设工作的通知[EB/OL].(2021-07-20)[2021-11-22].http://www.moe.gov.cn/s78/A08/Tongzh/202107/t20210720_545684.html.

② 浙江省教育厅办公室关于开展国家级虚拟教研室推荐及省级名师网络工作室(虚拟教研室)试点建设工作的通知[EB/OL].(2021-07-23)[2021-11-22].http://jyt.zj.gov.cn/art/2021/7/23/art_1228998760_58917822.html.

这一建设主题，通过开展资源共享、学科交叉、产学合作和教学共研机制等方面的研究与探索，消弭理论与实践、业务与创作、高校与高校、高校与行业的鸿沟，改革传媒类专业之前基于教室、实验室、图书馆等单一场景的传统教学形式，探索应用智能媒体技术与业务，实现跨时空、跨学校、跨专业云端一体的多场景融合教学路径与方法，实现优质教学资源、高水平师资的线上线下共建共享，满足不同地域传媒实践教学需要。

1.虚拟教研室组成

影视摄制技术与艺术创研虚拟教研室由浙江传媒学院相关实体教研室（实验教学示范中心）、全国高校传媒相关专业虚拟教研室和合作单位相关教师、业界专家组成，初步形成了多层级、多学科领域、多类型的新型基层教学组织体系，实现了跨专业、跨学校、跨地域的云端融合教研交流机制。

1.1 实体教研室情况

实体教研室部分由浙江传媒学院电视艺术学院影视摄制教研室、电视编辑与导播国家级实验教学示范中心组成。

影视摄制教研室影视摄影与制作专业2019年获得首批国家一流专业建设点。教研室还拥有“电视剪辑系列课程”“影视类教学创作实践平台教学团队”两个省级教学团队，长期坚持专业建设和教学改革顺应科学、艺术与人文之间的融合，不断拓展专业的内涵和外延，形成了“跨媒体、科学与艺术相融合”专业特色与优势，培养了一批传媒实践创新人才。

国家级实验教学示范中心立足传媒实践教学生态体系建设优势，探索智能媒体背景下传媒实践教学新平台、新业务、新模式，构建国内首个云端一体媒体融合实践教学平台和多场景融合实践教学模式，开发多形态媒体融合课程矩阵，负责两门虚拟仿真实验教学国家级一流课程，获浙江省教学成果奖1项，连续5年召开传媒实践教学创新国际研讨会，入选省“三全育人”优秀案例，在教育部融媒体建设推进会等各种会议做典型发言，在传媒实践教学创新上具有广泛社会影响力。

1.2 虚拟教研室情况

影视摄制技术与艺术创研虚拟教研室由从事传媒教学、作品创研、媒体技术研发、媒体平台运营等各界专家学者组成，他们来自14所高校和5家企事业单位，教师均为各校相关教研室或实验中心负责人,具体教师构成情况如下。

1.2.1 非中西部高校教师

非中西部高校教师30人,包括浙江传媒学院15人、南京大学2人、中国传媒大学4人、深圳大学2人、中国人民大学2人、浙江大学1人、东北师范大学2人、河南大学2人。教师所在院系均有传媒类国家级实验教学示范中心、国家一流专业建设点或一流课程,在传媒实践教学上各有特色优势。

1.2.2 中西部高校教师

中西部高校教师10人,包括新疆艺术学院2人、云南大学2人、兰州大学1人、陕西师范大学2人、西藏民族大学1人、青海民族大学1人、四川电影电视学院1人。教师所在院系均有传媒类省级或省级以上一流专业建设点或一流课程,为中西部地区培养了大批传媒实践创新人才。

1.2.3 媒体及相关企业专家

媒体及相关企业专家5人,包括央视频1人、今日头条1人、芒果TV 1人、容艺教育1人、成都华栖云1人,均为所在单位相关项目的负责人。他们将在共享资源建设和实践教学业务创新等方面给予虚拟教研室支持。

1.3 合作单位情况

央视频、字节跳动、容艺教育、成都华栖云、中国传媒大学出版社等企事业单位与浙江传媒学院有良好的长期合作基础,支持本虚拟教研室相关方面建设。

1.3.1 央视频

央视频是中央广播电视总台基于5G+4K/8K+AI等新技术推出的综合性视听新媒体国家级5G新媒体平台,打造“有品质的视频社交媒体”,为用户带来全新视听体验。本虚拟教研室将在央视频开设“大学生视听作品展”官方账号,设置不同专栏和实践教学直播频道,并发布相关内容,同时生成学生影视作品二维码,在微信、微博等渠道进行推广,推动影视实践教学成果的交流互鉴。

1.3.2 字节跳动

字节跳动公司是将人工智能应用于移动互联网场景的科技企业,旨在针对人工智能相关领域的长期性和开放性问题进行探索,独立研发了今日头条、抖音等客户端。字节跳动与浙江传媒学院签订战略合作协议,在电视编辑与导播国家级实验教学示范中心共建短视频学院，在短视频人才培养成果基础上与虚拟教研室相互赋能，加强短视频制作、媒体运营技能、互动娱乐等方面实践创新人才培养，实现传媒类专业实践教学与行业接轨。

1.3.3 容艺教育

容艺教育主要致力于影视文化、传媒教育等领域，从事国际文化交流、特色教学与实训、职场培训等项目的运营及管理，构建了“点—线—面”不同需求的传媒实践课程矩阵，为传媒实践教学提供了立体化人才培养服务。双方将在传媒实践教学资源共享方面进行合作，通过课程建设、师资培养和实践基地共建实现共赢。

1.3.4 成都华栖云

成都华栖云是拥有广播级视音频技术及混合媒体云架构核心技术知识产权的国家级高新技术企业，主要向大传媒、泛教育、政企宣教多个领域的企业客户提供“采集、制作、发布、管理、运营”一站式媒体云服务，落地场景包括智慧媒体云和智慧教育云、行业视频云。双方校企合作在国内构建了首个媒体云实践教学系统，今后将继续在教学系统共享、师资培训等方面进行深度合作。

1.3.5 中国传媒大学出版社

中国传媒大学出版社是我国新闻传播、语言艺术、影视文化、媒体管理、播音主持等类别图书和音像制品专业出版社，双方将继续在媒体融合教材编撰、《中国传媒实践教学研究》(集刊)出版等方面进行合作。

2.建设基础与特色

实体教研室一直以来致力于传媒技术、业务与艺术融合的实践教学改革探索，教学改革基础扎实，2016 年以来云教学建设初步成形，获得 9 项省级教改成果奖、3 项省级教学成果奖、一门国家一流专业建设点，入选国家级实验教学示范中心。教研室拥有“多讯道导播虚拟仿真实验”“电影摄影照明设计虚拟仿真实验”等实验教学国家一流课程，形成了传媒实践教学媒体化模式。

2.1 建设基础

在虚拟教研室内，9 所高校相关院系或中心拥有国家级传媒实验教学示范中心，12 所高校所在院系获得一个或多个国家一流专业建设点、一流课程。这些高校在传媒实践教学创新上一直走在国内前列，奠定了虚拟教研室建设基础。

2.1.1 具备多场景融合教学支撑平台

浙江传媒学院率先构建了辐射全国的教学、实践平台“浙传云”，实现了传媒类专业多业务、多终端、多场景融合教学。在虚拟教研室内，6所高校建成媒体云教学平台，在此基础上，通过与央视频、今日头条、华栖云、容艺教育等媒体企业合作形成云端一体共享实践教学平台。这为多场景融合教学提供了共享平台支撑。

2.1.2 具备精品教学资源库建设基础

截至2021年6月，虚拟教研室共拥有国家一流专业建设点25个、国家一流课程17门及省级一流课程30余门，积累了包括教学视频、教学案例、媒体平台等在内的大量优质实践教学资源，为传媒教学资源库建设奠定了基础。

2.1.3 具备优质师资和教改成果支撑

虚拟教研室现有9位国家一流专业或课程负责人，团队教学经验丰富，获省部级教学成果奖6项，创建了浙江传媒学院全媒体矩阵、电艺作业簿、南京大学未来编辑部、中国传媒大学东街1号等实践教学品牌，搭建了“浙传艺稻”云展映平台，为构建多场景融合教学体系提供了师资条件。

2.1.4 具备组建虚拟教研室组织基础

中国高校影视学会实验教学专业委员会主任单位和秘书处设在浙江传媒学院电视编辑与导播国家级实验教学示范中心，有500余所高校参与，开展了系列传媒实践教学创新研讨和师资培训活动。传媒实践教学创新国际研讨会连续举办五届，探索文工交叉、艺工兼修的新文科发展道路，成为传媒实践教学领域影响最大的会议。本虚拟教研室将继续以实验教学专业委员会为纽带，进行全国性传媒实践教学共建共享虚拟教研室组织建设。

2.2 建设特色

在产教融合形态下，本虚拟教研室致力于传媒实践教学领域，探索与构建云端一体多场景融合实践教学模式。虚拟教研室将通过三年建设，形成媒体化教学资源共享新形态、多场景融合实践教学新模式、线上课程与师资共建新机制。

2.2.1 媒体化教学资源共享新形态

在媒体云教学平台基础上，虚拟教研室以“资源共建—资源发布—师生服务”为建设思路，与央视频、今日头条、华栖云、容艺教育等单位合作，构建面向网站、微信、微博、抖音以及其他渠道的媒体化共享平台、教学资源库和媒体运营平台，实现优质教学资源的跨学科、跨专业、跨地域共享与辐射，从而形成了媒体化教学资源共享新形态。

2.2.2　多场景融合实践教学新模式

在资源媒体化共享基础上，虚拟教研室进行虚拟物理空间和多场景多专业融合实验教学实体物理空间建设，打破阻碍传媒实践教学媒体化运行的物理障碍，实现教学平台、教学资源库、虚拟物理空间、实体物理空间、媒体矩阵、各种终端等多教学场景跨时空、跨学校、跨专业的虚实融合，彻底突破原有传媒实践教学必须依赖实体实验系统进行实践教学的桎梏，从而形成了传媒实践教学产教协同与多场景融合实践教学新模式。

2.2.3　线上课程与师资共建新机制

虚拟教研室建立了线上跨时空机制和线下教研活动、师资培训机制，分组分业务协同课程建设，依托共享平台、教学资源库以及校园媒体、媒体工作坊、自媒体等媒体化资源，开展多校联合云课程教学，通过媒体化平台进行作业、作品联合线上展映、点评、推优，开展线下大学生视听节、新业务新运营师资培训等活动，从而形成了线上课程与师资共建的新机制。

3.建设目标与内容

虚拟教研室形成了以下建设目标与内容：探索智能媒体时代传媒实践教学新型基层教学组织的建设标准、建设路径、运行模式等，通过三年时间，在虚拟教研室运行机制、优质教学资源库共享运营平台、双师型传媒师资培训机制、多场景融合教学模式等方面进行建设与探索，初步形成跨时空、跨学校、跨专业的云端一体多场景融合传媒实践教学生态，培育一批传媒实践教学研究与实践成果，打造教师教学发展共同体，全面提升教师的实践创新人才培养能力。

3.1　建设目标

构建跨时空、跨学校、跨专业的云端一体多场景融合传媒实践教学生态和媒体化教学模式，与传媒行业同频共振，需要解决如下问题：

第一，解决传媒高等教育如何应对挑战、抓住机遇、接轨行业发展的问题。任何一次传媒技术的重大突破都引发了传媒业务与艺术的革命。在智能媒体时代,传媒类专业必须摆脱用过去的技术、业务为明天培养人才的窠臼。促进传媒新技术、新业务与艺术的交叉融合,是传媒高等教育的当务之急。

第二,解决教师如何掌握智慧教育技术并运用到传媒类专业教学中的问题。随着云计算、大数据、人工智能、5G、虚拟现实/增强现实等信息技术的普及,教师必须掌握这些新技术,并不断与传媒实践教学深度结合,才能满足互联网环境下成长起来的学生对多场景融合教学的需要。

第三,解决传媒教育地区发展不均衡、高质量教学资源共建共享程度低的问题。要通过本虚拟教研室建设,以媒体生产运营方式集合名师、名课和各领域优质教学资源,实现优质传媒实践教学资源共建共享,提高中西部地区传媒实践教学系统的实践创新人才培养水平。

第四,解决单一场景教学模式给传媒类专业人才培养带来的知行分离问题。打破传统的理论—教室、实践—实验室、研究—图书馆等单一场景教学模式,强化艺术与技术、内容与手段、线上与线下的有机融合,践行实践教学与行业实践一线的同步,实现传媒类专业实践教学多场景多业务的融合。

3.2 建设内容

本虚拟教研室将通过“四个一”建设,构建传媒多场景实践教学模式。具体建设内容如下。

3.2.1 形成一个联合共享的教研室运行机制

随着腾讯会议、钉钉直播、云直播等线上交流场景在教育领域的广泛应用,跨时空、跨校区、跨专业的教研活动将成为常态。本虚拟教研室将通过以下三种形式开展常态化的教研活动。

一是常态化的在线教学研讨,由合作高校轮流组织线上线下融合教研活动,研讨内容包括培养方案、教学计划、课程建设、教学改革、业务培训、资源建设等方面,提高传媒实践教学教研水平;二是组成摄制、剪辑、创意、运营、综合5个业务课程组,由国家一流专业和一流课程负责人担任各个课程组负责人,实行联合备课、共同指导,开设校际公选课并观摩交流,提高传媒实践教学质量;三是通过中国高校影视学会实验教学专业委员会年会、传媒实践教学创新国际研讨会等载体进行教学研讨活动,实现更多高校、更多专业、更广范围的传媒实践教学教研形态。虚拟教研室将由此形成一个线上线下共享的教研室运行机制，如图 1 所示。

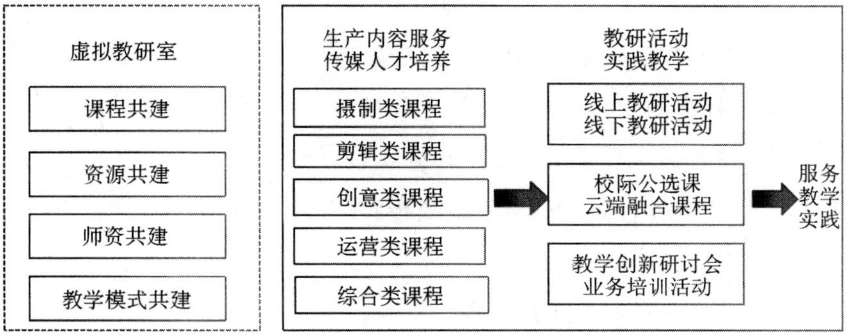

图 1　线上线下共享的教研室运行机制

3.2.2　构建一个优质教学资源库共享运营平台

优质教学资源库共享运营平台必须依靠产教融合机制，通过共建共享才可以良性运行。本虚拟教研室将通过以下三种方式持续开展教学资源共享运营平台建设与媒体化运行。

一是强化各校媒体云教学平台与合作媒体平台互联互通，形成媒介化、松耦合的传媒类专业教学资源平台，形成基于国家一流专业、一流课程、实验教学示范中心、其他项目的教学资源库；二是联合产教，联合每年举办大学生视听作品节线上线下活动，征集毕业设计作品、实践教学作品、自媒体作品以及其他方面作品，形成大学生优秀视听作品库；三是深化与央视频、今日头条、容艺教育、华栖云等单位合作，开设面向全国传媒实践教学的官方账号，设置专栏和教学直播频道，形成教学资源库共享运营平台，如图 2 所示。

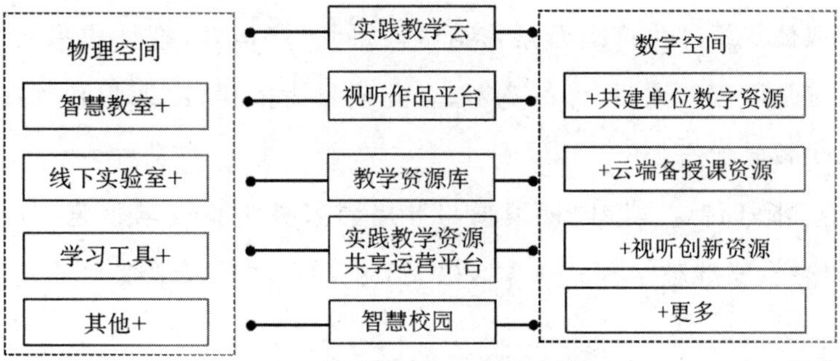

图 2　教学资源库共享运营平台

虚拟教研室由此逐步构建起传媒教学资源共享运营平台，不断满足多业务、多终端、多场景传媒实践教学需要,形成全国性传媒实践教学媒体化运行形态。

3.2.3 形成一个双师型传媒师资培训机制

随着传媒业务不断赋能社会其他领域,传媒生产运营的云化和媒介社会化进程不断深化,教师借助社会的媒介平台和轻量化终端(电脑、手机、照相机、无人机等)就可以完成极大部分媒体化传媒实践教学。传媒实践教学的主要矛盾已经从之前实践教学设施制约,转为懂业务、懂运营、懂教学的传媒实践教师的不足,这直接影响传媒人才的培养质量。因此,教师媒体业务培训成为传媒实践教学必须重视的问题。本虚拟教研室通过以下三种途径加强实践师资的培养。

一是青年教师的培养机制。通过教学资源共享,联合备课,减少青年教师收集资源时间,集聚名师在线一对一指导,提供观摩案例,创造博采众家之长的条件,使青年教师能快速成长;二是教师业务提升的常态化措施。定期开展线上线下教研活动,在线开展系列业务讲座,每年组织业务培训活动,交流分享教学经验,不断提升教师实践教学能力;三是制定信息新技术、媒体新业务使用情况在线考核方案,规定时长,按期考核,考核结果和教学考评挂钩。

师资培训是一项任重道远的工作,本虚拟教研室将探索在产教协同机制下,构建一个双师型传媒师资培训机制的路径,不断赋能传媒实践教学。

3.2.4 创建一个多业务多场景融合教学模式

传统的传媒实践教学模式已经不能满足媒介社会化、生产运营工具轻量化环境成长起来的传媒学子实践创新学习的需要,本虚拟教研室通过以下三种方式创建一个多业务多场景融合教学模式。

一是通过校校、校企师资共享,依托教学资源共享平台、教学资源库、各种媒体,进行各自教学和多校、校企线上线下教学,实现云端化教学形式;二是实践教学与各校校园媒体、合作媒体等媒体生产运营紧密结合,共同生产运营,教学成果共享,形成栏目化教学形式;三是以创新项目、作品竞赛、企业项目为依托,由课程教师在线或线下指导,实现项目化教学形态。

2016 年起,浙江传媒学院电视编辑与导播国家级实验教学示范中心就一直从事多业务多场景融合实践教学模式探索,2021 年获得浙江传媒学院教学成果一等奖。

4.建设预期成果

本虚拟教研室建设基础扎实、建设目标明确、建设内容具体,通过各校教师三年通力建设虚拟教研室，预期取得以下成果。

4.1 理论研究成果

不断进行传媒实践教学理论探索，形成系统完整的智能媒体时代传媒实践教学的应对策略与方法，发表10篇以上教改论文，出版4部实践教学实务教材和每年1辑《中国传媒实践教学研究》论文集。

4.2 平台建设成果

通过校校、校企共建，构建一个基于云端、全国共享的新型多场景融合资源共享平台，包括1个传媒类专业教学资源平台、5个公共实践教学自媒体号、2个传媒实践教学的官方账号、1个传媒类一流专业（含一流课程）教学资源库、1个教学案例库和1个大学生优秀视听作品库及其线上发布平台。

4.3 课程建设成果

通过传媒实践课程迭代和师资业务培训，构建一套完善的教师培训实施系统和运行机制，建设5门多形态全业务媒体融合业务实践课程，至少3门课程在教研室内多校线上线下联合开设；新建20个虚拟仿真教学项目、50个教学案例、100个影视媒体新业务培训视频；每年举办1次全国性大学生视听作品节活动（线下）和不少于2次优秀实践教学作品交流互鉴活动（线上）。

4.4 推广应用成果

继续完善中国高校影视学会实验教学专业委员会的建设运行机制，每年面向全国召开1次传媒实践教学创新国际研讨会，举办2次线下教研活动，举办传媒类师资培训班、影视创作训练营活动，在各种会议做20次典型发言。

5.结语

创新教研形态、加强教学研究、共建优质资源、开展教师培训，是影视摄制技术与艺术创研教研室建设的核心任务。构建跨时空、跨学校、跨专业云端一体的资源共享运营平台和多场景融合实践教学媒体化模式，实现智能媒体技术与业务同频共振，需要虚拟教研室教师同心协力，更需要产教协同。云端融合＋生产运营＋人工智能是传媒实践教学未来之路,也是虚拟教研室努力的方向。

〔胡一梁,教授级高级工程师,浙江传媒学院电视编辑与导播国家级实验教学示范中心副主任;姚争,教授,浙江传媒学院副校长,浙江传媒学院电视编辑与导播国家级实验教学示范中心主任;李琳,副教授,浙江传媒学院电视艺术学院影视摄制教研室主任〕

基于国际视野的可视化数据新闻实验教学刍议

◎ 卢小雁　许今茜

摘要：在网络信息全球化的时代背景下，传媒领域变革迅速。数据新闻的兴起是紧跟当前网络新媒体国际化发展潮流的一种新趋势，传媒学科高等教育体系也逐渐引入了可视化数据新闻实验教学内容。本文考察了近年来可视化数据新闻实验教学在国内外的开展应用，并结合当前国内可视化数据新闻实验教学的实践探索，提出应从整合相关交叉学科教学内容、完善课程体系和重视复合型师资团队的建设等方面，切实加强可视化数据新闻实验教学，推进我国新闻与传播学科高等教育的提升与变革，以顺应当前基于国际视野的传媒学科高等教育发展新趋势。

关键词：国际视野；可视化数据新闻；实验教学；高等教育

在网络信息全球化的时代背景下，随着数字网络技术的普及应用和新媒体的迅猛发展，传媒各行业领域的内容生产发生了深刻变化。数据新闻逐渐成为一种风靡全球的新闻报道方式。[①] 越来越多的新闻从业人员将数据采集与分析手段、数据可视化呈现技术，引入传统的“采、写、编、评”新闻生产流程中。数据新闻在通过数据可视化直击事件核心、让事实更易被人们所理解和接受的同时，[②]也对新闻传播学人才培养提出了新的挑战。面对可视化数据新闻发展应用的全球化发展趋势，我国国内传媒行业领域对其重视程度还不够，在新闻与传播学科高等教育中关于可视化数据新闻的实验教学建设也仍处于探索阶段。因此，基于当前国际化的趋势，培养具有良好“数据素养”的传媒应用型人才，成为我国高校的传媒学科教学改革的重要任务。

① 罗杰斯.数据新闻大趋势：释放可视化报道的力量[M].岳跃，译.北京：中国人民大学出版社，2015：154-155.

② 李小军，吕萌，朱琼琼.数据新闻实验课程建设与教学实践[J].新闻研究导刊，2017(16)：15-16.

1.基于国际视野的可视化数据新闻发展应用趋势

1.1 可视化数据新闻的内涵

2009 年英国《卫报》推出“数字博客”,在新闻叙事和内容生产方面探索和开创了一种不同于传统新闻叙事(storytelling)的内容生产方式,即数据新闻。“数据新闻”(data journalism),也被称为“数据驱动新闻”(data-driven journalism),简单地说,就是用数据做新闻。它是基于数据的抓取、挖掘、统计、分析和可视化呈现的新型新闻报道方式,呈现方式包括网络在线演示、互动图标和可视化数据图等。①

数据新闻的提法虽然新颖,但其内涵和理念早已存在。比起精确新闻(precision journalism)、计算机辅助新闻(computer-assisted journalism)而言,更多地强调了新闻生产中两个维度的能力:一方面是对数据及数据库中的内容进行有效应用,另一方面则是对新闻文本中的数据进行合理的可视化呈现。② 可视化数据新闻主要是通过计算机技术生成丰富多元的信息图表或动画视频,让用户拥有更多“发现”的乐趣,这是数据新闻得以风靡全球的关键原因。

1.2 可视化数据新闻的国际化表征

数据新闻的发展应用已在全球新闻业形成趋势。2012 年,全球第一个专门为数据新闻设立的奖项“全球数据新闻奖(Data Journalism Awards)”开始颁发;不仅《卫报》、《金融时报》、英国广播公司、美联社等老牌主流媒体参与了评奖,还有 ProPublica 这样的新兴公共新闻网站和诸多独立数据新闻记者,以及许多来自南美洲、大洋洲、亚洲、非洲的媒体组织也在参选名单之中。③ 从西蒙·罗杰斯所著的《数据新闻大趋势:释放可视化报道的力量》,到如今在互联网广为流传的《数据新闻手册》④,再到有“互联网之父”之称的蒂姆·伯纳斯·李(Tim Berners-Lee)所宣称的“数据新闻就是未来”⑤,新闻界已然达成“数据即讯息”的时代共识。

---

① 郭禹希.新闻新表达:展现可视化数据新闻的魅力[J].新闻传播,2017(24):119-120.

② 张迪,崔芳萦,王昕彤.浅析数据新闻在网络媒体科技报道中的应用[J].新闻研究导刊,2017(19):92-93.

③ 方洁.数据新闻:全球新闻界的新宠[N].光明日报,2014-01-11(10).

④ 乔纳森·格雷的《数据新闻手册》是一本针对数据新闻爱好者所出版的免费参考书,由英国广播公司、《卫报》、《金融时报》、《纽约时报》等媒体的诸多数据新闻领域的倡导者与资深专家以网络协作方式编写而成,并基于“知识共享协议”(CC BY-SA 3.0),发布于 http://datajournalismhandbook.org/one/。

⑤ 蒋瞰.“新闻的未来,是分析数据”[J].新闻实践,2013(9):70-72.

优秀的数据新闻作品往往兼具可读性与可视性，在数据新闻的可视化呈现方面表现突出。例如英国莱斯特大学的阿德里安·怀特（Adrian White）教授参考多方数据，制作了《全球各地的主观幸福感（2006年）》。该作品利用不同色彩在世界地图中的颜色标注，令读者对全球人民主观幸福感的分布概况一目了然，仔细读图可以发现细微的分布差异。

2.国际上可视化数据新闻实验教学开展现状

在可视化数据新闻的全球化风潮之下，国际上可视化数据新闻实验教学也紧跟其后，在教育参与主体方面形成四种教育参与主体的互补格局，在教学目的上达成了基本一致，在教学方法方面重视实验操作与实践环节，同时又兼具灵活多样的特点。

2.1 四种教育参与主体的互补格局

国际上参与可视化数据新闻实验教学的教学主体可分为学术机构（综合性大学）、高职教育机构、新闻机构与新闻行业组织、其他市民个体或组织。①

高校开设基础课程，探索培养方案。美国学者贝雷（Berret）和菲利普斯（Phillips）对美国新闻院校的调查显示，超过一半的新闻院校已经开设了数据新闻课程，一些新闻教育实力较强的大学还开始探索面向本科生和硕士研究生的数据新闻专业培养方案。例如英国卡迪夫大学设置了“计算与数据新闻”硕士学位，英国伦敦城市大学“互动新闻”硕士项目中设有“数据报道概论”“高级数据及编程”等子项目，还有其他几所大学开设了“数据新闻”“数据可视化”等课程；大多数英国高校的数据新闻课程都新设立不久。例如澳大利亚的墨尔本大学、昆士兰大学、墨尔本皇家理工大学等也都已经开设了数据新闻实验及实践的相关课程。再如哥伦比亚大学的数据新闻教育，尤其是计算机新闻学系，已经形成了颇具特色的培养体系。②

高职教育机构（如德国莱比锡传媒学院、瑞士新闻学院等）开设的相关课程则是在职业教育发达的国家作为大学教育的一种补充，并不占据数据新闻教育的主导地位；新闻机构与新闻行业组织则发挥新闻生产一线的优势，在建立可视化数据新闻实验室或团队的同时，以业界实践驱动高校新闻教育领域的发展；其他市民个体或组织则重视推广数据新闻对相关社会事务的促进作用。

---

① 方洁，胡文嘉.全球数据新闻教育：发展特征与未来趋势[J].国际新闻界，2017(9)：134-151.

② 陈积银，杨廉.哥大新闻学院数据新闻教学的解读与借鉴[J].新闻大学，2016(5)：126-133，152.

2.2 基本一致的教学目的

数据新闻的生产过程决定了高校教育对数据新闻从业者的能力要求，数据新闻从业者需要具有数据素养。数据素养包括新闻生产者对数据的收集、分析、呈现和有效评估的能力。[①] 即可视化数据新闻教学首要目标是培养新闻从业者收集数据、分析数据和呈现数据的能力。在这一点上，尽管相关表述有所不同，但学界和业界都是普遍认可的。对数据的新闻价值的有效评估则作为新闻生产者所应具备的传统素质，成为可视化数据新闻实验教学的补充内容。

2.3 重视实践而灵活多样的教学方法

目前，国际上逐渐开展的可视化数据新闻教育以培养应用技能为导向，教学方法灵活多样。一方面，由于新闻生产本身的实践性较强，不论是高校还是媒体组织都更主张“从做中学”(learning by doing)的实验教学方法；另一方面，由于各国社会发展水平和教育发展水平不一，各教育主体根据自身的条件和优势采取了灵活多样的教学方式，如课堂教学与实验操作相结合、理论教学与课程实践相结合、线上线下资源相结合、校内校外资源相结合、短期长期课程相结合等。

3.国内可视化数据新闻实验教学的实践探索

在亚洲范围内，我国的可视化数据新闻实验教学虽发展较为快速，但仍处于探索阶段。

3.1 国内可视化数据新闻实验教学的开展

3.1.1 以高校传媒学科为主体的可视化数据新闻实验教学课程的设置

目前，我国内地已有中国传媒大学、中国人民大学、清华大学、北京大学、复旦大学、武汉大学、南京大学、浙江大学等多所院校开设了数据新闻相关课程。在港澳台地区，香港大学、香港城市大学、香港中文大学、香港浸会大学、台湾大学、台湾政治大学、台湾辅仁大学、台湾世新大学、澳门科技大学设有与数据新闻相关的课程。[②]

其中，作为我国内地第一个设置数据新闻专业方向的大学，中国传媒大学开设了

---

① 金兼斌.财经记者与数据素养[J].新闻与写作，2013(10)：4-9.

② 许向东.对中美数据新闻人才培养模式的比较与思考[J].新闻学研究，2016(10)：100-110

“数据新闻基础”作为新闻学专业的选修课,以讲授数据新闻报道的基本规律和方法为主,要求学生除掌握传统的新闻职业素养外,还要能够适应大数据时代精确新闻的报道要求,同时具备较强数据处理分析能力、熟练运用计算机和网络应用技能,能够从事数据新闻报道、数据挖掘、数据分析等信息处理工作。新闻学数据新闻方向的学生在校期间,将主修新闻史、新闻理论、新闻采写编评、传播学概论、新媒体理论、全球新闻传播实务、社会科学研究方法、舆情分析与社会计算、可视化软件工具与应用、用户体验和交互设计等课程。

综合国内已有可视化数据新闻实验教学情况来看,我国以高校传媒学科为主体的可视化数据新闻实验教学具有以下几个特点:一是在课程开设上,我国以“双一流”大学为主干力量开设可视化数据新闻课程,其余本科院校相关实践探索尚在起步当中;二是在课程设计上,教学内容基本都是先理论后技术;三是在授课方式上,由于教师专业背景限制,以本院系教师授课为主,以外请专家讲座为辅;四是在课程体系上,遵从先基础后专业的教学顺序,将可视化数据新闻实验相关课程安排在高年级的课表中;五是在授课对象上,学生大多归属文科学院,兼具一定计算机应用技术素养的学生较少。

3.1.2 依托传媒行业开展的可视化数据新闻实验及实践教学

新闻行业组织对可视化数据新闻的教育主要通过团队内部学习交流和业界组织培训相结合。面对数据新闻全球化的浪潮,我国国内不少新闻行业组织(如央视新闻、《南方都市报》等)组建了数据新闻实验室或团队,以团队合作的形式为主生产可视化数据新闻。这类数据新闻生产团队通常由数据记者、信息设计人员、编程人员和数据分析人员组成,成员之间常因知识背景不同而产生交流障碍。① 业内一般通过组织培训,让记者、设计师、编程师等成员之间相互学习和了解。可视化数据新闻实验及实践教学,作为一种应对时代趋势的产物,在业界还未形成成熟的体系。这更加强调了我国高校教育主体在可视化数据新闻教学中的重要角色地位。

3.2 “可视化数据新闻实践”实验课程教学的实例

本文尝试以浙江大学传媒与国际文化学院开设的新闻传播专业硕士学位选修实验课程“可视化数据新闻实践”为例,剖析国内高校可视化数据新闻实验教学探索的微观面貌,权作抛砖之举。

---

① 沈浩,谈和,文蕾.“数据新闻”发展与“数据新闻”教育[J].现代传播(中国传媒大学学报),2014(11):139-142.

结合国内外相关高校的实践经验和数据新闻的一般制作流程,“可视化数据新闻实践”实验课程将教学内容分为以下三个阶段:一是可视化数据新闻发展与应用概述阶段——入门知识教学阶段,介绍可视化数据新闻的历史脉络与发展趋势;二是可视化数据新闻实践理论与方法阶段——基础内容教学阶段,邀请业界权威专家亲临授课,传授给学生可视化数据新闻领域最新操作工具的使用方法;三是可视化数据新闻实验操作阶段——核心阶段,引入一批可视化数据新闻实践方面最新软硬件系统,如iClone快速动画制作软件①、新闻动作捕捉系统等,应用于教学环节。

在教学方法上,“可视化数据新闻实践”实验课程采用国际上最新的可视化报道相关权威教材,重视但不拘泥于课堂教学,探索构建一个相对完整的数据新闻实验课程教学方法体系。首先,开发网络教育资源,建设新闻教学案例库,引入最具时效性的教学案例,使用符合当前时代背景的最新教学工具。其次,鼓励学生独立设计课程作业,自主选题,同时开放实验中心的操作平台,让每个学生都能了解可视化数据新闻编辑与制作的完整流程并得以实践。再次,充分利用校内外资源,增加学生的实践操作机会。我们初步组建了一支跨学科师资团队,如邀请尼尔森网联②数据专家、Reallusion iClone国际认证讲师等讲授数据搜集处理与快速动画在新闻报道领域的应用等内容。课程结束时,每个学生都独立完成各自的可视化数据新闻作品,有的作品还获得媒体的实际应用与好评。学生们在可视化数据新闻实践上得到了很好的锻炼与提升。

4.进一步推进高校传媒学科可视化数据新闻实验教学的举措初探

综合考量可视化数据新闻教学国际发展趋势,结合国内外可视化数据新闻实验教学的具体经验,我国高校传媒学科在进一步推进可视化数据新闻教学时,应整合交叉学科教学内容,完善课程体系,并对复合型师资团队的建设予以更多重视。

4.1 整合交叉学科教学内容

整合交叉学科教学内容是可视化数据新闻实验教学的普遍难题。由于长期以来我国文理分科生源现实,相较而言,这个难题在我国新闻与传播学类文科高等教育中

① iClone是一个实时的三维动画制作工具和数字导演工具,拥有演员系统、环境素材、视觉特效、拖拽式编辑、物理模拟和微软的Kinect运动捕捉设备对接等一系列便捷功能,可以帮助用户在设计、快速生产、创意表达、教育教学等方面大幅度地提升效率。

② 尼尔森网联媒介数据服务有限公司(Nielsen-CCData)是尼尔森旗下专业数据服务公司,采用全球领先的研究技术和方法,以海量样本收视率与全媒体广告信息数据为核心,专注数字化环境下的媒介研究和受众研究。

显得更为突出。在实际教学过程中,学生相对缺乏计算机技术、数理统计、美工设计等方面知识和技能。面对这一客观现状,我们在组织教学的时候要注重由易到难、由浅到深的渐进式教学,积极利用第三方开放平台技术支撑,有效缓解文科学生对于数据处理和可视化表达存在的畏难情绪。值得注意的是,高校教育在紧随技术发展步伐的同时,也应该清楚可视化是数据新闻一种常见但非唯一的表达方式,有效地传播新闻价值依然是数据新闻的核心,那种"唯技术论"的教学观念也是片面的。要坚持以新闻传播学为本,注重多学科领域的交叉互补。

4.2 完善课程体系

在我国内地地区,除了中国传媒大学设置了数据新闻专业方向,并形成了较为完善的课程体系外,其他开设可视化数据新闻相关课程的高校大多处于单门科目实验教学的初级阶段,缺乏课程体系的建设。

在国际上,美国哥伦比亚大学新闻学院的做法可作为国内相关实践的参考对象。2017 年,哥伦比亚大学数据新闻相关课程共同构成了一个课程包①,由 11 门课程组成,如表 1 所示,不仅涉及数据新闻的搜集处理、分析评估和可视化设计等 3 个重点内容,还结合美国新闻实践和发展前沿进行了专业领域的拓展。

表 1 哥伦比亚大学新闻学院数据新闻课程体系②

学位项目	主修的数据新闻相关课程简介
新闻文学硕士学位(M.A.)项目	"证据与推论":新闻文学硕士学位必备
新闻理学硕士学位(M.S.)项目,下设数据专业方向	"报道""书面语":数据基础课 "数据工作坊":体验数据产制过程 "数据专业方向硕士学位项目":要求学生完成一个数据新闻作品
新闻与计算机科学双硕士学位项目	学习新闻学院的数据课程 学习工程与应用学院的数据挖掘、数据库系统设计、软件工程进阶、用户界面设计、计算机图形学等课程,如"计算机新闻学前沿"等
莱德项目(硕士)(The Lede Program)	由新闻学院与计算机科学系合作推出,招收已获得学士学位的数据新闻爱好者。学生可选择两种学制,选择时长一个学期的学生学习基本的数据分析和数据呈现技能,选择时长两个学期的学生学习内容则涵盖更多进阶技巧

① 课程包是微课程的集合,包含多个子课程。一般情况下,每个课程包按照年级、学段、学科进行分类,并包含在线测试与在线评价。

② 方洁,胡文嘉.全球数据新闻教育:发展特征与未来趋势[J].国际新闻界,2017,39(9):141-142.

由此可见,对于正积极探索可视化数据新闻实验教学体系建设的我国高校来说,可视化数据新闻教学范畴中的相关交叉学科课程,理应被纳入新的培养方案规划中,并且交叉学科内容的整合问题也可以通过课程体系的建设来加以解决。

4.3 重视复合型师资团队的建设

目前,我国高等院校传媒学科师资队伍的配置还普遍存在学科背景过于单一的问题,不足以适应人才市场对可视化数据新闻发展应用的需求。一方面,在国内的数据新闻教学中,以本院系教师为主干的教学队伍往往缺乏媒体工作经验,在讲授实操环节的软件应用时难免吃力;[①]另一方面,目前国内高校的相关教学实践,几乎都在线下展开,对线上教育资源利用不够。此外,不同学院专业之间的师资力量也未得到充分调动。

因此,在由业界推动学界的可视化数据新闻教育中,复合型师资团队的建设,即线上师资和线下师资的复合、业界师资和学界师资的复合、学院内师资和学院外师资的复合,应在我国高校传媒学科高等教育中予以更多重视。

目前国外高校开设的数据新闻相关课程,其授课教师就有相当一部分来自业界专家。关于学界师资和业界师资的复合型师资团队的建设,最典型的还是要数美国哥伦比亚大学新闻学院——截至 2020 年,该校从各新闻媒体聘请的兼职教授多达 120 余人,而全职教师只有 25 人,许多主干课程也由业界兼职教师执教。2019 年,中国传媒大学大数据挖掘与社会计算实验室联合中国广视索福瑞媒介研究有限公司(CSM 媒介研究)共同建立媒介研究大数据实验室,以帮助学生获取更多实践机会,这也有利于媒体机构自身的发展。

5.结语

可视化数据新闻在国际范围内的应用发展,使当代新闻记者的角色发生了转变,要求新闻记者不仅仅是提问者,还要做解读者,不仅仅要做媒体人,还要成为“数据人”。[②] 这意味着,国内外传媒学科的相关教学开展也应致力于培养能够适应时代需求的当代新闻记者。未来的新闻人才应拥有更高的综合素质,既要能对海量数据进行分析提取,又要能讲述可视化故事,帮助公众深入解读新闻数据、获得更好的用户体

① 许向东.对中美数据新闻人才培养模式的比较与思考[J].新闻学研究,2016(10):100-110

② 赵江峰.可视化“数据新闻”:记者角色的新转换[J].新闻知识,2013(10):8-10.

验。因此，也有学者认为，可视化数据新闻的生产传播过程还应注重界面的优化升级、用户的体验和反馈等。面对媒体融合的发展态势，教育主体应该对新闻从业者在数据新闻营销能力方面的培养也予以一定的关注。[①]总体而言，在国际视野中，面对可视化数据新闻的新兴趋势，我国高校传媒学科的可视化数据新闻实验教学探索在尽力顺应时代发展变化的同时，应该结合各个高校自身的招生生源、师资条件和学科建设的具体情况，在参考国内外可视化数据新闻实验教学成功经验的同时，不盲目跟风效仿，充分利用现有资源和平台，积极推进符合自身特色的可视化数据新闻实验教学的实践与探索，努力培养符合新时代要求的传媒应用型人才。

〔卢小雁，正高级实验师，浙江大学传媒实验教学中心主任，浙江大学传播研究所博士生导师；许今茜，实验师，浙江大学传媒实验教学中心〕

① 李灿.媒介融合时代数据新闻可视化教学探索[J].今传媒，2016(9)：136-137.

摄影摄像专业器材的智能化管理探索实践

——以深圳大学国家级传媒实验教学与示范中心为例

◎ 王建磊

摘要:影视传媒类实验实训平台规模的扩大、器材的快速更新换代等,直接带来了管理范畴扩大和管理压力增大等问题。深圳大学国家级传媒实验教学与示范中心从自身实际出发,探索摄影摄像专业器材的智能化管理方案。针对学生借用器材的需求和痛点,中心建立线上预约表单系统,对原有的纸质化管理方式进行全方位优化;同时还自主研发出一套软件系统和硬件设备,与表单系统形成对接,方便数据一体化管理。自助式操作有效提高了借用环节的效率,解放了实验管理员的时间,也带给学生更好的使用体验。

关键词:设备借还;智能化;设备柜;表单系统

1.引言:专业器材管理的常规问题

新科技在给传媒业带来新契机的同时,也对新闻传媒院校的课程教学和人才培养提出了更大挑战和更高要求,全球高校的传媒教育都面临着迫切的改革需要①,不改变传统的教学观念将不适应现实的人才需求②。对于影视传媒类高校、院系、专业来说,理论教学和实践训练是高校人才培养的重要"两翼"③,实验实训平台的建设意义和教研驱动价值不言而喻。各级院校都设有专业实验室,并将其喻为推动教学、育人、科研的发动机。在当前新文科建设和交叉学科迅猛发展的背景下,这已成为广泛共

① 李晓静,韩羽昕.欧美新媒体传播硕士课程教学分析与反思[J].新闻记者,2018(5):91-96.

② 张晓凤.论传媒专业实践教学体系的构建[J].中国编辑,2021(4):86-89.

③ 戴蔚.媒体融合视阈下高校传媒实践平台建设新思路[J].湖北民族学院学报(哲学社会科学版),2015,33(6):147-150.

识。正因为此，实验室规模和实验团队规模同步扩大，导致提高实验室管理水平的紧迫性日益凸显，管理范畴不断扩大，管理压力与日俱增。

据不完全调研，国内传媒类院校的实验室人员少则三五人，多则接近百人。他们承担着实验室日常管理、器材维护、实验教学支持和实践类课程主讲等种类繁多的事务。其中，专业器材设备的管理维护是工作的重中之重。该项工作既涉及人，也涉及设备，既有借用登记环节，也有归还检验环节，耗时耗力且节奏频繁。在以往的管理经验中，每到期末或者赛事前夕，实验中心设备处的门口经常被围得水泄不通，管理老师分身乏术，一个老师根本无法应付，两三位老师也是勉为其难，慌乱之中难免出错。

值得反思的是，在智能化大行其道的当下，实验室设备管理仍采取传统纸质版申请表，学生借用前需要找相关课程老师审批，然后到实验中心前台领取设备；临到归还时间点，实验中心助理需要电话提醒学生归还器材……整个借还过程存在流程长、环节多、效率低、需要人手多等管理痛点。在院校的实际管理场景中，问题更是不一而足。实际上，规范系统的实践教学管理是保障实践教学顺利进行的重要条件①，而传统管理方式较为落后等问题是各大院校存在的通病。

基于此，深圳大学国家级传媒实验教学与示范中心从自身实际出发，探索摄影摄像专业设备的智能化管理方案，并自主研发出一套软件系统和硬件设备。本文予以介绍交流，以期同侪提出宝贵建议。

2.线上解决方案——借还表单系统设计

深圳大学传播学院于 2009 年经教育部高教司评审，成功获批国家级实验教学示范中心建设单位（传媒类）。中心现有实验教学面积 5130 平方米，覆盖学院大楼的 5—7 层，建立了全媒体实验室、平面设计实验室、新闻采编实验室、数字录音实验室、虚拟演播厅等 24 个教学实验室，拥有专业的单反相机、高清摄像机、全景相机、稳定器、飞行器、摄影灯、话筒、收音等 2500 余件设备。由于摄影摄像领域具备技术发展迭代快，设备淘汰周期短的特点，设备中心每年需适量采购最新型号的单反相机、摄像机等常用器材，以满足学生最新需求。这也就意味着，实验室的设备清单一直处于报废与更新的动态过程中，而团队观察到：常规的纸质化借用模板，要么用填空的方式，让借用者自行填入器材型号，要么需要常常更新器材列表，供借用者勾选。前者浪费学生时间，后者让管理者付诸心力。基于以上诸多情形，团队决定开发线上借还系统来

① 张晓凤.论传媒专业实践教学体系的构建[J].中国编辑，2021(4)：86-89.

代替传统纸质方案,这源于线上页面登记的灵活性,以及学生的媒介使用习惯。事实上,团队并非要彻底颠覆既有的借还流程,只不过是意识到设备借还存在效率低下的问题。降低设备借还管理的复杂性和烦冗度,成为整个解决方案的出发点。

团队面向1400余名大一至研三的传播学院学生投放了问卷,通过细致的用户调研、场景分析,进一步掌握了学生借用设备的需求和痛点。通过需求提炼和梳理,形成下列问题清单:

(1)每次借还器材要填写姓名、学号、专业、年级、手机号,这些基本信息虽然有必要填写,但很浪费时间;

(2)每次借还器材要手动填写机器具体型号,浪费时间;

(3)每次借用器材,必须到设备中心前台询问,才能知道器材还有没有,很多时候白费时间;

(4)学期期末是借用器材高峰期,有的学生占用器材时间过长,管理员只能通过翻阅借用单,计算借用天数,打电话催还器材;

(5)借用器材超期没有制约机制和措施。

针对如上情况,实验中心团队利用表单工具,开始设计线上预约器材的第一版方案。第一,利用表单关联功能,借用者只需要输入学号,就可以自动关联起姓名、专业、年级和手机号等信息,不需要逐个填入相关信息。利用表单的记忆功能,第二次借用的时候可以直接选择已经输入过的学号。第二,不需要借用者自行填写器材信息,全部改为系统录入,供学生勾选。在做这一步工作前,团队根据数据分析,整理归类出单反类、摄像机类、脚架(含稳定器)类、镜头类、收音设备(含话筒)、摄影灯、滑轨和其他设备等8个常用类目。每个类目单设一页,借用者如需借用,则需在本页面浏览设备清单后勾选,如借用者不借用某一类,则直接划过本页。第三,为了改善学生非到设备中心才得知有无器材的情况,系统开发出一个小功能点,在主流器材后面添加"余 * "(* 为数字)的字样,意味着还有多少台可借。学生看到器材剩余信息后,可在任何地点发起网上借用,提交后再到柜台前来领取器材即可,解决信息不对等的问题。第四,在系统内设定好借用天数(规则上是三天)。从借用发起到归还,还差一天时,系统需自动发短信提醒;如超出三天未归还,系统需发短信警告;超出一周未归还,则该学号进入系统黑名单,影响下次借用——以此形成借用超期的制约机制。

表单系统上线后,经过学生实际使用和不断反馈,团队有针对性地进行迭代优化,后期还增加了线上签名功能,续借设备功能(规则上只能续借一次)。可以说,线上借还表单已经可以全方位地覆盖原来的纸质化管理方式,而且改善原先诸多的不足之处。

值得一提的是，设备借还全部以数据方式记录，因而该系统在前端，还衍生出一个可视化显示大屏的应用，包括器材被借出多少，库存多少，什么器材被借用最多等都可以直观显示。另外，后台增加了一个“一键打印”功能，因为尽管去纸质化是趋势，对于实验中心来说，有时候会面临一些检查，查看后台数据库不够直观。打印出来的自带签名的借还表单是另外一种观感。纸质版主要作用是存档，形成数据的合理留存及保护，也算是对数字时代数据化、在线化管理的一个有益补充。

3.整体解决方案——软件+硬件联动设计

经过一年多时间运行，在线表单极大方便了学生借还机器，也明显提高了实验员的工作效率，提升了器材的流转率，借用器材超期的情形也几乎没有了，学生的使用诚信系统逐渐牢固起来——这些变化均超出我们的预期，也激发了我们优化完善借还系统，推动方案进一步智能化的动力。

正如上文所说，线上借还系统并非从根本上颠覆和改变传统借还流程，只不过具备一定的灵活性，从而是针对纸质化办公的一种优化。在借还流程中，尤其在借用的环节，实验员需要与借用者完成“确认信息—取设备—检查设备—完成交付”流程，整个交接时长因人而异，借用者多的时候需要排队等候，这一问题依然未得到本质改观。

为此，团队进一步提出“智能设备柜”的硬件方案。这一方案力图一站式解决多重问题：第一，为摄影摄像贵重器材提供最佳保管空间，以免影响机器的正常使用寿命；第二，为学生提供自助服务，减少人工确认信息等不必要的环节；第三，与原有的表单系统形成对接，硬件设备柜的设备借用信息也要进入统一后台，方便数据一体化管理。

3.1 技术方案

整套方案的技术逻辑如下：

前端：“传院通”小程序。该小程序已经开发，服务于传播学院学生的各类需求。其中，设备借还系统开发后与“传院通”全面对接。

中端：智能柜中控系统。该智能柜中控系统需要部署开发，中控系统负责联系小程序和电子锁。学生在小程序上获得验证码，输入验证码后可以打开智能柜。智能设备柜技术方案流程如图1所示。

后台：学生借还设备的数据信息存储、分析和记录管理。

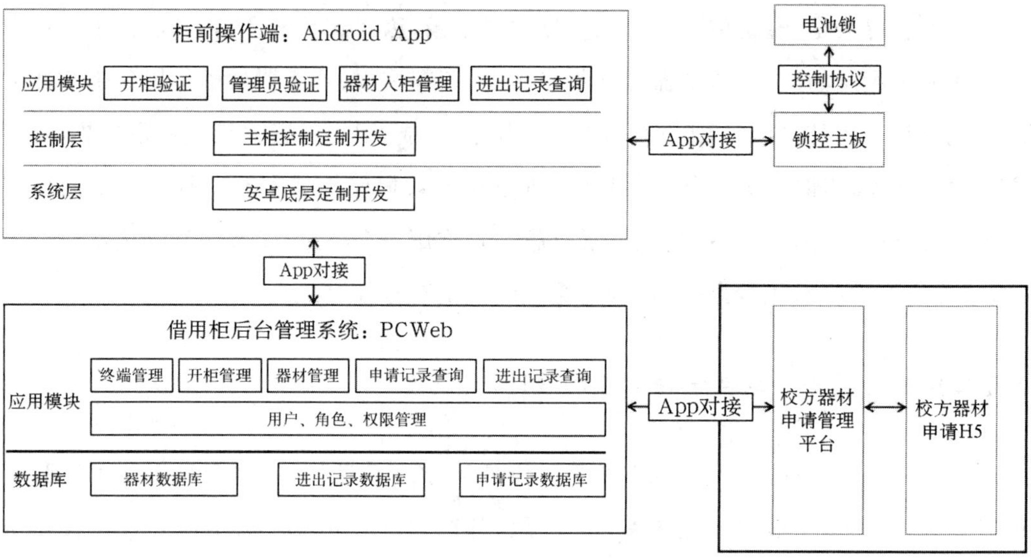

图 1　智能设备柜技术方案流程

基于以上需求,团队首先对原有的表单系统进行升级,学生以往在提交借用信息后,会收到"提交成功,请您保护器材并按时归还"这样的简单提示。基于软硬件打通的要求,现在学生提交借用信息后,会收到一个 6 位开柜密码,学生在设备柜屏幕上输入密码,可以打开指定的柜门,这样就把线上和线下的场景联结起来了;第二个重要的改造在于提出"标准包"概念。根据学生借用频次、种类和数量的数据分析,我们发现:学生借用最多的当属单反相机,富士 XT4、索尼 A7M3 是学生偏爱的两种机型,其次是该两种机型可使用的手持稳定器/三脚架,于是我们把机身、标头、稳定器作为一个"器材标准包",放置单元格中。学生在现场或远程看到几号柜可借,就可以发起借用请求,再来到现场输入开柜密码取走。

该解决方案进一步简化了学生借用设备的流程。比如在新的表单中,他们只需要输入学号和单元格号,姓名、手机号、设备型号、类型、数量等具体信息就会被自动填充进去,如图 2 所示。借用周期是按照从开柜时间算起到结束不能超过 72 小时,几乎是所有的信息都是自动补足了,这就大大节省了学生时间。此外,我们允许学生远程提交借用申请并获得开柜密码,但是仍设定了有效时间为 5 分钟。这意味着系统给学生 5 分钟锁定设备的时间,但若过了 5 分钟学生仍不来开柜,那设备就自动释放出来供下一个学生借用。这是为了出现学生故意操作但无法赶到现场的情形,也是在方便自己和不损害公共利益之间做出的平衡。

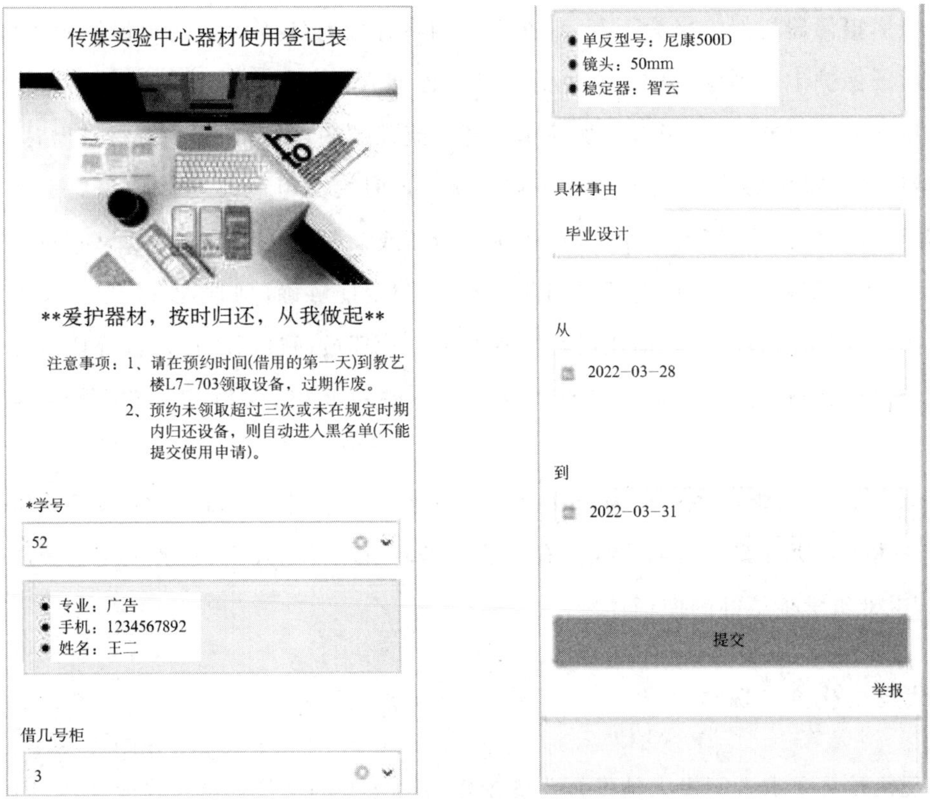

图 2　改版后的表单预约系统

至此，借用器材的环节得到了较为彻底的改善，基本实现了智能化、高效率的管理。不过目前在归还器材方面，仍然需要人工介入。因为人工检查目前仍是追查机器损害责任的有力一环，不可或缺。实验员要核查设备的使用情况，如果"标准包"完好无损，则由实验管理员将"标准包"重新放置柜中，回到可供状态。而只要设备放回柜中，如有损害，就不应再追责上一个借用者。

3.2　使用效果

智能设备柜目前分为主柜和副柜。主柜是10个单元格和1个中控屏幕，副柜是11个单元格。单元格的大小分成两种规格：小单元格尺寸是29cm×49cm×32cm（宽×高×深），可放置单反相机和手持稳定器。大单元格尺寸是29cm×59cm×32cm（宽×高×深），一般放置大脚架、摄影灯等大型设备。每个单元格所放置的东西基本都是固定的，包括机器的身份标识号（ID）与柜体号码都是对应的，这就防止借用者所使用的机器与归还的机器不一，有效提升了设备管理的风控效果。

从使用效果来看,有如下表现:第一,广东地区每年3—5月有回南天,潮湿的空气对于摄影摄像器材保管极为不利,现在它们均在存放时达到一定的恒温恒湿条件,对于器材的保护十分到位;第二,学生借用机器更加方便和自如,借用体验极大提升,仅在信息输入环节方面,新版本更加简单、智能,流程顺畅,因而缩短了器材借出时间;第三,借用场景也更加丰富,比如学生可以在快下课时提交申请,5分钟内只要走到柜体前,就可以开柜拎包,即走即用,避免排队的麻烦或设备不在场的尴尬;第四,对于管理员而言,可以把精力着重放在器材归还检验上,只要能够确保归还器材ID以及器材可正常操作,就意味着上一轮借用已经顺利结束。管理员通过后台可以打开任何一个柜门,同时要保证每一个标准包或器材放入对应的单元格,保持ID与柜体号码的对应性。

综上所述,智能设备柜作为硬件,与之前的线上借用系统打通后,形成了软件+硬件的一体化解决方案。自助式操作有效提高了借用环节的效率,解放了实验管理员的时间,也带给学生更好的使用体验。

4.迭代与优化方向探讨

现代社会要求人们极大地发挥主观能动性和创造性,主动地去改造环境,创造未来。[①] 总结我们团队的工作,无非是通过开发软件系统,配合硬件设计,形成学生自助借用设备、人工(检验)归还设备的一整套智慧化解决方案。本质上,我们所做的事情不属于技术创新,而是流程改善。传媒类实验教学示范中心管理机制的创新,需要一个长期的实践和探索过程。[②] 团队善于从实际工作中发现问题、分析问题,通过采纳既有技术,从而对学生借还设备这件实验中心每天都面对的事务,做出了务实改变。从实际运行效果来看,无论是学生还是管理老师,都对此给予了充分认可。

当然,这并非意味着有了这套解决方案就可以一劳永逸。技术的发展飞快,人工智能开始深入我们生活的方方面面,我们有理由相信,整个流程在不远的将来可能就会实现完全无人化的管理。即便在当下,我们仍然发现系统可以继续迭代和优化。客观地说,当前的软硬件配置,只不过是1.0版本。

在2.0阶段,整套系统会在以下两个技术点上做出全面升级:

第一,将现有学号识别身份方式改为人脸识别。也就是说,中控屏幕摄像头要发

---

① 李晋林.影视传媒专业实践教学体系的改革[J].当代传播,2008(1):88-89.

② 方鑫.融合媒体时代传媒类实验教学示范中心的建设与创新实践探索[J].产业科技创新,2020(2):56-57.

挥关键功能，将借器材的学生与提前录入数据库后台的学生面部照片进行识别，匹配成功则用最可靠方法确定了“谁”借器材的问题。防止学生之间身份误用、盗用。

第二，在目前人工检验器材的环节，需要核对的是机器本身的唯一编号。下一步，我们准备用光刻机，对单反相机进行唯一二维码刻制。这样学生归还机器时，用机器扫描二维码来确认会优于人工比对，也会进一步节省时间。

我们团队在长期工作过程中体会到，技术的革新是永无止境的，用技术发展去解决问题是惯用的逻辑。其实，与技术相伴相随的是社会文化，包括思想、价值观念、制度、规则的变迁。我们在采纳创新技术的同时，深感在管理规则和机制上的调适同样至关重要，比如在制度上可以达成“学生只能亲自来借器材，不可委托他人”“学生必须在三天内使用并按时归还”“学生必须归还当初借用的器材且不能损坏”等约定，这些约定与学习成绩、奖学金乃至社会诚信等挂钩，也许在很大程度上学生们就能够自觉遵守，我们就不需要用技术去应对这些可能发生的隐患了——从这个意义来说，技术与规则相辅相成，器材管理的制度建设同样应予以高度重视。

〔王建磊，副教授，深圳大学传播学院副院长，深圳大学国家级传媒实验教学与示范中心常务主任〕

基于 ASFC 的高校航拍实践教学改革初探*

◎周 菁 张学波 林秀瑜 蓝辉强

摘要:在航拍课程普遍进入传媒影视专业人才培养计划的当下,本文以华南师范大学无人机航拍实践教学经验为基础,梳理并阐述基于 ASFC 训练体系的航拍云台手实践教学的教学设计理念,以及运用虚拟仿真软件实现"能实不虚,虚实结合"的教学路径,探讨国家一流虚拟仿真实验课程从课程设计、教法实施到训练环境等方面开展教学改革的新思路。

关键词:航拍教学;实践教学;课程设计;航模;ASFC

伴随着大疆创新等一批无人机企业在无人机研发上的技术创新,无人机逐渐取代直升机、热气球等超大型空中拍摄设备,被广泛应用于影视素材拍摄中。不论是影视剧、电视广告创作,还是新闻视频、电视直播等,无人机航拍都得到了广泛应用。"无人机航拍课程"由此成为传媒专业学生摄影、摄像技能培养的重要实验模块之一。航拍包含飞行和拍摄两项技能项,如果在传统影视制作摄像基础课程加入航拍的教学模块,需要充分考虑航拍教学的安全性、规程性和特殊性。1964 年成立的中国航空运动协会(Aero Sports Federation of China,ASFC)作为代表中国参加国际航空运动联合会及相应活动的唯一合法组织,其飞行训练体系是一个由易至难的梯级训练系统,涵盖多旋翼、固定翼、直升机和穿越机等多种机型培训、考核内容以及相关技术等级标准,对于规范初学者的操作与训练评价有特别明确的指引。我们可以将相关规范与标准作为影视航拍训练和考核内容的参照,这是一种全新的实践教学路径。

* 本文系广东省级青年创新人才项目(2014WQNCX027)阶段性成果。

1.航拍课程要以飞行技能训练为基础

随着《航拍中国》《飞驰人生》等影视作品的问世,以及大型体育直播赛事中无人机的广泛应用,无人机航拍逐步成为影视制作过程中的重要一环。和地面机器的摄影、摄像相比,其技术的特殊性、应用的专有性、操控的安全性,给无人机航拍师提出了更为专业的操作要求和职业能力诉求。以学生的技能培训、理论提升、规程意识和安全素养的综合职业能力为目标展开航拍教学,显得特别重要。

在专业的影视拍摄作业现场,为了保证素材拍摄的流畅度、达到画面构图的审美需要,为了确保一次起降的飞行效率以及在各种环境条件下的安全飞行,航拍通常是由飞手和云台手两人联合完成的:飞手负责无人机的飞行安全、航线设计,云台手则要专注于搭载摄像机的云台运动以及画面构造,即云台相机的运镜和拍摄。云台手必须不断和飞手配合无人机摇杆的速度和方向,以调整画面形态。

正因为云台手的工作可以视为摄像师的空中作业,所以航拍的基础训练内容是在安全前提下的飞行操控训练,其必要性主要体现在以下三个方面。

1.1 航拍训练的规程性

航拍无人机这种全新的摄录设备在带给应用者、创作者和观众不同视角的同时,也存在着各种潜在突发风险,为了预防飞行事故的发生,飞手和云台手都必须经过严格的规程训练。中国民用航空局出台的《民用无人机驾驶员管理规定》中明确,无人机系统驾驶员是"对无人机的运行负有必不可少的职责并在飞行期间适时操纵无人机的人"①。

航拍训练规程内容除了最基本的无人机起降、飞行训练之外,还包括无人机飞行原理及性能、电池保养、图传通信及监看设备、航空气象基础和相关法律法规等。上述任何一个环节没有做到位,都会影响航拍过程中的飞行安全和拍摄效果。

另外,虽然无人机轻便,能轻易打破地空限制采集视频素材,但它移动的灵活性也特别容易侵犯各种隐私和物权等,无人机航拍师必须经过职业化、规程化训练,增强职业素养,避免违规。

---

① 中国民用航空局.民用无人机驾驶员管理规定[EB/OL].(2018-11-27)[2020-12-13].http://www.caac.gov.cn/XXGK/XXGK/GFXWJ/201811/t20181127_193181.html.

1.2 航拍训练的复杂性

无人机航拍训练需要分解成飞行、拍摄两大技能,以及“航”“拍”与“航拍”三个阶段。飞行是拍摄的基础,安全是飞行的保障。

一方面,云台手的拍摄设备和飞手一致,都是遥控器,云台手必须熟练操纵遥控器的摇杆和各种按钮,才能专注在画面的构造和运镜上。尤其是在追逐快速运动目标时,如果云台手对摇杆不熟练,即便飞手可以按航线和速度飞到位,画面也极有可能会丢失拍摄目标。

另一方面,无人机偶尔还会遇到图传信号丢失、云台手的画面随之花屏的情况,这时候云台手就要及时提醒飞手飞行的距离和高度,调整信号接收的角度,或者提示返航操作才能避免安全事故发生。

云台手除了要在空中进行运镜、控制画面之外,还要及时调整画面的曝光值、快门速度、帧率等拍摄参数。目前单块电池的续航能力普遍偏低,如果云台手的云台操作不熟练,要花大量时间在调整参数上,就会直接影响飞行效率。

1.3 航拍训练的特殊性

虽然拍摄有效素材是摄像课程开设航拍模块的主要目的,但安全飞行是无人机航拍训练的首要内容,这是由航拍训练的特殊性决定的。对于初学者来说,循环往复地多次重复飞行训练,是保证安全飞行的最保险、最基础的方法和训练内容。

同时,如果飞行的基础不过硬,云台手甚至无法和飞手沟通最佳的航线、最好的拍摄角度、拍摄光线以及合理的构图。因此,航拍课程要以飞行技能训练为基础进行实践内容设计。

2.基于 ASFC 的航拍课程和实践内容设计

华南师范大学教育信息技术学院承担建设的国家级精品资源共享课“电视教材编导与制作”自 2017 年开设航拍模块以来,航拍教学团队就开始进行广泛调研和深入的教学教研探讨,聘请校外专家和 ASFC 教练对学生进行多旋翼航模飞机的飞行培训和操作技能考核。

2018 年,“无人机拼装及飞行实践”“无人机飞行及航拍”等两门课程获批校级非正式课程,开展校内团队主讲“结构拼装、理论提升、基础技能”,ASFC 训练团队训练

“高级技能、岗位能力”的教学模式探索。2018年校级教改项目“基于影视人才核心素养体系的无人机拼装和飞行实践课程的教学改革研究”立项，着力探讨从技能培训和理论提升两个方向设计面向影视从业者的无人机航拍教学内容和实施过程。

2019年，从提高学生核心素养出发、基于ASFC训练模式的“无人机云台手虚拟仿真实验项目”立项。它对接各类无人机培训方法和执业标准，打通影视课程的相关模块，运用虚拟仿真软件实现“能实不虚，虚实结合”的无人机航拍教学路径。

2020年，“无人机云台手虚拟仿真实验项目”完成了自主研发训练软件的手机端(含安卓端和iOS端)和PC端口三个运行平台的技术测试，并投入使用。项目探讨从课程设计、教法实施到训练环境等各方面开展教学改革的新思路，由此获批国家级一流虚拟仿真实验项目。

2.1 引入航模运动训练体系的技能训练

由于实践条件有限，多数学校的飞行训练是在凤凰模拟器等模拟训练系统里启蒙完成的。当学生掌握了一定的摇杆操作要领、具备一定的手感以后，必须进一步提升飞行技能才能进入专业航拍学习。而航模运动涉及设计、制作、飞行、调修的全过程，引入航模训练体系，对实现云台手综合素质“基础技能训练＋知识理论导入＋岗位能力提升”的教学目标的实践探索有着重要促进作用。因为航模运动作为一项竞技的运动，不仅仅只是竞技这么简单。航模的设计、制作，都离不开创新。[①]

在2010年之前，固定翼模型飞机和模型直升机是航拍和航模运动领域的主力军。但在近几年，多旋翼飞行器因优良的操控性能异军突起，迅速成为航拍和航模运动领域的新星，并得到越来越多相关行业的关注。[②] ASFC于2018年12月发布的《遥控航空模型飞行员技术等级标准实施办法》附件中详细公布了《遥控航空模型飞行员技术等级标准》，其中对于遥控多旋翼模拟飞行器(代码:X类)有着明确的训练内容和技能指标，如表1所示。

从其技能指标不难看出，模型飞行员在飞行时都要求在关闭全球定位系统(GPS)、关闭超声波装置、摒弃预先设置程序等前提下全手动完成，这就使得学生不得不反复高强度练习才能获得扎实的技术和手感。同时，初级和中级的训练动作基本都是在航拍飞行时最能体现无人机航拍美感的动作，如绕点飞行、各方向匀速位移、四位悬停等。对照此标准设计航拍飞行训练内容，对规范和矫正学生的动作，提升学生的

① 张成，汪东.航模运动与创新型人才培养探讨[J].中国校外教育，2018(3):88.

② 田宇，邹春海，周正伟，周晓东.多旋翼无人机的发展及应用(下)[J].航空模型，2016(2):84-87.

安全意识、方位感,以及培养学生对于遥控器摇杆的手感都很有帮助。

表 1 《遥控航空模型飞行员技术等级标准》X 类技能指标与高校航拍训练内容对照表

序号	项目	ASFC 技术指标要求	高校航拍训练内容
1	ASFC 遥控飞行员(RC)技术等级	少年级、初级、中级、高级等 4 级别	无
2	用于考核和训练的模型要求	1.少年级、初级无限制; 2.中级、高级考核用多旋翼飞行器,轴距须大于 400 毫米(含),允许使用多旋翼飞行器自身的稳定装置; 3.禁止使用利用外部参照信息的自动控制装置(关闭 GPS、超声波装置); 4.禁止预先设置程序的飞行。	1.多旋翼飞行器轴距须大于 400 毫米(含),允许使用多旋翼飞行器自身的稳定装置; 2.禁止使用利用外部参照信息的自动控制装置(关闭 GPS、超声波装置); 3.禁止预先设置程序的飞行。
3	初级考核动作内容	1.起飞/悬停:模型机头向前于起降区起飞,垂直匀速上升至 2 米高度悬停不少于 4 秒,模型垂直匀速下降着陆于起降区。	1.起飞/悬停:机头向前,于 50 米×50 米场地内起飞点安全垂直匀速升起或降落。
		2.四位悬停:模型机头向前于起降区起飞,垂直匀速上升至 2 米高度悬停 2 秒,机体向任意方向依次做 4 个 90°缓慢自转并在每个 90°位置悬停 2 秒以上;模型垂直匀速下降着陆于起降区。	2.四位悬停:机头向前,于起飞点起飞,垂直向上至目视高度,机体在 2 米×2 米范围内,向任意方向依次做 4 个 90°,机头回位向前于起飞点降落。
		3.水平移位:模型机头向前于起降区起飞,垂直匀速上升至 2 米高度悬停 2 秒,模型向左或右做水平匀速移动至规定点上空悬停至少 2 秒,接着反方向匀速运动,移动至另一规定点上空悬停至少 2 秒,再做反向水平匀速移动至起降区上空悬停至少 2 秒,模型垂直匀速下降着陆于起降区。	3.水平移位:机头向前于起飞点起飞,垂直匀速上升至目视高度,向前 2 米,机头转动 180°,向前 2 米,回到起降区,机头回位,降落。同样的动作要求,飞机做左右水平位移。
4	中级考核动作内容	1.(空中)矩形 2.(空中)垂直三角形带自转 3.双向水平 8 字 4.起降航线	1.绕点飞行:机头围绕飞行参照物顺时针、逆时针围绕飞行,要求被拍摄目标始终位于画面中间。 2.目标点画幅变换飞行:以飞行参照物为拍摄目标,分别向后、向前斜向 45°拉高,被拍摄目标始终位于画面中间,画幅逐渐从特写向中景、全景、大全景、俯视图变化。
5	高级考核动作内容	1.垂直横 8 字带反向自转 2.机头向内盘旋上升 3.“酒杯” 4.平移 4 位飞行 5.急停着陆 6.限距绕标飞行	1.平行飞行:以一移动目标(时速约为 20 公里/小时)为拍摄目标,飞机与之成 45°飞行夹角,且与其运动轴向和方向保持水平一致,在拍摄时间 3 分钟内,目标物始终位于画面正中间。 2.绕标飞行:以移动目标为拍摄目标(时速约为 10 公里/小时),飞机与之成 45°飞行夹角,绕标飞行,目标物始终位于画面正中间。

2.2 虚拟仿真软件的开发和应用

无人机航拍飞行实践的场地有限、课堂内安全保障体系尚未建立，是航拍课程开课面临的挑战，运用虚拟仿真软件可以改善上述情况，使学生在有限的课程时长里迅速提高遥控器的手感练习效率。

华南师范大学国家级一流实验课程团队为了强化云台手技能训练，保证从虚拟训练到真实场景飞行的一贯性，选用增强现实技术开发平台，自主研发了具有知识产权的云台手虚拟仿真训练软件，独创了国内首个以云台手为突破口的无人机航拍技术类虚拟仿真实验软件。

在训练场景的设计方面，设计团队抛弃了市面上仿真软件使用三维模拟场景的惯用做法，设计并开发了公园、校园等两个虚拟现实场景和海上漏油、城市火情、火山等三个高危三维虚拟现实场景。学生在虚拟现实场景中进行训练，和运用航拍无人机操作的画面并无二致，对于尽快脱离虚拟仿真软件进行真机实践有特别大的促进作用。

该虚拟仿真软件基于“基本航拍操控”“云台手能力提升”“场景适应练习”和“增强现实飞手操作训练”等 4 个技能板块，设计了无人机配件拼装等 8 个重要实验内容，包含航拍前、中、后 3 个阶段 11 个单项能力的训练步骤，并实现了手机端和电脑端都可以随时随地进行航拍训练的目标。

2.3 “能实不虚，虚实结合”的教学过程

按照不同的操作距离，无人机操作人员分为视距内驾驶员、超视距驾驶员、教员 3 个等级。地面操作人员通过遥控器或者地面控制站操控无人机进行飞行，并根据机型和任务的不同选择不同的操作方式。① 学生从模拟训练过渡到真机训练需要循序渐进。

初学者首次接触真机，往往因为操作不熟练或情绪紧张引发意外，故而真机训练首要考虑的是学生对于安全问题的认知。为了降低耗材及维修成本，教师要尽快帮同学找到飞行手感、学会合适的飞行作业姿态，要熟悉飞行前安全检查和安全降落要领，参照 ASFC 的各级技术指标，采用多旋翼 450 毫米轴距的航模机教学。该类机型抗风性较好，组装较为简单，核心部件只有机架、接收机、飞控、电调、电机和电池，训练的硬件总成本不高，对训练视距内飞行有利。

---

① 杨苡，戴长靖，孙俊田.无人机操控技术[M].北京：机械工业出版社，2020：10.

在培训学生航拍阶段,教学内容除了要求学生继续保持飞行手感之外,还包括要求学生熟悉航拍无人机的参数设置、航拍相机的调试以及不同场景下的航线判断。此阶段如果全部采用真机训练,学生就要考虑不同场景下的实地飞行,其风险很大,沉浸式的虚拟仿真飞行可以解决上述教学难点。

3.航拍课程的实践评价内容和考核要点

目标评价模式的倡导者、"课程评价之父"、美国课程论专家拉尔夫·泰勒(Ralph Tyler)认为:"课程评价在实质上是一个确定课程与教学实际达到教育目标的程度的过程。"[①]无人机航拍是一项精细而高难度的工作,教学需要给学生不断树立阶段性目标,不能一蹴而就。因此,过程性记录与评价,注重定性与定量相结合的课程评价就显得特别重要。本课程的评价是分为如下 4 个阶段来考查的。

3.1 模拟飞行学习阶段

在此阶段,评价的目标主要是考查学生对于遥控器的基础操作,鼓励学生找到适合自己的摇杆操作模式,在课下不间断练习。老师课堂上抽查学生的学习进度,并对操作有困难的学生进行重点讲解和示范。

3.2 真机飞行学习阶段

进入真机飞行学习阶段,评价范围和内容参照 ASFC 的理论和技能评价要求,对学生的航空常识、机械结构常识、安全飞行要领以及法律法规等进行笔试的同时,规定学生在 50 米×50 米的户外进行飞行操作考核。参照上述技术指标的初级和中级遥控飞行员考核标准,学生需从飞行前对无人机和环境的检查、安装电池和插电、安全起飞,一直执行到完成定点四面悬停动作以及安全降落。老师和教练从学生操作过程的熟练度、正确度、动作完成度和安全意识等方面,考查学生对于无人机操作规程性和安全性的认识,考查学生是否具备良好的方位感以及快速反应能力。

3.3 虚拟仿真航拍学习阶段

到了在虚拟仿真软件中进行航拍学习的阶段,评价范围和内容则从飞行技能转入拍摄技能,全面考查学生对于云台手职业能力的掌握和应用。软件设计了每一个步骤

---

① 胡立德.学校课程规划设计指南[M].上海:上海社会科学院出版社,2020:133.

的知识性、结构性问答，学生完成答题之后，后台会自动生成其得分。与此同时，学生利用软件的拍摄（含静态照片拍摄和动态录制）按钮，按要求进行“航线飞行”“绕点”“自由创作”等作品（图片和视频）创作，并按通道回传作品，老师即可在后台看到学生提交的作品，并打分。两类评分相加，即为本阶段训练的学习评价结果。

3.4 航拍创意与制作学习阶段

学生在虚拟仿真软件中进行拍摄训练，可以无限次进行，也可以在老师指定的时间内无限次地提交自己的作品。老师可以在课堂上对学生的作品进行分析讲解，鼓励学生学会做“航拍分镜表”，在实践中不断熟悉航拍操作。除此以外，老师也鼓励技术较为熟练的同学进行真机航拍训练。但由于该阶段对教学硬件的要求更高，对学生的学习更具挑战性，其考核不具普遍性，也不计入课程评价分数。

4.以航拍导演为培养目标的课程反思

当学生具备了一定的技能和经验之后，航拍飞手和云台手的培养不能仅限于技能操作，还需要教师有意识地将之培养成为影视专业级的“航拍导演”。“航拍导演是在天上创造影像艺术，追求和体现自身的人生价值”①的人。这就意味着在节目制作的航拍课程内容设计中，老师需要有意识地对学生进行文化和视觉等专业素养的培养，树立空中影像造型的概念。老师要引导学生重视飞行前分镜脚本的研讨和设计工作，做好完整的脚本构思、分镜创意以及合理的航线规划。老师要引导学生充分考虑飞行场地、环境、天气、光线、信号障碍物、无人机搭载的摄像机及稳定器、镜头的选择等各种因素，设计与考虑飞行平台以及飞手的路线、高度、飞行距离、飞行时间、电池续航能力等，计划云台手的运镜、景别、构图、画幅、曝光、快门速度、帧率等。

无人机航拍导演在影视创作团队中的重要性毋庸赘述，而教学实践也再次证明，不管是虚拟仿真软件航拍学习阶段，还是利用大疆精灵 Phantom4Pro、大疆御 Mavica2Pro、大疆悟 Inspire2 等小中型真机飞行平台的航拍学习阶段，学生每个阶段的学习目标清晰，学习积极性普遍较高。在无人机航拍普遍运用于各类影视作品创作的当下，大家对于无人机航拍的学习认知和重视程度都有所提高，这让课程教学有了可行性和紧迫性。

目前，自主拼装的穿越机搭载轻型摄影机组合而成的新兴航拍方式出现，具备灵

① 高宏明.影视航拍语言[M].上海：上海文艺出版社，2013：179.

活、速度快、沉浸体验感强特点,可以实现“空中翻滚”“破水平”“自由落体”等独特角度的自由拍摄,改变了多旋翼无人机、固定翼无人机航拍的美学语言,受到影视创作者的追捧和喜爱。随着科技的发展,穿越机可承受的重量不断加大,可搭载摄影机的级别和清晰度也越来越高,无人机航拍教学还有许多探索空间,课程培养要不断吸收新鲜的航拍视觉表达方式,并不断对学生的技术水平和职业能力提出更高的培养要求,大胆创新,才能适应不断变化的影视创意创作的需求。

〔周菁,讲师,华南师范大学教育信息技术学院;张学波,教授,华南师范大学教育信息技术学院博士生导师;林秀瑜,高级实验师,华南师范大学教育信息技术学院;蓝辉强,实验师,华南师范大学教育信息技术学院〕

实践教学模式改革研究

由剧本到影片的电影传媒实践教学

◎ 杨爱君　吕　戈　杨　阳　耿雪娜

摘要:电影创作是电影制作流程中的关键环节。对于电影专业教学来说,学生熟悉一部电影的创意生成并制定拍摄计划最终完成电影制作,既需要广泛的专业技能积累,又需要更加广泛的艺术审美、田野调查、项目管理等多方面的实际经验。为了研究电影传媒实践教学的实用方法,我们在深入影片制作流程中发现,学生参与一部电影的制作不仅是各种专业知识演练过程,也是学生社会经验积累以及性格品质历练过程。为了实现这种综合性学习目标,天津师范大学音乐与影视学院以立德树人为教学理念,从全方位提升学生的综合能力出发,把校企合作作为开展综合教学的契机,将本科示范性课程"影视剧本写作"与硕士研究生重点课程"影视创作论"结合,在学院中以兴趣引导、择优选拔的方式与企业开展影视课程教学改革研究,在政府参与、校企合作的方式下完成了红色题材电影《畲岭往事》的创作和前期拍摄,为电影作为传媒实践的课程教学探索了可行的途径。

关键词:剧本创作;电影实践教学;电影制片;传媒实践教学;项目管理

1.《畲岭往事》设计:电影思政课方向的尝试

1.1　融入学生剧本写作过程

电影《畲岭往事》是以土地革命战争后期中国工农红军挺进师的事迹为背景创作的红色题材故事电影,2021 年 5 月正式开始筹备,2021 年 8 月在浙江省丽水市景宁畲族自治县东坑镇完成拍摄。导演、编剧、制片人、剪辑师等主创团队,均为天津师范大学音乐与影视学院教师、学生以及从业多年的校友,先后有 3 名专业教师、17 名影视专业本科生研究生参与剧本撰写和拍摄制作，由学院剪辑教师带领本专业100多名学生以本片进行后期制作的学习和实践。

2017年天津师范大学与企业开展校企合作后，本片即开始创作构思。音乐与影视学院教师在查阅闽浙赣红色革命历史的基础上，先后前往福建、江西、浙江等省份调研采访，同时与当地企业开展合作洽谈，在学院“影视剧本写作”进行课程教学改革时，把红色电影创作作为教学的一项重点内容，将教师外出调研的经历在课堂上进行分享，并设计成期末作业练习；老师在讲授研究生“剧本创作论”课程时，指导电影学研究生根据调研的结果，完成电影的项目策划书撰写以及人物小传、剧本大纲的编写，在项目策划书中把突出地方特色、提升传播效果作为创作目标，体现传统文化和当地旅游、经济发展的成果，用电影为年轻观众上一堂党课。

1.2 寻求商业合作落实项目

2018年，学院教师在授课的反思过程中提出，需要进一步落实剧本人物与历史资料的结合。于是，在调查采风的基础上，学院教师初步确定以浙江景宁县为故事背景进行创作，首先完成了对当地重点村落的走访、历史文物资料的调查，根据完成的调研笔记，形成了新的故事大纲，确定以景宁县的畲族人民为故事主人公，把红军挺进师在景宁县的坚守战斗经历和畲族群众参与革命的历史相结合。影片的名称因当地野生杜鹃花繁茂的特色暂定为《杜鹃花开了》，并在国家电影局平台进行了申报。其中，为了体现该影片的商业元素，以教师为主的创作群体根据景宁县群山环绕，气候常年湿润，地貌险峻，古树、廊桥、特色民居等人文景观丰富的特点，形成了影片的几个核心剧情，即利用地貌开展攻守战体现战争的残酷性，演绎畲族的生活习俗、人文特色，展现特色景观并考虑搭建配套实景作为故事的重要场景等，完成了剧本梗概初稿。在本科专业的教学中，本片作为案例，学院教师同时注重片段写作的训练，如激励事件的设置、人物性格的塑造、历史背景和人物小传在场次中的铺垫与揭示等，引导学生发挥想象力，细致观察生活，尤其是对于历史题材的把握，把历史人物的当代演绎作为写作训练的重点，同时也吸引了一批对该项目感兴趣的同学作为下一阶段的参与者。

2021年3月，收到景宁县和有关企业的意见和建议后，学院组织电影学研究生开始剧本梗概的创作，以项目可行性为首要因素设置人物、剧情，推翻原有的故事梗概，利用课堂讨论时间和业余时间，在现有素材的条件下，进一步查阅有关红军挺进师历史资料，并参考重点红色影片叙事方法，细化了人物小传，完成了剧本梗概第2稿至第6稿，大幅度删减了事件和人物数量，电影预计时长由120分钟缩减到90分钟左右。

同时,剧组还根据对于市场的预测和制片成本的前期沟通,大致确定了可以实现的场景,删减了大规模战斗的群戏,保留了一些有看点的主要人物斗智斗勇的戏份。

经过不断的素材积累和多方努力,2021 年 4 月,在景宁县有关部门的支持下,《杜鹃花开了》进入到合作商议的阶段。作为景宁县一部宣传浙西南革命精神的重点影片,景宁县有关部门领导和天津师范大学音乐与影视学院展开合作洽谈,希望以院线影片的质量打造一部小成本红色影片,并对在当地拍摄给予充分支持。4 月底,由学院教师、研究生和天津市党史专家共同撰写的剧本梗概第 7 稿完成。学院利用五一假期,召集电影学研究生,会同北京、上海的两家影视制片公司,赴景宁县实地调研,通过与景宁县东坑镇党委、政府部门面对面交流,形成了主管部门、创作队伍、企业的三方共识。这次调研还根据完成的剧本梗概,深入景宁县东坑镇各村进行走访,拍摄了概念短片、备选景照片、备选群众演员照片,撰写了拍摄日志,其中包括针对影片美术创作准备的畲族语言、服装、特产、习俗、居住环境、交通情况等记录。剧组根据景宁的气候条件,确定了影片拍摄期在雨季之后,大致为 7 月下旬。为了在这部影片中深化教学成果,学院立即开展了广泛的人员选拔,运用项目管理的体系,倒推时间,组织团队,制订写作计划,开展制片筹备工作,力争利用暑假时间组织学生完成影片的拍摄。

2.从集体创作到实践:师生合作与角色定位

电影作为当代的一门媒介实践课程,其本身就在一定程度上扮演着"教育者"的角色,观看电影是接受教育的过程,参与电影制作更是电影专业学生接受教育的过程。那么,如何理解电影教育的切入点?电影家谢飞在 20 世纪 80 年代中期就在电影教学中注意到"应当兼顾电影作为艺术和文化产业的双重特性,不能忽视娱乐性和与大众的有效交流"①。在当今传媒手段和电影创作高度结合的环境下,教师既要发挥教学的引导者价值,也要深入一线,扮演参与者的角色,这样在理论教学中融入艺术理论教育,在实践中以职业素养的提升作为目标,引导学生贯通基础电影课程的学习,同时吸收优秀作品在娱乐性、大众性上的长处,把"创作+制作"作为学生未来职业发展必备的一环来设计,从而发挥电影的当代教育特色。正如《加快推进教育现代化实施方案(2018—2022 年)》《中国教育现代化 2035》都把提高教育水平和教师能力作为重点内容,并提到全面落实立德树人根本任务,广泛开展理想信念教育,厚植爱国主义情怀,加强品德修养,增长知识见识,培养奋斗精神,不断提高学生思想水平、政治觉悟、道德

① 钟大丰.在拍电影中教电影:从谢飞的另一种职业生涯说起[J].当代电影,2006(2):29-31.

品质、文化素养等具体目标。引导学生完全参与电影制作过程，尤其是一部体现红色革命历史、爱国主义情怀的影片能够有效使学生得到全面锻炼。

2.1 团队写作训练：以项目管理展开

2021年5月采风结束后，影片开拍期限确认，总共有两个月创作时间。学院根据本科、研究生剧本课教学情况，利用班会和个别谈话的形式，先期征集到7名同学——愿意利用课余时间和暑假参与电影的制作，等到剧本完成后还要进一步吸纳具有美术、剪辑、表演等各方面特长的学生参与。

为了在整个电影项目中让不断参与进来的学生快速掌握团队合作的方式并获得全部信息，教师带领学生熟悉了项目管理的思路。根据规划的步骤，教师需要首先完整地定义目标，利用 SMART 原则①，即具体明确（S＝Specific）、可衡量（M＝Measurable）、可达成（A＝Attainable）、现实或相关（R＝Realistic or Relevant）、实际或有时限（T＝Tangible or Time-bond），把实际电影制片中会遇到的阶段目标、程序、参与人员、进度计划、预算和预测、剧组建立和组织、每个学生各阶段的任务、完成标准等向学生进行阐述，让学生充分理解自己的角色并按照分解后的工作对应自己的时间安排提交任务结果。

第一阶段的目标是熟悉现有材料。学生在教师的带领下拆分剧情梗概，将其作为分段写作的大纲，用一定的时间完成写作、讨论、修改、完善的过程，由指导教师把控整个进度。经过三天的磨合，组建完成的写作团队包括指导教师1名、学生7名、外聘党史专家1名、制片方企业代表1名，在第7稿梗概的基础上共同参与剧本写作。参与的7名学生包括研究生4名，本科生3名，均学习过编剧和导演理论以及电影前后期技术的基本知识，参与过短片作业的拍摄。

2.1.1 明确的写作分工：装配剧本初稿

教师带领学生梳理基本剧情框架，确认了人物数量、角色性格、故事主线和支线。关于闽浙赣红色革命历史，党史专家专门用一天时间为团队梳理了基本史实，确定了写作的注意事项。接下来，团队用两天的时间开会讨论完成了人物小传，7名学生分别细化各自熟悉的人物。教师把基本剧情分成7个大场景并给出写作思路。在接下来的7天时间里，7名学生根据各自认领的人物对应的剧情，完成了剧本初稿，包括情节的设定、对话的基本方案。这一阶段的主要问题是分工导致的剧情不连贯、台词中

① 科兹纳.项目管理：计划、进度和控制的系统方法[M].杨爱华，等译.北京：电子工业出版社，2016：424-467.

展现的人物性格不一致、细节的剧情安排比较粗糙。指导教师在通读剧本初稿后分别向每位同学指出问题,学生在开会时分别提出写作遇到的问题,整理后进入第二稿剧本写作。

2.1.2 集中创意:深化剧本创作

在这一阶段的写作中,团队以周为工作周期。在5周多时间里,团队基本按照3天写作、2天开会、2天集体观影的安排,先后完成了第2稿—第7稿的剧本。剧情基本方向确定,至此形成了与拍摄时剧情基本相同的剧本:1938年,浙西南畲寨的群众女兵排为了护送红军伤员,向深山转移;一路上队员不断牺牲,而白军已在畲寨的戏园布下埋伏;女兵们潜入戏园营救队员后继续转移;被她们收养的小女孩加入了红军,成了这段历史的讲述者。在不断的修改中,团队成员逐渐由对自己负责段落的理解延伸至对前后关联段落的整体性理解,并对其中的人物关系进一步提出自己的看法并在会议中讨论。在创作内容的分配上,为了尽量激发学生之间的思维对抗与协作,团队形成了一种双线并行的质量控制模式,即7名同学各分配1至2个剧中角色进行构思,并负责检查修改剧本中出现的该人物的动作、台词等所有描写。另外,每名同学按照电影时间线分配写作段落,在整体把握其中的所有场景、人物的前提下,首先完成每一段剧本的撰写。通过这一阶段的深化,剧本由讲求通顺的流水线式装配模式过渡到追求元素张力的情感培养模式。

2.1.3 由项目生产回到个性平衡:丰富角色与情感体验

为了吸纳更多的学生意见,突出电影偏重青年观众的特点,学院教师进一步在学院中择优选拔了具有摄影、剪辑、表演、调色、录音兴趣或专长的10名同学,加入剧本的创作中,主要担任剧本医生参与每次集体讨论,为专门负责写作的同学提供建议并组织剧本试演。指导教师担任剧本统筹的工作,指导学生逐步克服了以下几个方面的问题。

一是剧情的连贯性:主要角色特色和故事完整性已体现在剧本中,解决了原来因为分工而造成的故事跳跃、人物在剧情中分布不均衡等问题,整部电影由红军侦察排长和畲族赤卫队队长两个主要角色穿插主线。女兵排共有12名女战士,她们都是畲族妇女,由于当地土匪、白军横行,为了保护乡亲而自发成立了群众性游击队伍,配合驻守的红军共同执行战斗任务。

二是人物性格的明确性:承接前述阶段的积累,在剧本8—19稿的不断修改中,每个负责写作的同学都要设计剧情核心、转折点,通过场景营造、道具设计、台词设计来共同体现人物的鲜明个性。在共同观影的过程中，师生通过参考国内外影片建立场景意识和美术风格，先后将《荒野猎人》《米纳里》《波斯语课》《细细的红线》等20多部影片作为拉片案例，教师引导学生从拍摄的角度理解剧情设计，把获得的灵感体现在剧本写作中。为了设计好人物台词，团队建立了一项朗读与表演结合的会议制度。相关同学介绍剧本改进情况，由大家在分角色朗读剧本后提出意见。剧本力争贴近大革命年代的人物风格，台词简练有力，以动作为主，强调大量运用景宁的地貌特色，设计展现环境与人物内心相结合的动作情节。

三是建立制片思维，平衡文学意义与传播功能：原剧情设计了搜山、阻击、山间搏斗等大型场景戏份，为了制作一部具有观众吸引力的影片，团队反复讨论了情节的取舍，其中争议比较大的地方有战争戏份的轻重，主角能力性格与戏份的安排，主线与支线之间的影响等。从大众传播的角度入手，在团队成员头脑风暴提供的同类题材吸引力调研的基础上，团队把剧本中的所有细节，包括情节、性格、当地人文习俗、环境地貌、主题价值等视为媒介信息与受者图示的分析，由受者的认知图示，即“受者对媒体信息的表征结构，是媒介信息在受者头脑中所组成的一定单元”①来平衡，希望在最终影片中尽可能调动年轻观众思维图示中活跃的部分，发挥电影的大众传播作用。团队决定用红色历史、畲族民俗文化、荒野求生、斗智斗勇等关键信息，进一步激活并建构观众的认知图示。不同于文字新闻报道或短视频传播，通过认知图示思维，团队着重完善的是剧本的文学性、镜头的美学性、主题意义与流行文化的结合性等特点，把观众在观看这部红色电影中的自我价值提升，作为信息传播的最终目的。为了特别突出畲族赤卫队特色，团队在剧本中区别了畲语和普通话两种场景，分别形成推动剧情和人物发展的线索，在参考丽水、景宁地区民歌诗歌传统的基础上，以当地106岁的畲族老人为原型，融入了畲族传统唱词旁白。

2.2 进入拍摄实践：建组前到拍摄进行时

经过指导教师、团队的剧本打磨，制片公司、历史顾问进一步审核，2021年6月底，剧组正式确认本片进入制片筹备阶段。通过视频会议，制片公司确认了近期已经同步完成的演员选拔、器材租赁、投资赞助、政府对接、资金预算等各方面的进展。经过规划，团队确认了在7月20日左右赴景宁县筹备，参与创作的17名同学按照个人兴趣专长，分别进入制片组、导演组、摄影组、美术组、服化组、道具组和后期组，由学院

---

① 刘京林.大众传播心理学[M].北京：中国传媒大学出版社，2011：156-158.

实践课教师、制片公司负责人分别进行任务指导。最终,团队在7月21日前进行了比较完善的信息整合与筹备。7月22日制片组学生前往景宁县开展工作。

2.2.1 预算缩减后的剧本修改

由于原定投资中的一部分资金转换成为食品、住宿等支持,初期启动资金缩减到原来的三分之一。在教师的指导下,剧本经过精打细算的改编,将部分战斗群戏改为主要角色之间的搏斗,将比较占剧本页数的场景改为重点表现人物性格,略去环境渲染。剧本从134场戏删减至105场戏,76页删减至52页。

2.2.2 后期前置,规划拍摄计划

负责后期剪辑的教师和学生对剧本的剪辑线提出了建议,确定了三套方案,为一些重要的场景增加了备选方案,形成了整体的分镜头脚本。

2.2.3 整理美术风格,与当地政府展开合作

本次拍摄得到了景宁县有关部门的大力帮助和全程指导。开拍前,创作团队整理了道具、服装、置景清单和设计草图,由政府委派专人准备,双方沟通后还增加了随组民俗顾问和向导。

3.拍摄与制片:实践与反思

3.1 制片部门的建立和职能分工

在电影《畲岭往事》筹备拍摄之初,实践小组的同学便根据个人爱好及以后希望从事的就业方向进行了剧组工作的选择。教师从制片人方向对制片部门进行阐述解释。制片人是一个电影项目的组织者和决策者,从影片立项开始,其必须对项目进行论证和审查、组建团队、筹措资金,安排资金使用等。① 电影项目的摄制组(剧组)在制片人的领导下,可以分为导演部门和制片部门,导演负责艺术创作,与之相对应的制片部门负责人制片主任负责后勤保障。制片部门形成了现场制片、外联制片、生活制片、财务和法务等岗位。

3.2 制片部门的搭建与前期准备

"制片主任"一词来源于电影厂,"他是摄制组的行政领导者与组织者,他的职责是

---

① 朱秋实.K公司电影项目拍摄过程中统筹管理的改进研究[D].哈尔滨:哈尔滨工业大学,2020.

根据拍摄脚本及导演的创作意图编制、执行摄制计划和进行成本核算。”[①]影片拍摄地经过前期多次反复勘景，最终定在浙江省丽水市景宁县，在确定了拍摄日期之后，制片部门正式筹建。

制片主任具体承担整个摄制组的管理工作。制片工作在电影正式开机前就已经如火如荼地展开。景宁县本身地貌险峻，群山环绕，高木参天，如何通过场景选择去对人物进行刻画，如何表现主角通过地貌开展攻守战，以及场景选择的可行性等，这些方面都需要制片组与导演组、摄影组进行商讨与沟通。

制片部门首先对畲族有所了解，包括相关的风土人情，以及在电影拍摄中所应注意的如何还原畲族风貌。根据剧本的情感脉络，制片部门对影片的几个核心剧情提前进行预算和统筹安排。故事更多的是利用地貌开展攻守战从而体现战争的残酷性，所以在场景拍摄地的选择上就要下一番功夫，女赤卫队员们要进行一场“荒野求生”，高山峻岭的选择必不可少。由摄影指导主导，影片重视镜头美学及纪实性。在场景的选择上，制片部门重点关注该场景选择是否合情合理，能否保证拍摄安全，在阴雨天气时能否保障顺利拍摄，陡峭山路间剧组车辆如何停车，深山中拍戏餐饮如何供应，如何统筹好该场景下主要演员与特约演员的时间。

在审核布景设计方面，该电影为小成本电影，如何在预算限制下演绎畲族的生活习俗、人文特色，是制片部门面临的困难问题之一。剧组同学在相关专家的指导下，从党史、民俗史以及当地群众的口述中对部分拍摄场景进行搭建，与美术部门进行了资金和场景设计上的多次沟通。

进入开拍前一周，住宿、出行及剧组安全三大问题便亟待解决。与一般意义上的剧组拍摄居住于一个酒店不同，拍摄场地位于景宁县东坑镇，剧组成员多达 70 人，该地并无大型酒店可安排住宿，无形之中为制片管理增加了难度。通过对东坑镇下属各村庄进行走访以及民宿比价选择，最终确定了 3 个地方：马坑村、北溪村、大张坑村，车程各相距半小时，并于各处增加制片助理进行管理。景宁县重峦叠嶂，车辆出行成为一个重大难题。在司机的选择上，剧组倾向于选择擅长山路行驶的司机。前期的场景选择多于山间，导航在拍摄过程中只能提供大概的走向，加之山中多歧路、拍摄场景多，这就要求制片部门在拍摄之初就要对每条路线进行记忆、做好规划，才能在开机之后保证时间及安全。由于住宿的远近不同，拍摄发车时间也不同，守时守规，提前做好剧组关于发车纪律的要求也十分重要；由于电影为小成本制作，剧组在很多资源上需

① 段雅安.纪录片制片主任职能之我见[J].新闻传播，2014(5)：95.

要和政府进行协商,制片部门需要在每个拍摄场地开始前,及时联系政府,确定当地负责人,比如拍摄中某些场景为荒山,需要提前联系当地有生活经验的村民进行帮助。

为保障人身安全,开机之前制片部门即对剧组工作人员及机器进行了保险购置,同时宣传树立安全意识。拍摄地多雨,制片部门提前配置好雨具,山中拍摄注意山体湿滑;在深林之中拍摄时制片部门提前购置驱蛇粉;拍摄成员多来自北方,由于天气及饮食各方面原因,制片部门配齐相关药品,与生活制片在饮食上随天气进行适应性调整。

3.3 拍摄过程中协调各方工作

正式开拍后,制片组人员同时对拍摄计划和成本进行核算,审核各项工作的进展。现场制片对各个小组资金、人员以及实际的资源需求提供初步保障,为即将拍摄的戏份做好相应的准备工作。例如,在利用摇臂拍摄外景戏份时,摇臂的搭建、轨道的使用和场景的转换,都需要现场制片进行维护工作。

全剧组人员的饮食、住宿和一定的医疗保障则由生活制片进行保障。这次拍摄正值疫情期间,制片部门要保证各个环节的防疫,因为水土不服及阴雨天气,剧组人员有多人生病,按照当地防疫要求,镇诊所无法进行发烧、腹泻情况的诊治,所以制片组几乎每天开工到现场后都要安排工作人员去景宁县医院,所以后期在饮食结构进行调整,在部分场景上进行了合理置换。

电影拍摄的有效运作需要组织内的人员进行多学科、多工种的交叉作业配合完成。[①] 电影作品的质量在很大程度上取决于电影拍摄的各个环节良好的管控,尤其是相关工作人员要懂得行业内的制作流程,熟悉各个环节以及需要花钱的地方、具体价位是多少,帮助制片人作出准确的预算。比如,在这次的拍摄中,相关工作人员要根据拍摄环境及剧本需要计算出耗材的数量,确定合理的区间,在最大程度上保证节约成本;此外,剧组是一个“江湖”,相关工作人员必须要有良好的组织和调和能力,清楚每个组的需求,“做到体谅与容忍”[②],做好“助燃剂”“润滑剂”,保证在工期内完成拍摄。

4.统筹岗位:统筹兼顾,随机应变

统筹是贯穿整个影片拍摄过程中的一项实践教学内容,与制片密不可分。所谓统

---

① 朱秋实.K公司电影项目拍摄过程中统筹管理的改进研究[D].哈尔滨:哈尔滨工业大学,2020.

② 杨远婴,丁宁.从总理秘书到制片主任:北京电影制片厂王志敏访谈[J].电影艺术,2010(5):133-136.

筹，一方面要在剧本与拍摄的基础上规划全局，另一方面要及时和导演以及摄影师沟通，为整个剧组的拍摄任务负责，对全剧组进行筹划和安排。一位优秀的统筹需要提前进组了解剧本情况，并跟随摄影指导进行场景选择，完成剧本场景与实际场景的对应。

4.1 前期筹划：把握整体方向

统筹人员需要在宏观视角下把握剧本，他不能只是拿到剧本马上制定计划，而需要辅助编剧完成剧本修改并进行加工。“前期筹划在影视项目的制作全流程中非常重要，更不可小视统筹在筹备期的工作，优秀的统筹可以通过强档的计划安排，对后期的实际拍摄和后期起到巨大影响，有时还会促进或制约影片的成片质量。”[①]在初稿基本确定的基础上，统筹人员已经和导演、制片人进行沟通探讨。统筹工作一开始，统筹人员已经对剧本非常了解，为制定部分工作计划节约了一定的时间。

4.1.1 参与创作，制定初步工作计划

在电影项目筹备中，剧本一定是经过了几轮修改打磨的，统筹人员必须在此基础上，和剧本统筹进行多次沟通，将每一次修改过的剧本进行整理，整理涉及的主演、道具、场景。

4.1.2 实地考察，综合考量

初步计划完成后，教师团队从 4 名研究生中优先安排两名研究生进入剧组，进行初步实地考察，这是循序渐进的阶段。优先进组的统筹人员可以对实际拍摄地有一定了解，其要对实际拍摄地的日出日落时间以及天气情况进行大致把握。当导演组和摄影指导组进组后，统筹人员需要跟导演、摄影指导进行下一项工作——采景。每一次采景都非常关键，统筹人员需要确认每一场景能否达到导演的要求、每一场景能否满足摄影指导的拍摄需求，要逐一记录从驻地到具体场景的时间、从一个场景到另一个场景的转场时间、不同驻地之间的实际时间，最后标记确定场景并逐一计算时间，为日后每一天的通告做好详细准备。除此之外，统筹还要考虑以下因素：

一是演员的因素。演员的状态直接影响着影片成片质量。在剧组正式开拍之前，演员提前一周进组培训，以便尽早进入人物状态。而演员的档期、拍摄的时间管理也是统筹所要协调好的。为了影片可以有更高的吸引力和上座率，制片方请了

① 郑非.前期统筹在特效影视制作中的应用研究[J].今传媒，2012(10)：83-85.

知名演员霍青为电影客串,霍青的所有戏份必须在两天时间内全部完成,这时就需要根据演员档期调整日程。影片主要演员有6位,其中有1名8岁的孩子,在安排日常工作时要考虑演员的体力、休息时间,确保剧组能够按照拍摄计划进行。

二是场景和道具的因素。场景的选择和道具的安排能否满足具体要求是必须要考虑的因素。在基本场景确定后,美术指导和道具部门需要及时和导演、统筹进行沟通,满足导演的理想效果。统筹要清楚知道每个具体场景的置景时间,拍摄时间以便进行规划。本片主演身于山林中的戏份较多,需要时刻考虑天气,而室内场景一共有5场,提前一周左右置景可以完成。

三是突发情况因素。常见的突发情况有天气骤变、车辆故障、演员生病受伤等。遇到突发情况统筹人员应该及时和导演沟通。在拍摄过程中,虽然统筹人员可能会对近一段天气状况进行记录,但不能确保突变天气,在可能会有雨的情况下,统筹人员应该制定两份拍摄计划供导演进行选择。一般突发情况并非人为因素,车辆发生故障应及时联系当地有关部门进行解决,演员生病需要重新调整拍摄日期,将生病受伤演员的通告调后,并将其他可以进行拍摄的场景提前,保证拍摄期间每天的拍摄进度达到拍摄标准。

4.2　中期拍摄:随机应变解决问题

经过前期筹划阶段,包含所有场景、主要演员、特邀演员、最终大计划以及前三天的拍摄通告等所有确定因素的表格全部完成。2021年8月8日,电影《畲岭往事》正式开机。开机当天的通告提前三天发至制片部门,以保证制片主任、外联制片、现场制片对场景、美术部门以及所需特殊道具的对接。

在拍摄期间,场记在剧组中发挥着巨大作用。场记需要帮助导演记录每一个镜头的具体拍摄情况,包括每一个镜头拍摄了几条,每一条是否可以留用,录音是否同步,通告中场次的具体拍摄进度等。每日拍摄完成后,场记需要将场记表交给统筹,以便统筹掌握拍摄进度并重新制定第二天的拍摄通告。

统筹还要考虑化妆组的化妆时间。在正式拍摄的第三天,剧组迎来了剧本中的主要场景之一——戏园的大场景,涉及群演60名。庞大的群演人数对化妆组造型组是极大考验,所以需要统筹为化妆组留有足够的化妆时间。当然,对统筹人员来讲,统筹工作是更偏向灵活性的,由于每天工作的不确定性,之前制定好的工作计划可能都不会按部就班实施,反而需要重新制定相应的计划。

4.3 后期反馈:统筹工作走进课堂

2021年8月31日,《畲岭往事》电影拍摄顺利杀青。教师团队为了使在校大学生能够充分了解剧组统筹工作,安排剧组统筹人员对剧组的暑期工作进行总结回顾,并制作演示文稿以讲课的形式在课上分享。统筹人员从《畲岭往事》电影项目的实际情况出发,对电影在拍摄前期过程中所作出的准备、中期所存在的问题进行交流。统筹是一个全能型工种,前期需要对剧本工作有较为深刻的了解,包括深入探讨剧本、和主创人员采景勘景、确认演员的合同以及进组工作安排时间、和美术部门化妆小组对接工作时间、与制片部门进行有效沟通安排具体事宜;中期阶段需要确保各部门拍摄顺利进行、每天拍摄结束后与导演摄影指导以及制片主任对接拍摄工作、与场记对接场景表等工作。上述概括是作为一名统筹需要熟悉的基本流程,在保证剧组顺利拍摄的前提下,统筹为以上内容服务且尽可能地为剧组节约拍摄成本,切勿造成场景安排不全,拍摄返工等致命错误。在拍摄期间,统筹尽可能地与导演、制片部门、摄影指导、美术部门、化妆部门等多部门进行反复沟通,并及时与导演反馈拍摄进度以便导演对剧组有宏观把控。同时要提高自身的抗压能力,面对庞大的剧组,统筹人员遇到突发情况要及时处理,在看似不知所措的情况下马上找到解决问题的关键点,随时为剧组提供有效的解决措施。在课堂分享结束后,同学们反应热烈,对统筹的工作有了更深入的认识,同时对剧组工作消除了幻想,建立了实践目标。

5.结语

本文结合电影制作流程中的关键环节,从制作电影的实际情况出发,对学院在电影《畲岭往事》的创作进行了探索,充分证明了“影视剧本创作”与“影视创作论”课程的可行性。天津师范大学音乐与影视学院在教学实践的过程中,由教师团队带领学生参与剧组时间项目,拍摄完成后再由剧组中担任职位的学生总结实践经验,并在本科生课堂上分享。学生对剧组实践和课堂学习均反映良好,论证了实践教学的可行性。这种理论和实践的结合,为电影制作过程提供实践教学的基本策略,为天津师范大学音乐与影视学院的实践教学提供了更宝贵的经验。

〔杨爱君,教授,天津师范大学音乐与影视学院副院长;吕戈,天津师范大学音乐与影视学院2019级研究生;杨阳,天津师范大学音乐与影视学院2020级研究生;耿雪娜,天津师范大学音乐与影视学院2021级研究生〕

智能媒体视阈下网络视听学科建设与人才培养创新*

◎王　熙　闫书渊

摘要:智能媒体技术正在推动网络视听行业快速发展,也对网络视听人才提出了更高的要求,行业变革催生学科建设与人才培养改革。本文探讨了新技术下网络视听实务界与理论界的互动,新技术与网络视听学科建设进程的变革,并从培养视听艺术修养与能力、提高面向智能媒体的专业意识、重构系统性的专业课程体系、建设全新的项目化实践体系四个方面提出网络视听人才培养路径。

关键词:智能媒体技术;网络视听;学科建设;人才培养

智能媒体技术的快速发展,让我国的网络视听行业步入一个新阶段,也为网络视听人才的培养提出了新方向。为适应新的行业要求,网络视听学科建设必须适应时代要求,培养创新性应用型人才。

1.新技术下网络视听实务界与理论界的互动

当前,新技术不断发展,网络视听产品生产运营的活动融合化、智能化趋势明显,网络视听人才的培养也与实践需要、学科发展相契合,这使得网络视听实务界与理论界在互动推进。

1.1　智能媒体技术及网络视听的概念边界

智能媒体是借助人工智能技术进行内容生产与传播的媒体形态。根据《互联网等信息网络传播视听节目管理办法》的定义,网络视听一般是指:计算机、电视机、手机等

* 本文系中国高等教育学会高等教育科学研究"十三五"规划课题(2019SZEYB28)、2020年天津市高等学校本科教学质量与教学改革研究计划项目(B201005803)阶段性成果。

各类电子设备为接收终端，通过移动通信网、固定通信网、微波通信网、有线电视网、卫星或其他城域网、广域网、局域网等信息网络，从事开办、播放（含点播、转播、直播）、集成、传输、下载视听节目服务等活动，以及利用摄影机、摄像机、录音机和其他视音频摄制设备拍摄、录制的，由可连续运动的图像或可连续收听的声音组成的视音频节目。①

全媒体传播与智能化科技的发展是一脉相承、息息相关的，技术与社会的关系一直在相互影响中前进发展。② 在发展过程中，内容生产逻辑由传统媒体的“采写录编”转变为全媒体的内容生产逻辑，这一逻辑包括对要传播的网络视听内容进行数据分析，根据分析后的数据，对内容进行策划、采写、拍摄、剪辑、编辑、制作，在内容制作完成后进行营销，对营销后的数据进行分析，如图 1 所示。这一过程需要构建全媒体传播矩阵，对构建好的媒体平台进行协同运营，而每个环节中都有智能媒体技术的参与和加持。

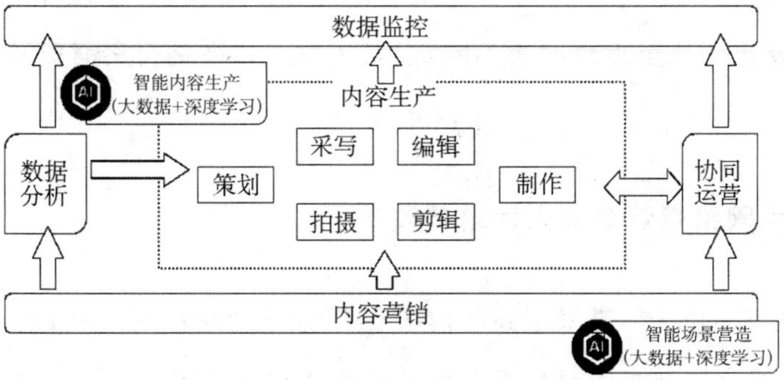

图 1　全媒体环境下网络视听行业内容生产逻辑关系

1.2　网络视听学科及人才培养的现实与理论需求

智能媒体技术的快速发展使得网络视听行业发生变革，人才培养出现缺位，学科建设需要寻找新的途径。传统影视艺术人才具有策划、摄录、剪辑、包装等专业创作能力。而在智能媒体视域下，要求影视艺术人才能够在此基础上进一步掌握智能媒体技术，培养成为面向智能媒体的网络视听人才。具体而言，对这类网络视听人才的需求主要表现在以下三个方面。

首先，需要能够运用智能技术生产优质内容。智能媒体技术赋予内容高效快速生

① 互联网等信息网络传播视听节目管理办法[J].广播与电视技术，2004(12)：35-36.

② 段鹏.智能化背景下全媒体传播体系建构现状研究[J].中国电视，2020(5)：48-51.

成的能力,比如基于图文稿件一键生成短视频,适配多平台时长要求,实现图文、视频同步发布的智能创作,让内容生成更加自动智能,编辑更加高效便捷。但同时,这样过度依赖智能媒体技术的生产模式,也为内容带来了过度迎合受众喜好、缺乏创新性、缺乏深度等问题。这些问题的解决,需要能够生产出优质内容的网络视听人才。

其次,需要适应智能内容审校、编辑需求。智能编辑的出现,让基于用户生成内容(UGC)模式生产出的网络视听产品更具即时性、海量性,但这背后也隐含着巨大的内容安全和内容质量的风险,需要掌握智能内容审校技术的专业网络视听人才,对视听内容中语音、文字、图像进行多维检测,及时发现风险内容,以此加强媒体的舆论引导能力。

第三,人才还需掌握智能媒体技术与运营媒体平台的能力。随着智能媒体技术的不断发展,市场对于智能媒体的需求不断扩大,相较于传统媒体的视听人才,迫切需要善于运用智能媒体技术的专业人才。但是不同传播渠道具有不同营销模式,对于网络视听人才能力要求的侧重点也有所不同,但其出发点始终是洞察消费者行为和需求的营销意识。①

2.行业需求催生网络视听专业人才培养改革

智能媒体技术的发展,带来了新的内容创作方式和超级视听产品,为网络视听行业带来变革,也对网络视听学科建设和人才培养提出新要求。

2.1 智能媒体提升了创作水准:超级视听产品的出现

智能媒体的出现,让"超多拍摄制作视角""超复杂编辑元素"的"超级视听产品"成为现实。智能媒体技术的提升,让之前耗时耗力的人工内容生产有了更加快速智能的创编平台。智能媒体技术的标签化检索让素材获取的成本降低,还可以实现边直播边剪辑和一个剧本无限输出不同作品的功能。尤其是在一些精彩稍纵即逝的重大直播活动中,智能媒体的优势更加显著。比如,2019 年 10 月 1 日国庆 70 周年直播中,智能分析并现场拆条入库的素材量超过 1300 多条,共帮助编辑部门自动化生成 160 多条备选剪辑片段,极大地提高了节目创作的效率。② 没有智能媒体技术,现有的生产

---

① 简承渊,冯思潮.智能传播时代全媒体人才职业素养提升[J].中国出版,2021(12):31-35.

② 黄靖博,丁圣龙,王文博,刘冬丽.百度智能云智能视频赋能媒体行业智能化变革[J].人工智能,2020(2):116-125.

质量和生产效率只靠人工是无法实现的。同时这也意味着,智能媒体技术的进步,为网络视听学科建设和人才培养提出了更高的要求。

2.2 智能媒体让部分岗位消失:基础性内容创作的下沉

智能媒体的快速发展,大数据技术的不断进步,让 UGC 不断走向主流。究其原因,传统媒体机构所生产的内容远远不能满足受众多元化的需求,市场的长尾需要 UGC 的填充。[①] 这种不能满足的情况既有数量上的不足,也有制作方法和视角上的不足。当智能媒体技术得以充分运用时,一个人或几个人就可以组成一个很专业的生产团队,通过网络超级智能平台的支撑,完全可以成为独立运营的优秀账号主体。

以 B 站为例,目前来看,B 站 UGC 创作模式的主体部分是由单纯平台消费用户转化为内容生产者的普通用户。这些普通用户在没开始内容创作之前,大部分人并没有内容生产和平台运营的相关经验。有用户表示"一开始看到平台上有别人在拍视频网络日志(vlog),感觉自己也可以拍,于是就试试,没想到第一条播放量就 1 万+"[②]。这主要归功于智能媒体为用户带来的智能创作方式,让网络视听内容生产过程更加简捷高效。

2.3 媒体创造了全新岗位:标准制定与内容审核

为适应智能媒介技术的不断发展,媒体创造了全新岗位,但不论是在传统媒体的网络视听作品中,还是在智能媒体技术下生产的网络视听作品,审核一直是避不开的环节。通过审核,媒体能够及时规避不符合道德规范及法律要求的内容,这既是对用户负责,也是对媒体的发展负责。UGC 质量的保障正是在这样的环境下完成的,比如百度智能云结合大数据与人工智能技术,推出了面向审核业务的媒体内容审核 MCR (media content regulation),旨在利用前沿技术,帮助行业解决审核难题。[③]

3.新技术与网络视听学科建设进程变革

新的技术带来新的行业要求,同时这也意味着学科建设需要进行变革。传统视听人才,是依据媒介划分的,媒介自身的艺术规律决定了视听人才的培养模式。人工智

---

① 胡泳,张月朦.互联网内容走向何方?——从 UGC、PGC 到业余的专业化[J].新闻记者,2016(8):21-25.

② 李政毅,陆洪磊.拟剧理论视角下的 UGC 视频创作模式分析:以 Bilibili 为例[J].当代电视,2020(5):72-75.

③ 黄靖博,丁圣龙,王文博,刘冬丽.百度智能云智能视频赋能媒体行业智能化变革[J].人工智能,2020(2):116-125.

能技术改造媒体,重新定义了媒体,很多高校中视听人才培养更多偏向于"传统的艺术史论+传统的影视业务"教学模式。但在智能媒体视域下,高校还要从新技术发展的角度切入,探究和网络视听学科发展密切相关的新元素。高校需在充分研究这些新元素的基础上探究新技术对网络视听学科建设与教育改革的具体影响,从而构建新的学术、学科体系。[①] 高校要帮助网络视听人才按技术、创作、运营内容的需要,找最需要自己做的"点"。这也是新文科建设的本质要求。

3.1 守正:完善学科体系

随着不同学科具有的交汇融合发展趋势,网络视听学科建设在专业涉猎上也应当有所扩展,增强学科的交叉性。尤其在智媒时代,网络视听学科的建设必然要加入"智能+数字"因素。其中既需要建立成果导向教育(OBE)理念,也需要进行让学生以主动的、实践的、课程之间有机联系的方式学习的工程教育(CDIO),还需要建立常态检测和定期评估教学质量保障体系,引导教师转变观念,制定新的教师教学管理、考核办法和绩效方案,建立人才目标驱动的管理机制和人才能力导向的评价机制,形成行之有效的教学效果评价与反馈机制。

3.2 创新:丰富学科内涵

智能媒体技术的快速发展,让网络视听学科的内涵和外延都发生了新的变化,但学科之间的交叉复合是一个系统工程。这意味着培养网络视听人才,除了掌握智能媒体技术,更重要的在于能否在理论学习和实践行动后,形成对于行业的工程意识,形成对于网络视听学科的学科自信,与实践需要和学科发展契合,不断寻求新的更加丰富的学科内涵。

3.3 发展:服务社会现实

网络视听学科建设需要注重人才培养的目标和方法能否服务于社会现实。网络视听学科建设初期,培养人才能够将学科理论转化为满足行业基本需求的实践能力;学科建设体系完善后,培养网络视听人才能够利用智能媒体技术推动网络视听产品的艺术创作规划,实现在不同语境下的文化传播等现实需求。网络视听学科建设将在发展过程中不断地调试观念、体系和方法,始终与社会现实需求、国家建设需要同步,培

---

① 许海潮.新媒体环境下的"戏剧与影视学"学科建设与教育改革[J].山西财经大学学报,2020(S2):95-98.

养具有扎实理论基础、创新性实践能力的人才。

4.智能媒体技术推进下网络视听人才培养路径

当前，网络视听人才培养既需要完整的学科理论注入，又需要了解智能媒体技术视域下对网络视听人才应用能力的要求。解决这些问题，就需要对网络视听人才的视听艺术修养和能力进行培养。同时，需要建立系统性的课程体系和项目制实践体系，构建完整的智能媒体技术网络视听人才培养路径，如图 2 所示。

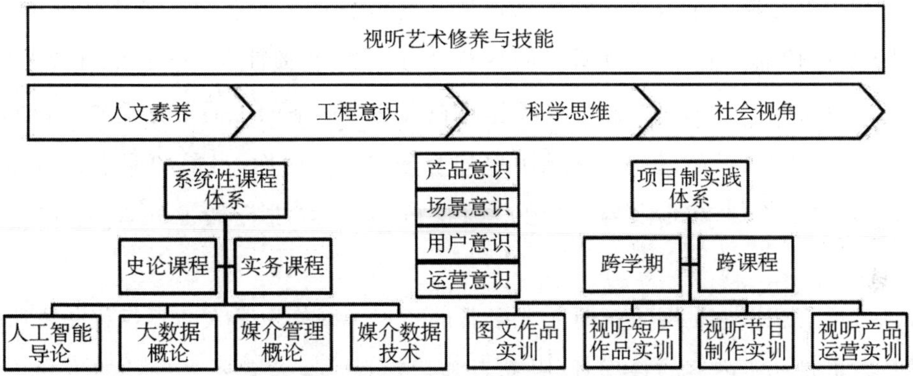

图 2　智能媒体技术网络视听人才培养路径

4.1　培养视听艺术的修养与能力

视听艺术修养的培养关键在于三点，首先是文化修养，视听节目的部分受众文化修养较高，需要网络视听人才涉猎广泛的专业知识，能够主动将理论知识渗透到视听产品制作，实现产品档次的提升。其次是审美修养，艺术一般是源于生活又高于生活的，培养网络视听人才必须要注重培养他们深入生活，亲自去感悟和体验生活的艺术修养。再次，要具有丰富的想象力，能够将作品实现视觉和听觉的转换。

同时，传媒实践为人才培养指明方向和具体要求，人才培养为传媒实践提供人力资源，二者双向互动，互促互进。[①] 视听艺术不要仅仅局限于既定模式，要有创新，可以借助智能媒体技术制作生产出更具创造力、更具艺术价值的视听产品，这就需要注重网络视听人才实践与创新能力的培养。

① 李舒，黄馨茹.新时代的新闻传播人才培养：理念回归与实践超越[J].出版广角，2021(7)：13-16.

4.2 提高面向智能媒体的专业意识

智能媒体环境下,新闻媒体的核心竞争力已不只在于采集和发布新闻信息,它还需要通过对各种内容产品进行整合和深度挖掘,提升其品质和价值。①

网络视听人才创作生产视听作品首先需要具备的就是产品意识。无论是物质产品,还是精神产品,作为"产品",就要考虑成本核算和营销策略,这不仅是广告部门要考虑的问题,也是作为"内容生产者"的每个主创人员都应该考虑的问题。②

其次是需要具备场景意识。在生活的各个领域,场景意识开始得到更多人的重视,场景意识的运用也带来更多的场景价值。网络视听人才在制作视听作品时,应当考虑到作品的传播环境、用户观看时的状态、用户的消费惯性以及合适的社交范围。

再次,具备用户意识对于网络视听作品在智能媒体下的传播十分重要。智能媒体技术普及之前,视听产品只需要兼顾用户的合理需求。然而,目前的网络视听内容还需要为用户提供个性化的内容,以用户的视角,对内容进行加工处理,重视用户的体验。

最后,运营意识也是网络视听人才必备的意识。网络视听人才不仅仅是视听内容的生产者,也是视听内容的管理者、服务者和营销者。运营者要为自己的平台建立清晰的形象、准确的媒体定位、明确的受众目标,才能有针对性地组织策划和发布内容,更有效地打造自己独特的品牌价值,从而引领大众认知。③

4.3 重构系统性的专业课程体系

专业课程体系的系统性重构可以选择优化课程设置,实施"融合、共享"的教学过程。在专业教学中实现融合:理论知识与智能媒体技术融合,建立系统性课程体系,针对智能媒体行业发展极为迅速的特点,在人才培养中做到"四共享":课程资源共享(跨校课程、师资共享)、实践平台共享、创新创业平台共享与教学科研成果共享。

其中,专业核心课程的设置尤为重要。所谓专业核心课程,是指"在某一专业领域中,设置制定一套课程或者几套课程,以告知大众、专业人士以及大学社区,这些是此领域的大学生必须要有的学习经验"④。网络视听学科专业核心课程设置可以分为普

---

① 胡德才.媒介融合时代新闻传播人才培养的理念与路径[J].新闻大学,2015(5):119-125.

② 魏鸿.创新需要每位生产者都有产品意识[J].电视研究,2015(S1):142-143.

③ 冯江慧.全媒体时代新媒体的运营策略探究[J].新闻前哨,2021(11):42-43.

④ BLANCHARD R O, CHRIST W G.In search of the unit core:commonalities in curriculum[J].Journalism & mass communication educator,1985,40(3):28-33.

遍性和专精性两大类。普遍性核心课程指开设人工智能导论、大数据概论、媒资管理概论、媒体数据技术等基于智能媒体技术视域下的共有性课程,它适用于不同背景和不同兴趣的人。专精性核心课程是指为帮助网络视听人才按表达需要,找最需要自己做的“点”,根据自身兴趣和追求而设置的个性化课程。

4.4 建设全新的项目化实践体系

网络视听学科是实践性很强的学科,智能媒体视域下的网络视听学科的实践需要进行全新的建设。

未来,我们可以选择建立项目制实践体系,跨课程跨学期开设视听产品运营实训、视听节目制作实训、视听短片作品实训、图文作品实训等实践课程。要全面改革教学方法,借助智能媒体技术更新教学过程,整合多方力量的特色,把企业全真实环境创新研发实训项目引入本科生课程,引导优秀本科生与研究生、教师一起开展创新研发项目和创业实践项目。同时,要锁定技术创新、内容创新、运营创新三个人才核心能力素质,重新构建课程群,提升学生创新能力和素养。

〔王熙,教授,天津工业大学智能传播技术研究中心;闫书渊,讲师,天津工业大学智能传播技术研究中心〕

传媒专业实践教学体系的探索建构与创新实践

◎ 陈长旭

摘要:随着传媒技术迅速发展和传媒业态的变革转型,当前高校传媒专业教育迎来历史性发展机遇,同时也面临着各种新问题和新挑战。高校要更好地开展传媒专业的实践教学,顺利实现传媒专业的应用转型,主动适应日新月异的传媒业界发展态势,必须要做好传媒专业实践课程体系的顶层设计,勇于探索各种行之有效的实践教学模式,并在专业实践教学的评价机制上做出相应的创新改革和调整。

关键词:传媒专业;实践教学;体系设计;模式探索;评价机制改革

在当前传媒技术发展日新月异、传媒业态变革加速推进的大背景下,高校传媒教育如何实现守正创新、时刻紧跟时代发展步伐,是一个十分重要而紧迫的研究课题。近年来,随着传媒产业的迅速发展,社会对于传媒人才的需求量不断增加,国内高校传媒教育也呈现出一派百舸争流的发展态势。与此同时,传媒专业办学也面临着不少新情况和新问题。有不少高校(尤其是地方高校)的传媒专业办学起步较晚,教师最初也多半是由中文、艺术学等专业转型而来的,专业师资力量相对薄弱,专业实践教学面临诸多困境。面对新形势、新挑战,我们亟须探索构建一套科学规范并行之有效的专业实践教学体系,确保传媒专业实践教学效果和人才培养质量,更好地实现传媒专业的应用转型发展。

近年来,传媒专业实践教学问题的研究越来越受到学界的重视,从研究切入角度以及研究侧重点来看,相关研究成果大致可分为如下三类:

第一,融媒体时代高校传媒专业实践教学体系的创新问题。如《构建全媒体时代高校传媒人才培养新格局》①、《基于云架构的融媒体实践教学平台设计》②、《融合媒体

① 郑德梅.构建全媒体时代高校传媒人才培养新格局[J].青年记者,2020(18):100-101.

② 张昕,李丽,张峻赫.基于云架构的融媒体实践教学平台设计[J].中国传媒科技,2020(6):122-125.

环境下广告传媒 CEA 人才培养模式探索与实践》①等，该类研究侧重关注当下传媒业态变化及技术变革，探讨高校传媒专业实践教学体系的创新发展问题。此外，近年来，学界内一些高端学术会议也开始集中关注该类课题，如传媒实践教学创新研讨会、中国—东盟传媒与新闻传播教育国际研讨会等。

第二，高校传媒专业实践教学创新改革经验的分析与总结。该类研究既有传媒专业龙头高校先进办学经验的总结分享，如《应用学科的国际合作与实践教学——以中国传媒大学广告学院的实践为例》②、《探索与实践：中国传媒大学信息工程学院教学研究与改革论文集》③；也有其他专业高校实践教学特色项目的重点介绍，如《从融媒体实验教学平台建设看传媒教育改革的创新模式——以浙江传媒学院"浙传云"为例》④、《传媒类专业"工作室制"嵌入式实践教学存在问题研究——以中广天择传媒学院为例》⑤等。

第三，针对特定类型高校传媒人才教学改革的思考与建议。该类研究中尤以地方高职、高师院校传媒人才教学改革探讨为常见。如《高职影视传媒"双创"教学改革方法研究》⑥、《地方高校传媒类专业实践教学体系构建研究》⑦、《师范院校新闻传媒专业实践培养模式思考》⑧等。

上述研究成果为当前高校传媒专业实践教学的创新改革提供了很好的参考和借鉴，对于高校传媒专业发展以及学科结构调整具有一定的指导意义。不过，相关研究中有关传媒专业实践教学的体系性建构与创新性实践问题的探讨依然不够深入，有不少成果较为侧重宏观层面的思考，实际操作的参考价值往往存在不足。本文将从自身多年来专业实践教学的创新实践探索出发，分别从实践课程体系设计、实践教学模式探索、实践教学评价机制改革等三个方面进行探讨，以期为当前高校传媒专业实践教学提供更加细致全面、清晰具体的参照和借鉴。

---

① 孙肇伦.融合媒体环境下广告传媒 CEA 人才培养模式探索与实践[J].传媒，2019(13)：86-89.

② 赵新利.应用学科的国际合作与实践教学：以中国传媒大学广告学院的实践为例[J].青年记者，2018(28)：75-76.

③ 刘剑波，史萍.探索与实践：中国传媒大学信息工程学院教学研究与改革论文集[C].北京：中国传媒大学出版社，2010：40-51.

④ 袁振宁.从融媒体实验教学平台建设看传媒教育改革的创新模式：以浙江传媒学院"浙传云"为例[J].传媒，2019(12)：86-86.

⑤ 余红云.传媒类专业"工作室制"嵌入式实践教学存在问题研究：以中广天择传媒学院为例[J].新闻传播，2019(17)：86-87.

⑥ 陈陶.高职影视传媒"双创"教学改革方法研究[J].新闻研究导刊，2020(10)：36-37.

⑦ 杨增和.地方高校传媒类专业实践教学体系构建研究[J].湖南科技学院学报，2018(12)：173-176.

⑧ 王笛.师范院校新闻传媒专业实践培养模式思考[J].成都师范学院学报，2014(1)：36-38.

1.基于传媒专业特色的实践课程体系设计

要实现传媒专业实践教学的规范化、系统化、科学化,从根本上解决“专业理论课程与实践课程搭配不合理”“专业实践训练不成系统”“技术培训片面单一”等问题,首先要在传媒专业人才培养方案的顶层设计上下足功夫,在教学指导性文件层面强化专业实践教学的重要地位,把传媒专业实践课程体系看成一个系统的、联系的、富有一定艺术个性的体系来进行整体设计和建构。从横向的角度来说,要重点突出不同传媒专业的特色,明确不同专业的特殊培养规格,努力实现专业优势课程互补;从同一专业纵向的专业实践课程设置来说,要重点做到提纲挈领,统筹协调,做好不同专业实践课程之间的前后衔接与相互支撑。具体注意事项大致可分为如下三个方面:

第一,科学把握专业人才培养目标与办学定位。高校传媒专业教育受业界变革的实时影响极大,这就需要办学者和教育者们时刻对业界的发展变化保持高度敏锐,并能够极快地在人才培养方案中做出反应和适当的调整。专业实践课程的开设既要考虑自身的办学特色和师资实力,又要密切关注社会对于传媒人才专业实践素质的现实需求(尤其是后者)。如果一所高校的传媒人才培养始终无法跟上时代发展的步伐,那么它必将很快被淘汰出局。

第二,强化实践课程体系的统筹规划与系统衔接。在专业实践教学环节的顶层设计上,要注意课程结构体系的内在逻辑,使不同年级、不同学期的专业实践课程环环相扣、层层推进,确保整个专业的实践课程体系形成一个有机衔接、相互支撑的整体,这样才能充分发挥体系效应,使整个体系的综合教学效果大于各单一课程的教学效果之和。此外,在同一个学期的同一类型课程中,我们也要考虑做好理论课程与实践课程的协调搭配,使理论和实践相互补充、相互促进。

第三,探索设置针对不同专业方向的实践课程模块。坚持“前期厚基础,后期增特色”的人才培养思路,使学生在前期通识教育平台课程和学科基础平台课程基本修完以后,再根据学生专业发展需要分别设置不同的课程模块,使方案设计能够更好地适应不同发展方向的人才培养需求,为全面推进模块化教学,有效实施分类培养提供有力保障,充分体现人才培养的个性化、多样化以及针对性。

2.基于应用型人才培养目标的实践教学模式探索

传媒专业实践教学工作是一个系统性工程,既要重视课程结构、教学内容的合理安排，同时也要高度重视教学方法、教学模式的科学设计，只有这样，才能更好地对学生进行全方位、多角度、立体化的专业实践训练，确保学生专业素质和创新能力得到提升。我们在专业实践教学过程中，立足于信阳师范学院传媒学院专业发展实际情况及当前传媒产业发展需求，积极探索基于应用型人才培养目标的实践教学模式，取得了十分积极的实践教学效果。

2.1 实践教学制度的建设

2.1.1 “结课汇报”制度

结课汇报制度是和传媒专业传统的小课制度、目标作品创作制度相互结合的。主要针对部分专业实践课程，如“文艺作品演播”“影视配音”“影视特效”“话剧剧本创作”“三维动画”“动画造型设计”等，用结课汇报的形式进行课程教学的组织管理以及期末成绩的考核评定，采取课程负责人制，由一位教师具体负责管理协调、多位教师分组授课和进行实践指导，在上课时间、地点、内容、形式等方面给任课教师以更大的自主空间。在每学期开学初，该类分组授课的实践课程由课程负责人组织所有任课教师设置阶段性目标作品创作任务，制定各个阶段的教学目标，然后由各任课教师分别根据目标作品创作要求展开具体的教学实践，学院层面主要负责每个阶段目标任务完成情况的督导、结课作品创作的软硬件支持以及学期末目标作品结课汇报的整体评估。理论课与实践课的有机互补、集中授课和分组授课的相互协作、目标设置和阶段考核彼此结合的教学模式，不仅可以突出实践教学的示范性、针对性，同时也可以促使学生树立起明确的作品创作意识，提高学生学习的积极性，充分调动学生们的作品创作热情，实现知识向能力的转化。

2.1.2 “课程立项”制度

“课程立项”制度是指由学院统筹设计论证“专业发展特色品牌项目”，然后组织相关专业教研室根据项目类型、性质、要求等，与具体的专业实践课程挂靠结合，任课教师根据课程教学内容以及项目任务分工组织带领学生进行具体实施。学院层面主要负责项目监督指导和结项管理，随时提供舞台、场地、设备、经费、人力和技术支持。比如“大别山民间民俗文化产品创意与开发”“大别山红色题材舞台剧编创展演”“大别山大学生微电影节暨金画眉奖大学生影视作品大赛”等项目，由学院统筹分配给“短片拍摄”“纪录片创作”“舞台表演”“影视导演基础”“电视节目策划与编导”等专业实践课程进行具体实施。专业课程与项目开发的有机结合，一方面，可以有效地将专业学习和创作实践有机结合起来,提高学生学习的目的性、针对性,调动学生的学习热情和创作激情,形成人人有团队、队队有目标、个个出作品的实践教学效果;另一方面,在坚持树立“成果”意识的同时,注意强化“质量”意识,创作产出一批高质量的具有地域文化特色的教学实践成果,为服务地方经济文化建设与发展发挥重要作用。

2.1.3 “开放式”教学制度

“开放式”教学制度旨在为专业教师探索实施个性化实践教学模式适当预留一定的灵活操作空间,主要体现在三个方面:第一,为部分前沿性较强的专业课程设置相对自由的专题研讨学时板块。学院鼓励老师们结合当前业界发展的新动向、新内容,集中部分学时自主开展一些研讨型的小模块专题教学,突出知识传授的新颖性与前沿性,打破传统的单一固定的知识点讲解模式,以相对开放灵活的方式最大限度地实现基础与前沿、理论与实践、知识传授与技能培养的相互融合与自然渗透,着力培养具有开阔专业视野,能够洞悉传媒发展趋势,并具有扎实专业实践能力的传媒艺术人才。第二,加强网络教学平台建设,积极开发利用网络教学资源。网络教学平台在最初的推行及试运行阶段存在很多问题和缺陷,平台各项功能的改进完善是一个不断建设发展的过程。传媒专业的教师需要克服抵触情绪,主动尝试并积极利用网络平台的各种线上功能,如课件设计开发、学习资源分享、知识复习测验、师生互动交流、学习效果反馈等,把线上平台学习与线下专业教学衔接起来,可以适当加快教学进度,扩大课程知识容量,同时更多地关注到每一个个体的学习进展和学习效果。第三,充分利用媒体和企业的硬件资源和智力资源,构建双向对接体系,实现学校教育与用人单位的“零距离对接”和协同创新。学院通过与企事业单位签订产学合作协议,让学生直接承接一些项目,通过“命题作业”的方式,让学生了解社会需求,找到学习的动力和方向。比如,学院与地方政府和媒体合作创作大别山红色题材微电影、舞台剧等,积极参与地方经济文化建设,以高质量的文化品牌活动引领地方特色文化发展,在服务社会的同时全面提升学院的办学质量和办学水平。

2.2 专业实践机制的创新

学院坚持以“加强基础、面向应用、开拓思维、培养能力、提升素质”为指导思想,以“竞赛制”活动为主要形式,以“仿真式”实践为主要内容,以“品牌化”发展为主要目标,以社会实习实训为延伸,探索建设科学有效的专业实践机制。学院着重培养学生的创新能力、动手能力、科研能力、团队合作能力,打破专业分割的学习模式,建立媒体融合的综合实验实训平台，通过跨专业综合实战演练，让学生体验真实新颖的多媒体传播环境与制作方式，最大限度地实现专业培养目标与社会用人需求之间的无缝连接，实现基础与前沿、理论与实践的有机结合。

第一，以“竞赛制”活动为主要形式。竞赛形式的专业实践活动对于激发学生的实践兴趣、个人成就感和荣誉感等具有良好的效果。目前，我们举办的较有代表性的专业竞赛活动包括“青春风采”校园主持人大赛、大别山大学生微电影节、景明戏剧节、“四月天”诵读大赛、声音创意大赛、“青春微电影”大赛、剧本创作大赛、动漫“嘉年华”等。此外，我们积极鼓励和支持学生参加省内外较有影响力的专业比赛，如北京大学生电影节、中华经典诵写讲大赛、“科讯杯”国际影视作品大赛、河南省大学生科技文化艺术节、河南省大学生艺术展演活动、河南省大学生微电影大赛等。

第二，以“仿真式”实践为主要内容。依托专业的实验教学设施营造出真实的职业环境，开展仿真教学和实训。例如学院举办金画眉奖大学生影视作品大赛活动，赛事完整周期为一学年，作品创作、活动策划、导演调度、摄影摄像、剧组服务、舞美设计等过程完全仿真，达到“真枪实弹”的训练效果。专业社团光影学社创办的《光影放映室》《晒晒我自己》两个电视栏目也全部实行制片人制，由制片人负责统筹策划和拍摄，每周录制一期，在学院“金画眉”网络电视台定期播出，每月由指导教师组织各栏目制片人和栏目组负责同学对节目进行总结、点评和指导。心艺剧社“谭山剧场”在话剧排练中，教师对学生进行师徒式的现场指导，学生演出，教师点拨，将专业理论与表演实践有机地结合起来，可以很好地锻炼学生的舞台掌控能力和艺术表现能力。学院通过将专业学习和“仿真式”创作实践有机结合起来，可以让学生切实感受到职业环境的特点，为学生积累职业经验、提升职业竞争力创造了有利的条件。

第三，以“品牌化”发展为主要目标。学院积极整合传媒各专业优势资源，做好主题引导、团队培养、平台搭建以及活动机制、方案的把关设计。在每一个学期开学前，学院都会集中组织力量，对一学期将要开展的活动进行统筹设计和研究论证。每一场专业实践活动事先都要经过学院领导、各专业教研室的集体策划、讨论。活动通过审批之后，学院还要对会演活动的筹备、节目选择与编排等进行持续关注、监督，力争让每一场专业实践活动有层次、有内涵、有看点、有效果，努力打造活动品牌，帮助学生搭建专业实践和自我展示的精品平台。学院持续打造的金画眉奖大学生影视作品大赛、景明戏剧节、新年新诗会等一大批专业实践活动品牌，已成为具有一定辐射影响力的传媒文化品牌。

3.基于专业素养提升的实践教学评价机制改革

要确保传媒专业实践教学模式能够顺利、健康、持久地实施,保护好专业教师以及学生开展专业实践活动的积极性,学院必须改革传统“同质化、理论型”的教学评价模式,建构“科学化、个性化”的考核评价机制。

其一,创新专业实践教学评价机制。我们在前文所提到的“结课汇报”制度、“课程立项”制度以及“开放式”教学制度等,不管是在教师教学方式、学生学习方式方面,还是在课堂组织方式方面,都和传统的理论课课堂教学有很大差异。因此,要真正实现专业实践教学的创新改革,除了要求专业教师努力破除传统的教育教学观念、教学组织管理和知识传授模式的局限,积极探索新的更加富有实效的教学模式之外,还要求管理者在教学过程管理、教学质量监控、教学效果评价等方面做出相应的调整和创新。学院要给予专业教师更大更自由的教学空间,而不是把专业教师机械地禁锢在教室里、讲台上,从制度层面为专业教师开展实践教学模式的探索创新提供支持和保障,保护教师的创新积极性。

其二,改革专业学习效果测评机制。学院改变以具体技术知识点识记为主要考核测评方式的传统做法,不再以单一的知识点识记等共性标准来进行学习效果评价,充分尊重传媒艺术专业实践类课程的教学及学习特点,用“理论学习情况+目标作品质量+结课汇报表现”等相互结合的方式来评定学生的课程成绩,建构起一种个性化、多样化的成绩考核与评定机制。这种测评机制既重视考查学生课堂学习与实践表现情况,也重视考查学生的沟通协调能力、团队合作意识等综合素质,切实突出实践应用型专业人才的培养导向,调动和激发学生们开展专业实践作品创作的热情,彰显和践行“学生主体、教师主导”的现代教育理念。

传媒专业实践教学体系的探索建构与创新改革,是一项充满挑战性的工作,需要付出长期的努力,要求我们时刻保持一种前瞻性和开放性的眼光和胸怀,勇于突破成规,不拘一格培养人才。在创新改革实践的过程中,我们需要不断总结经验、开拓创新,力争走出一条更加适合传媒专业发展、更加有利于应用型传媒艺术人才培养的实践教学路径。唯其如此,我们才能培养出更多具有良好创新精神和实践能力、符合新时代传媒行业需求的传媒艺术人才。

〔陈长旭,讲师,信阳师范学院传媒学院〕

理工科院校艺术类专业实践教学改革与探索

◎李　序　焦道利　江　霄

摘要:理工科院校的艺术类专业建设,不但要解决发展的问题,还要解决融合的问题。同时,传媒艺术行业的发展变局,也对高校专业教育端提出了更高的实践应用能力要求。西南石油大学艺术学院从这两个命题出发,积极推动艺术实践与思政、科技、特定行业融合,实现校内、校外、就业创业的贯通,从而形成了"三融三通"的实践教学体系。

关键词:实践教学;艺术专业;理工科院校;教学改革

1."三融三通"实践教学体系的建设内涵与目的

1.1　建设内涵

"科学和艺术是不能分割的。它们的关系是与智慧和情感的二元性密切关联的。艺术和科学事实上是一个硬币的两面。"(李政道语)在理工科院校中,办好艺术专业,是新文科、新工科建设的题中之义;另一方面,艺术专业尤其是戏剧与影视学类专业"强应用"的属性,又对实践育人提出了必然的要求。

基于此,西南石油大学艺术学院经过 8 年探索,在实践教学领域进行教学理念与手段方面的改革,最终体现为"三融三通"的实践教学体系,如图 1 所示。

该实践教学体系以学生的全面发展、特色发展为出发点,形成了"三融合"的影视艺术人才实践培养理念:思政与艺术实践融合,在思政导向下进行实践教学与创作;科技与艺术实践融合,结合理工科院校科技土壤,将实践教学和科技手段紧密联系;能源行业文化与艺术实践融合,结合所属高校特色支柱学科,重点培养服务于能源行业的传媒人才。在教学手段上,该实践教学体系形成“三贯通”的实践培养路径:校内专业学习的实践贯通,形成课程实践教学层级;校外产学结合的实践联通,形成实践育人的联合培养模式;就业创业的实践融通,形成本实践教学体系应用的评价闭环。

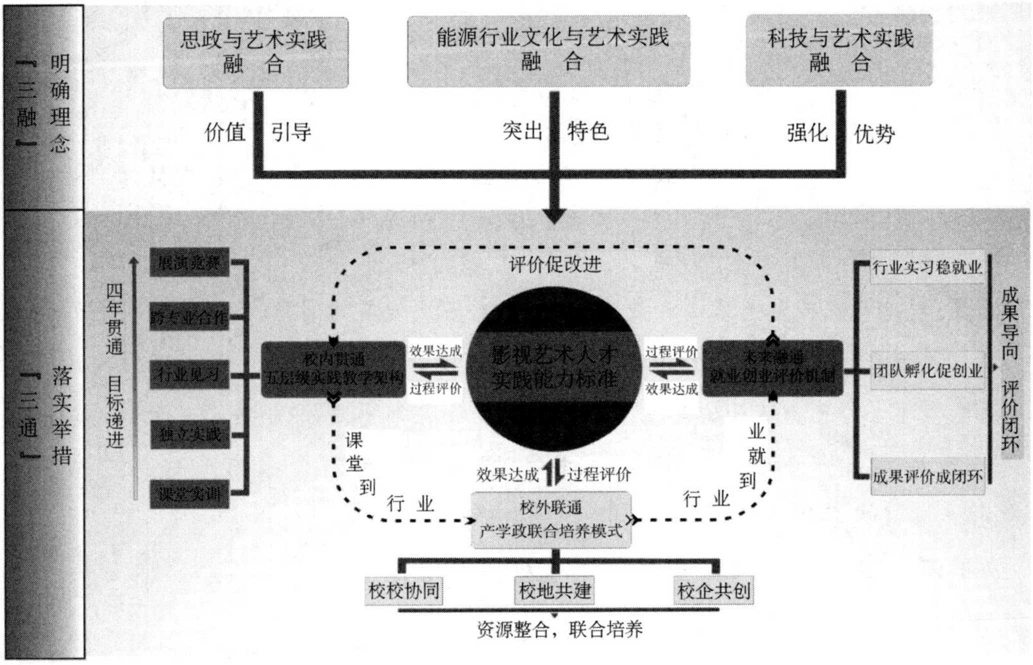

图 1 “三融三通”的理工科院校影视艺术人才培养实践教学体系

1.2 建设目的

“三融三通”的实践教学体系以问题为导向,注重解决实践教学过程中的相关问题:

其一,艺术实践重技能轻思政问题。要改变“唯技术主义”“艺术创作无禁区”的错误思路,培养具有正确价值观、人生观、传媒观、艺术观的应用型影视艺术人才。

其二,实践教学特色不鲜明问题。要深度结合理工科院校特色学科和科技土壤,培养重点服务于能源行业的应用型影视艺术人才,走独具特色的人才培养道路。

其三,实践教学缺乏系统性问题。在实践教学建设过程中,既重视纵向教学体系构建,又强调横向平台资源建设,要形成层级递进的系统教学模式,整合校内外实践教学资源,形成课上到课下、校内到校外、模拟到实战的实践教学递进阶梯,强化实践教学的系统性、针对性及科学性。

其四，实践教学与行业要求滞后性问题。要通过校校、校地、校企资源的整合，以及项目实践、行业实习教学模式的打造，为学生提供行业一线紧密联系的模拟及实战学习条件，确保能力训练落到实处、力争与未来工作岗位的“无缝衔接”。

2.“三融三通”实践教学体系的实施

2.1 明确路径，创新特色，形成“三融合”艺术实践教学理念

2.1.1 思政元素深入融入艺术实践全过程形成思想引领

习近平总书记在全国高校思想政治工作会议上强调：“要用好课堂教学这个主渠道”，“其他各门课都要守好一段渠、种好责任田，使各类课程与思想政治理论课同向同行，形成协同效应”。艺术实践教学专业性较强，一定程度上存在着重技术轻思想、重艺术轻政治的倾向。在“三融三通”的实践教学体系中，首先要求思政教育融入艺术实践全过程，明确贯彻培养什么人、为谁培养人的根本问题。

例如，西南石油大学青年教师李凯驻四川省凉山州昭觉县三岔河镇三河村任“第一书记”，战斗在扶贫攻坚的第一线，2020年被授予“全国脱贫攻坚楷模”荣誉称号，获得习近平总书记亲切接见。取材于此，我们在集中性实践课程“纪录片创作实践”的教学环节中，深入进行田野调查，精心筹备，创作以李凯老师事迹为原型的纪录片《启山林》，形成思想价值与艺术价值的双重呈现。

2.1.2 科技融入艺术实践活动，实现手段创新

在教学氛围、创作土壤乃至思维方式上，艺术专业在理工科院校中，往往存在着难以融合甚至矛盾的方面。但是，不能否认的是，理工科院校土壤往往又可以给艺术专业提供独特的条件和资源。如何趋利避害、取长补短，是理工科院校中艺术专业办学必须考虑的问题。

西南石油大学艺术学院结合理工科院校的科技氛围与土壤，引导教师积极研发、利用新技术新手段，应用于艺术实践教学领域。一方面有效实现对于理工科院校科技优势的资源整合，一方面也切实呼应艺术实践技术性、前沿性的手段创新诉求。

例如，艺术学院与计算机科学学院及校外科技企业组建科研创新团队，结合学院广播电视编导、播音与主持艺术、表演三个专业实践教学任务，组建广播影视艺术虚拟仿真实验教学中心，并研发电视节目导播系统模块、影视摄像模块、影视及舞台灯光模

块、影视后期模块、新闻综合演播模块等一系列虚拟仿真教学工具,培养新型传媒人才。同时,艺术学院大量开设大数据分析、自媒体运营、新媒体舆情分析与引导等课程,加强现代网络技术与艺术实践的融合。

2.1.3 能源行业文化融入艺术实践活动,突出领域特色

西南石油大学艺术学院在实践教学及艺术创作实践中,强化对能源文化的艺术融合,注重培养为国家、地区能源行业服务的艺术人才,不但形成理工科院校艺术专业发展的特色,实现学科存在的“逻辑自洽”,而且以积极面貌助力学校发展。

例如,实践教学成果电影作品《志定气扬》,以石油前辈创业征程为蓝本,展示石油人奋斗历程;实践教学成果话剧《石油魂》更是直接歌颂了石油精神,用独具感染力的艺术方式凸显了西南石油大学“为祖国加油、为民族争气”的大学精神。

同时,学生对能源行业文化的深入了解和创作实践,也使得学生具备了特定岗位的独特竞争力。据统计,近 5 年来,有 20 余名毕业生就职于石油化工企事业单位宣传部、媒体中心等岗位。

2.2 目标导向,递进贯通,构建五层级实践教学架构

“三融三通”实践教学体系以目标为导向,形成了课堂实训、独立实践、行业见习、跨专业合作、展演竞赛的五级实践教学架构,实现“课内外不断点、四年不断线”的实践教学层级。

2.2.1 课堂实训:夯实基本实践应用技能

艺术学院以课内实训为重点,坚持“小班教学”,应用“启发式”“探究式”“讨论式”“参与式”“案例分析式”等多种方法开展实践教学;同时,搭建线上课程资源,形成线上线下混合式教学平台,改变以教师为中心的传统教学模式,倡导以学生为中心的实践模式。

2.2.2 独立实践:提升综合实践应用能力

艺术学院以综合应用为导向,以独立实践课程为载体,开设“微电影创作实践”“纪录片创作实践”等课程。以任务驱动为方法,通过实践活动对学生实践能力进行自测与巩固、提升实践教学的维度延伸和空间拓展。

2.2.3 行业见习:初步形成行业认知

艺术学院以学期见习的依托,组织二年级学生到行业单位见习,让学生在岗进行

行业体验,将行业要求和自身能力“对标”,检验前序实践学习成果,认识实践能力短板。通过本实践模块加入,让学生对行业知识提前了解,明确差异化、个体化的实践学习方向。

2.2.4　跨专业合作:搭建平台建设团队

艺术学院以工作室制为支撑,打通三个专业的融合教学,实现团队成员之间的专业合作,以“采编播摄录导演”一体化工作流程来构建实践团队,增强团队意识,促进专业实践能力的提升。

2.2.5　展演竞赛:孵化实践创作成果

艺术学院以高水平艺术实践创作成果为目标,实现实践创作产出。将“一课”与“二课”进行高度融合,打造影像艺术节、有声语言艺术节和校园戏剧艺术节三大专业品牌活动。通过艺术学院创作竞赛中心,统筹3个专业创作工作室,结合大学生微电影节、大学生戏剧节、全国大学生广告艺术大赛等一系列专业赛事及学科竞赛,以赛促练、以赛促学。

2.3　整合资源,内外联通,规划产学结合的联合培养模式

“三融三通”实践教学体系注重行业要求对实践教学的实效导向,积极整合资源,在教学各个层级阶段,引入校外力量,规划联合培养模式。

2.3.1　校校协同

艺术学院以中国高校影视学会为平台,建设中国高校影视学会西南石油大学影视创研中心,开展同中国传媒大学、浙江传媒学院、四川音乐学院、四川传媒学院等高校之间的校际协同,以师资共享、专业讲座、专业赛事、联合创作等形式进行联合培养。

2.3.2　校地共建

几年来,艺术学院与四川省广播电视局、四川省新闻出版局、成都市广播电视局、成都市非物质文化遗产保护中心、新都区文化局等政府部门共建“四川省公益广告创作工作室”“非物质文化遗产创研中心”“新都区大学生创新创业基地”等平台,推动校地合作。

2.3.3　校企共创

艺术学院积极搭建与企事业单位的合作平台,用行业标准来评价学生的专业能力,把四川观察、二更传媒等多家新媒体机构专家引进学院,共创“融媒体创作中心”,

以项目制、校外导师制为轴心，在具体的实战中进行实践教学。

2.4 成果导向，学业融通，完善实践育人的自我评价闭环

不考虑出口的教育是不称职的教育。基于这个认知，艺术学院将学生的职业发展纳入实践教学体系，形成对于实践教学的最终评价，完善体系闭环，促进体系不断自我完善与修正。

2.4.1 行业实习稳就业

艺术学院以校企融合为依托，输送高年级学生进入签约单位实习，将实践教学同行业实习工作要求对接，以“来之能战”的要求促成学生实践能力与未来岗位的“无缝衔接”。同四川广播电视台等20余家企事业单位签订实习协议，保证以“轮训”的形式让每个学生都获得实习的机会，在毕业后择优入职实习单位，实现实习到就业的直接过渡。

2.4.2 团队孵化促创业

艺术学院基于大学生创新创业训练计划，结合校内工作室、独立实践项目，设立创新创业办公室，对有创业规划、实践成果及成长空间的学生团队，进行导师及资金的扶持。师生共建小微企业，助力创业梦想的落地。艺术学院目前已孵化四川永浮生文化传媒公司、四川花篱文化传播有限公司等企业十余家。

2.4.3 成果评价成闭环

艺术学院基于教学质量保障体系的总体构架和要求，构建艺术学院实践教学保障体系。艺术学院制定实践教学质量监控目标，完善实践教学监控组织机构，制定各级实践教学规章制度，实施多维实践教学质量评价。其中，学生的就业创业成果成为实践教学信息反馈网络最为关键的数据，形成评价闭环，促进实践教学体系的不断自我完善和改进。

3.“三融三通”实践教学体系的创新点

3.1 实践教学理念的革新

实践教学体系鲜明提出了思政与艺术实践融合、科技与艺术实践融合、能源行业文化与艺术实践融合的“三融合”理念，在思想内容上端正引领、在教学手段上追求革

新、在发展路径上形成特色，具有立体全面的创新价值。

3.2 探索理工科院校背景下特色办专业路径

艺术学院立足新文科、新工科建设，植根理工科院校土壤，思考特定背景下影视艺术专业发展策略，以融合为态度，大胆进行“艺术与技术、艺术与行业、创想与研究”的结合，实现了专业存在的逻辑自洽、增强了专业前行的内生动力，形成了可资借鉴的方式方法。

3.3 实践教学方法的系统化

艺术学院形成了分层化、阶段化、目标化、递进化的系统实践教学具体方法，围绕人才培养，纵向设计课堂实训、独立实践、跨专业融合、行业见习、展演竞赛的五层级实践教学架构，横向搭建“校校协同”“校地共建”“校企共创”的联合培养模式，并将实践教学引入创新创业活动，形成递进贯通、内外联通、学业融通的系统教学方法。

3.4 打破专业壁垒，形成专业合力

艺术学院通过跨专业融合、展演平台、赛事组织等手段，有机融合广播电视编导、播音与主持艺术、表演等专业的特色与专长，“三个专业、一个平台、资源共享、成果共建”，形成专业互补的碰撞效应，培养复合型人才。

4.“三融三通”实践教学体系的应用成效

4.1 毕业生受到社会各界广泛好评

艺术学院连续三年为社会输送的毕业生就业率都在97%左右。据第三方机构统计，学生对课程的满意度达96.15%，各用人单位对本专业毕业生反馈良好，尤其认可其专业能力和实践应用水平。82.9%的用人单位对毕业生表示整体满意，其中“非常满意”为37.8%，“比较满意”占45.1%。

4.2 各类专业赛事频获佳绩

近些年，西南石油大学艺术学院组织西南石油大学主持人大赛、影像艺术节、有声语言大赛、戏剧节等校级艺术比赛和展演活动，组织学生参加全国大学生广告艺术大

赛、全国高校数字艺术设计大赛、四川省大学生原创微电影大赛、四川省大学生主持人大赛、国际大学生微电影盛典等学科竞赛和专业竞赛。艺术学院组织学生参与相关活动,已经常态化、普及化。学生在各类赛事上斩获颇丰,2017—2020 年获得国家级奖项 50 余项、省部级奖项 126 项。

4.3 产教融合成果卓著,培养了一批双师型师资

在实践教学理念引领下,艺术学院积极外引内联,通过校外导师联合培养、打造校企共创平台、建立校外实习基地、校企项目合作等方式,与四川广播电视台新闻中心、四川二更文化传媒有限公司、四川省文化厅剧目工作室、发乐米文化传媒有限公司、成都完美动力 CG 培训学校等多家媒体建立产教合作关系,推出了诸如石油题材电影《志定气扬》、纪录片《李士伦》、院线电影《恍若少年时》等一系列产教融合成果。

同时,为提高实践教学能力,艺术学院有计划地安排中青年教师在职进修,参加"新时代高校卓越教师培训""科技赋能新背景下新媒体教师发展培训""四川省戏剧编剧人才培训"等各级各类进修项目 50 余人次,充分提高教师的知识水平和实践教学能力。

4.4 相关经验在校内外得到广泛推广

"三融三通"的实践教学体系在教学过程中深受师生认可,辐射范围涵盖艺术学院广播电视编导、播音与主持艺术、表演 3 个专业共计 1127 人。相关专业教师在《高教探索》《中国教育学刊》等期刊发表教改论文 30 余篇,在清华大学出版社、四川大学出版社等出版社出版教材 19 部。

本实践教学体系作为教学改革成果,自实施以来,获得了相关教育主管部门和同行院校的积极评价。在 2018 年教育部本科教学评估中,评估专家给予高度肯定,对本成果做出了"特色鲜明、成果显著,具有推广应用价值"的评价。本体系也先后在第五届传媒实践教学创新国际研讨会、中国高校影视学会实验教学专业委员会年会、中国高校微电影论坛、四川省首届戏剧与影视教育论坛等会议上做主旨发言,获得各方好评。

参考文献

[1]王仕勇.新文科背景下新闻传播人才培养的新理念与新进路[J].中国编辑,2021(2):16-21.

[2]刘金圆.新文科建设背景下传媒人才创新能力培养探究:以地方高校网络与新媒体专业为例

[J].传媒论坛,2021(3):14-15.

[3]李力.地方工科院校艺术专业人才培养模式的思考与探索[J].创新创业理论研究与实践,2018(5):78-79.

[4]胡建华,赵瑞超,李海龙.民办工科院校艺术设计专业实践教学体系构建[J].教育教学论坛,2018(10):154-156.

〔李序,副教授,西南石油大学艺术学院;焦道利,教授,西南石油大学艺术学院院长;江霄,副教授,西南石油大学艺术学院〕

政产学研创一体化视域下的科普短视频项目创作实践*

——以河南大学新闻与传播学院为例

◎ 张国伟　王菁菁

摘要:传媒技术深刻变革使高校新闻传播人才培养与业界的互动越来越深入。近年来,科普内容供给侧改革成为重要议题,利用高校丰富的学生人力、智力创意等资源进行科普短视频创作成为科学普及的重要实践路径。本研究以河南大学教学过程中的科普短视频项目为例,分析政产学研创一体化下的协同项目执行情况。研究发现,师生组成的创作团队在选题策划、创意呈现、制作执行等方面具有较大优势,但是在内容发布运营管理方面存在较大提升空间。根据研究,本文提出了明确受众、精细化生产、学习自媒体运营逻辑等针对性建议。

关键词:科普短视频;政产学研创;视听内容生产;实践性课程

1.项目介绍

习近平总书记强调,科技创新、科学普及是实现创新发展的两翼,要把科学普及放在与科技创新同等重要的位置。《全民科学素质行动规划纲要(2021—2035年)》明确提出,深化科普供给侧改革,提高供给效能,支持和指导高校、科研机构、企业、科学共同体等利用科技资源开展科普工作,开发科普资源,加强与传媒、专业科普组织合作,及时普及重大科技成果。

河南省积极响应国家号召和要求。为进一步繁荣科普创作,支持引导社会力量参与科普,促进科普资源的开发与传播,河南省科学技术协会、省财政厅、省教育厅联合

* 本文系教育部首批新文科研究与改革实践项目“传媒类专业政产学研协同育人机制创新与实践”(2021090060)、河南大学教学改革项目“新文科背景下区域性高校新闻传播教育改革研究”(HDXJJG2020-169)阶段性成果。

实施河南省全媒体科普创作基地项目。项目分为视频类和音频类两种形式，面向河南省内高校、科研院所、视听制作等文化企事业单位公开招标。

河南大学新闻与传播学院部分青年教师通过“音视频编辑”“视听内容制作”“新媒体内容发布”“短视频工作坊”等课程，指导学生制作了防诈骗、生理现象解读、疫情防护等主题的系列科普视频，在科普短视频制作方面具有了比较扎实的基础。学院青年教师申报了河南省全媒体科普创作基地项目，并成功获批。项目团队将科普短视频作为“视听节目制作”“短视频创作工作坊”的训练环节，按照项目制形式分组进行。

2.项目运行

2.1 确立项目主导思想

科普工作地位的上升，以及当前信息传播方式的巨大变迁，为科普工作带来了新的挑战和机遇，科普作品创作亦深受影响，需要新的思路和方法。当前，短视频是重要的传播形式和传播载体。适合自媒体的短视频将是本单位进行科普内容创作的重要方向。

全媒体时代的重要特点是短视频生产主体和形式的广泛性和复杂性，专业生产内容（PGC）、用户生成内容（UGC）、职业生产内容（OGC）模式交错。在这些纷繁复杂的模式中，有一条重要的规则：谁的形式更受欢迎，谁的传播效果越好。基于此，本项目采用更为开放的工作方式，在保证作品内容准确性科学性的基础上，吸纳更多的年轻学生，鼓励他们按照青年群体喜欢的作品形式进行短视频创作。

2.2 设定创意策划方向

项目运行之初，团队明确提出将传媒专业属性与科学严谨属性相结合，将教学与实践相结合，引导学生探索青年群体喜欢的科普短视频作品形式。课题组核心成员对选题和制作的大方向制定了规范，为后期执行提供方向，主要包括以下几个方面。

2.2.1 规范选题流程

科学知识相较于其他信息，具有更多的“刚性”需求，其涉及的自然规则并不会因人类社会的喜好而发生改变，因此在挑选内容方面，项目要求学生在搜集资料时要做到科学严谨，以确保输出内容的准确性。在实际策划过程中，根据选题内容的不同，同学们搜集的资料都来自科学网等官方科学技术网站，或《科学世界》《国家地理》等专业期刊,还有一些则来自一些科普读物,例如《博物大百科》《奇怪的知识增加了》等。

另外,科普短视频的文案势必要对专业性的内容进行形象化、具体化的阐释,以求深入浅出,让更多的人明白背后的原理,以达到科普的目的。为了保证科普短视频传递内容的准确性,在学生们按要求搜集好资料、起草文案后,课题组还会找来选题内容相关专业的专家进行审核,一是对专业内容把关,确保知识基本原理无误,二是对文案写作的细节进行核准,指出用词不严谨的地方,以便能尽早修改文案,避免后期修改内容,增加工作量。

2.2.2 确定选题内容

科普工作的一大难点是让观众感兴趣,故课题组在要求选题资料的严谨性之余还要求选题内容做到与当下社会形势相结合。在课题开始之后,学生们每周都会围绕当下热点事件和话题开选题策划会,选出大家认为最有趣、最具有传播潜质的题目进行下一步制作。学生们的选择和策划主要集中在两个方面:一种是需要持续关注的常态性科学话题,例如“为什么我们会脱发?”“人为什么会有密集恐惧症?”“龙卷风是怎样形成的?”等;另一种是因社会突发事件或当下网络热点而需要及时传播的科学内容,例如新冠疫情蔓延时期,关于疫情防治的科普选题“新冠疫苗是如何保护我们的?”“德尔塔病毒的新特点有哪些?”等。

根据选题内容的性质来看,科普短视频选题可以分为两个大类,一是日常生活科普内容,主要是与人体相关或与人类日常活动相关的内容,如“跷二郎腿有哪些危害?”“打哈欠为什么会传染?”“宇航员升空时,为什么要佩戴枪支?”等;二是自然科学普及内容,主要是与大自然生物地理相关的内容,如“龙卷风是怎样形成的?”“苍蝇为什么会搓手?”“什么是鲸爆?”等。

2.2.3 选定作品形式

在确定好选题内容方向之后,还有一项非常重要的工作——选定科普短视频的制作形式。根据前期调研结果发现,除了内容的贴近性和丰富性之外,科普短视频的制作形式也对其传播起到非常重要的作用。在互联网平台上较为常见的科普短视频制作形式可以分为两大类,一种是真人出镜式,另一种则是动画形式。结合调研数据和实际操作情况,课题组决定采用动画方向的制作,学生们集思广益尝试了以简笔动画加配音解说,以及运动图形(MG)动画配音等不同形式制作了样片,并进行了播出投放实验。

根据实验结果和各方的改进意见,课题组决定以统一的包装风格和账号 IP 风格制作系列竖屏 MG 动画，为这个平台科普账号取名“开普曼 Capman”寓意为“开启科普的人”，把账号主体形象打造为一个经常戴着不同帽子的漫画人物，与“cap man”的意思相互映照，以求加深观众对系列视频 IP 的印象。另外，基于人工智能（AI）技术的发展，很多 AI 配音的工具日渐成熟，加之很多科普短视频的实践中也有采取 AI 配音的先例，传播效果并无削弱，故本次课题视频中解说人的声音也选定为 AI 配音，一方面解决了无法固定声音形象的问题，另一方面随改随配，节约了制作时间，提高创作效率。

2.3 内容制作执行

在确定好初期的创作标准之后，课题组就要进行明确分工，开始量产视频。整个科普短视频的生产流程可以分为几个环节，首先是文案的写作，其次是图片视频的搜集，再次是 MG 动画的制作包装，最后是在各个平台上进行投放。

2.3.1 合理分配制作力量

参与课题项目的同学都是新闻与传播学院广播电视专业研究生，有一定视频制作基础，也有相关单位的实习经验。指导老师负责把控整个项目的大方向和邀请各行专家对视频进行审核，学生们则在项目规划下逐步推进项目进程，从探索、实验到量产，在实践中学习，在学习中实践。为了使学生们更好地了解制作流程，前期的视频制作进行了“轮岗制”。同学们要在每个环节中熟悉工作内容，并在团队协作的过程中互相学习，互相改进。

2.3.2 实行量化生产

在“轮岗”下生产了 6 期短视频之后，同学们对整个科普动画的制作流程已经相对熟练，便可以进行独立产出。在每周一次的选题会上，大家汇报上一期的制作进度，并讨论下一期选题。其余的时间同学们自由分配，一周完成一期短视频的制作，由指导老师送去给相关行业专家进行审稿，有不恰当的地方及时进行修改，最终汇总成一套完整的科普短视频合集，提交给项目发布方。

2.4 分渠道发布

按照项目发布方的要求，河南省科学技术协会负责视频内容的最终审核发布。本项目承担团队无须进行传播，但是为了提升学生的新媒体运营能力，在符合规定的基础上，课题团队也指导学生进行内容的多平台矩阵发布训练。

课题组计划打造一个可持续运营的自媒体账号,根据本课题视频的内容形式,结合各个平台的调性,课题组选定了抖音、快手、哔哩哔哩弹幕视频网、微信视频号这四个平台创建账号,并确定了更新周期为一周两更。所有平台账号都由学生负责运营和维护,同学们需要感受各平台的受众喜好的不同,探索其中的传播规律,包括发布视频的时间、文案的措辞,都需要根据平台的不同而做出调整。

在为期 4 个月的课题实践过程中,课题组的同学们共产出 50 期科普短视频节目,总时长 73 分钟。视频内容如表 1 所示。其中,“石楠花为什么有精子的味道?”这期视频在抖音和哔哩哔哩上的播放量、评论数和点赞量都是最高的,而在快手上,点赞转发评论最高的一条为“宇航员升空时,为什么要佩戴枪支?”。各平台数据情况,如表 2 所示。在实践过程中,同学们掌握了 MG 动画的制作、自媒体运营等相关技能,边实践,边反思,边修正,取得了不错的学习效果。

表 1　科普短视频选题一览

节目标题	节目标题	节目标题
01 期　石楠花为什么有精子的味道?	18 期　人为什么会得癌症呢?	35 期　醉酒后勿做的几件事
02 期　什么是央行数字货币?	19 期　苍蝇为什么会搓手?	36 期　如何预防食物中毒?
03 期　应该如何正确防晒?	20 期　冰箱的正确打开方式	37 期　眼睛干涩疲劳怎么办?(上)
04 期　什么是杂交水稻?	21 期　打哈欠为什么会传染?	38 期　眼睛干涩疲劳怎么办?(下)
05 期　什么是雾化吸入式疫苗?	22 期　什么是遥感卫星?	39 期　龙卷风是怎样形成的?
06 期　HPV 疫苗有没有必要打?	23 期　城市的排水系统是如何运行的?	40 期　扁桃体除了发炎还有什么用?
07 期　冬天的时候蚊子在哪?	24 期　人为什么会有密集恐惧症?	41 期　如何区分学历和学位?
08 期　为什么我们会脱发?	25 期　什么是抑郁症?	42 期　喝啤酒到底会增胖吗?
09 期　如何拯救失眠?	26 期　德尔塔病毒的新特点有哪些?	43 期　长期服用褪黑素对人体有哪些影响?
10 期　宇航员升空时,为什么要佩戴枪支?	27 期　牛奶可以空腹喝吗?	44 期　为什么海獭睡觉要手牵手?

续表

节目标题	节目标题	节目标题
11 期　新冠疫苗是如何保护我们的？	28 期　为什么香水有前中后调？	45 期　如何爱护好我们的眼睛？
12 期　跷二郎腿有哪些危害？	29 期　为什么说章鱼是最接近外星人的物种？	46 期　脚踝受伤怎么办？
13 期　为什么知了夏天总在鸣叫？	30 期　什么是阿尔茨海默病？	47 期　喝茶要注意哪些事？
14 期　竹子是树吗？	31 期　什么是内分泌失调？	48 期　切洋葱为什么会流眼泪？
15 期　长期熬夜都有哪些危害？	32 期　如何营造高质量睡眠环境？	49 期　睡姿的重要性
16 期　人为什么打呼噜？	33 期　为什么树懒行动缓慢却还没有灭绝？	50 期　荨麻疹为什么被称为“不死的癌症”？
17 期　什么是乳糖不耐受？	34 期　什么是鲸爆？	

表 2　各平台数据汇总

账号	平台	粉丝总数	总播放量	总点赞数
开普曼 Capman	抖音	259	10 万＋	5124
	快手	159	5.2 万＋	2034
	哔哩哔哩	15	2.8 万＋	645

3.项目总结与反思

3.1　科普短视频项目瓶颈

虽然整个项目实践的流程是顺利的，科普短视频节目也顺利量产了，但是在项目实践的过程中，课题组也发现了许多需要克服的问题和需要改进的地方。课题组成员及时进行了复盘和反思，学习经验教训，主要的问题和创作困境体现在以下几个方面。

3.1.1　内容生产滞后，选题缺乏前瞻性

在课题项目进展的过程中，虽然每一次的选题都是结合网络热点或是探索人们日常关注的内容，但由于网络热点的发展变化很快，而从选题到成片所耗费的时间较长，热门话题已经冷却，就导致一部分视频在发布时已丧失时间优势，无法被更

多的人看到,最终数据平平,躺在账号角落。这与前期报选题的方式不无相关,一个话题或一个事件只有在热度足够高或者说已经处于顶峰状态的时候,才会被大众普遍关注。如果这时相关话题才被课题组成员关注到,并选定为科普选题,制作和发布的过程注定就是一场与时间的赛跑,即使跑赢了蹭到的也只是"余热",是很难有好的数据表现的。

3.1.2 创作局限,表达缺乏趣味性

MG 动画是近年来比较普遍运用的科普视频形式,横屏居多,多用于官方科普账号的宣传或是线下一些公共场合的大屏投放。本次课题选择的是竖屏的 MG 动画制作,以期科普内容的知识性与 MG 动画的活泼性能很好结合。但从成果视频以及各大视频平台的数据来看,还远远没有做到这点。成员们在关注 MG 动画制作的同时没有很好地兼顾内容输出的趣味性,如何更好地吸引受众的注意力,知识的表达没有做到深入浅出、形象生动。成员们没有更好地去运用专家的力量,专家在审核文案和视频时,也只是提出不合理和不准确的地方。成员们对于知识的解读和传播还有一些局限性。

3.1.3 运营失效,对平台算法掌握不够

在后期的平台运营方面,成员们没有很好掌握各个短视频平台的算法机制和传播特点。账号受众定位不够清晰,每期视频之间没有什么关联性,这就导致受众黏性不高。大家觉得某一期视频不错,点赞、留言,但很少会关注这个账号。

虽然视频传播的效果不好要在内容和形式上找原因,但一些视频发布数据不好是因为没有很好地进行运营导致的。一个短视频平台每天发布海量视频,如何让平台用户看到并愿意留出时间观看,是非常需要研究的。

3.2 总结经验教训

在反思课题项目进行过程中的问题后,成员们也总结了很多经验教训,为后期的继续实践提出了优化建议,主要有以下几个方面。

3.2.1 圈定科普范围,明确受众定位

经过项目实践的过程,课题成员们明白了即使是科普短视频也要考虑垂直细分市场和精准定位。例如,专门进行性知识科普的抖音账号"芝士夹性",专门运用物理知识破解谜题的账号"阿基米吴"等。只有方向足够精准,团队才能提高用户黏度,不再

是制作单纯独立的小视频合集，课题组制作的科普短视频虽然有统一的包装和形象，但从每期视频的内容看是割裂的。选题范围也不能单纯依靠追逐热门事件或常识性内容，而是要将热点与圈定的科普范围相勾连，这样才能有新意、有创意。

3.2.2 精细化内容生产，加强与专家团队互动

当圈定一个科普范围后，内容的制作方向会更明确，每期视频与视频之间可以有内在的联结，而不单纯是表面的共同点。这要求成员在前期的策划阶段要更用心地发掘知识，琢磨如何把知识变得有趣起来。另外，成员要与专家团队更深入地交流。在前期的课题实践中，由于涉及的知识面太宽泛，课题需要各行各业的专家支持，寻找专家的过程也是一个挑战。如果圈定好一个科普范围，那么，课题所需要的专家团队就可以固定下来，也能更好地和专家团队进行互动，专家团队不再只是审核人的作用，还可以以更具前瞻性的眼光对新的科学技术、真正尖端的科学知识进行指导，与课题成员们形成互补，不再单纯是老生常谈的知识二次创作传播，而能结合热点进行知识生产，这样作品质量会更高，传播潜力也更大。

3.2.3 注重运营，学会“冲浪”

如今的短视频平台，不但要有好的内容，还要有好的运营和营销方式，闷着头做内容有一定概率是不会被看见的，所以要更注重运营团队的打造，更深入地去学习每个平台的传播特性，比如各大平台的受众特点、算法模式、观看时间、峰值，以及标题、封面怎么设置才最具关注度。在课题项目的视频运营时，成员们也做过类似实验：在哔哩哔哩弹幕网发布视频，按照视频本来的样貌，随机封面，普通标题发布，半小时内的浏览量寥寥几人；将视频撤回下架后，学习哔哩哔哩百大 up 主们的发布风格，制作一张有视频关键点和视频标题的封面，并认真结合热点取标题，参加了一些相关话题，发布后半小时的播放数据就好了很多。因此，学会利用各平台的算法进行运营，对传播的有效性是非常重要的。

4.结语

新闻传播人才的培养目标是为社会培养优秀的人才，服务于社会发展需要。这一目标的实现具有阶段性和递进性，在课程的实践性训练环节，就能够生产出可传播的产品内容，属于基本阶段。很多高校开始进入或已经处于这一阶段，有些高校初步取得一定成果，积累了新的教学经验和社会影响。但是有些方向还需要进一步尝试和探

索,如不同项目的运行管理、合作适用性、专业特长的发挥等均是实践性课程改革的下一阶段重要内容。

〔张国伟,副教授,河南大学新闻与传播学院网络与新媒体系主任;王菁菁,河南大学新闻与传播学院研究生〕

非艺术类高校传媒艺术实验教学改革和探索

◎李　曼　马　健　靳春明

摘要：随着艺术创作学科的发展，传统的实验教学模式已无法满足创新型人才培养的需求。在当前新的教育理念与时代背景下，如何将科学技术与实际操作融入艺术教育与艺术研究创作中，如何构建新型的艺术与技术相结合的传媒艺术教学模式已成为艺术教育的研究命题。本文以重庆邮电大学传媒实验中心的实践教学改革为例，分析目前非艺术类高校传媒艺术实验教学中存在的实际问题，通过探讨高素质传媒人才培养的实践培养模式，提出传媒艺术实验教学改革的可行性方案与措施。

关键词：传媒艺术实验教学；技艺结合；模式探索

现代传媒和文化艺术产业的崛起、信息产业领域的不断拓展、中国高等教育的大发展促成我国许多非艺术类高校纷纷开设传媒艺术类专业。重庆邮电大学传媒艺术学院也于2002年应运而生，先后开办了广播电视编导、动画、艺术设计3个与现代传媒紧密相关、涉足创意产业经济的本科专业。重庆邮电大学传媒实验中心坐落在集实验、实践、科研于一体的12,498平方米的传媒艺术大楼内，早在2007年就建设成为重庆市实验教学示范中心，并先后进行了5轮中央专项资金资助地方高校实验室项目建设，受到了来自各方的专家学者和领导的肯定。

在很多艺术专业中，实验室建设不仅体现着办学的基本理念，而且在一定的教学阶段中，实验室就是传达教学思想、体现实际能力的教学第一平台。非艺术类高校开办传媒艺术类专业，在很多方面都是空白，尤其是在实验教学方面更是面临很大的挑战：专业理论教学与实验、实践教学界限模糊，实验教学缺乏体系；教学手段、教学方式多以传统的教师单向传授为主，缺乏互动性；虽然实验仪器设备不断投入，但在实验教学内涵建设方面研究不够;在人员结构、队伍建设、职称待遇、激励机制、制度落实等方面还需加大改革力度;实验项目内容、实验教学方法、实验室开放等方面建设水平亟待提高。这些方面都需要我们摸索与实践。

高等教育要培养符合当前乃至未来传媒产业需要的具有综合能力、创新能力、实践能力的高素质人才,必须通过高校传媒实验室和实验教学,将理论与实践相结合,培养学生具备在新兴媒介环境下的能力。

1.实验教学体系与内容

为适应传媒艺术类专业教学中的许多课程理论与实践高度结合、密不可分的客观规律,实现"以创意见长,拿作品说话"的成才途径,传媒艺术学院要求承担课程的相关教师都具备"双师型"教师素质,促使专业教师真正成长为"理论与实践,艺术与技术"同构的教师,优化教师资源的配置,提高教育教学质量。① 要坚持走技术与艺术相结合的道路,用现代传媒技术进行艺术创作,以使学生通过创作优秀的艺术作品来提高自己的理论水平和技艺水准。

艺术从根本上讲,是受文艺理论指导的实验实践创造性劳动,艺术产品的直观可见性,是被创作的,这决定了艺术教学中实验室教学的重要性。根据现代传媒艺术教育体系中没有验证性实验实践环节的特殊性,加之许多课程理论与实践高度融合,实践环节具有不可能单列出来的局限性。传媒实验中心探索性地将实验体系分为实验、实训、实习 3 个部分,鼓励综合性、设计性、创新性实验项目的开设。传媒实验中心实验教学体系如图 1 所示。实验教学项目主要是与理论教学同步进行创作的实验,包括"基础性实验""应用性实验""综合性实验"和"创意、设计性实验"。这类项目是与理论教学一体的,边学边做。实训教学项目主要是可以单列进行作品创作的实验,包括"应用性实验""综合性实验"和"创意、设计性实验"。这类项目操作性更强,可以独立进行,先学后做。实习教学项目主要是集中实践环节的课程,包括写生、毕业实习、专业创作、项目设计和毕业设计等"综合性实验"和"创意、设计性实验"。这类项目综合性与实战性更强。

重庆邮电大学传媒艺术学院大多数实验课程在结束时,都要求学生创作出带有设计性和创新性的作品,这正是传媒艺术学院"以创意见长,拿作品说话"的人才培养特

---

① 赵鹤.高校艺术实验教学中心的建设与实践探究:以哈尔滨师范大学音乐学院为例[J].北方音乐,2019(2):210-211.

色在实验教学中的具体体现。此外，学院还面向校内非传媒艺术专业开设了相关的选修课程，以提升非艺术类高校大学生的人文艺术素质。这一举措，在很大程度上也支撑了教育部关于在高校大力开展美育教育的要求。

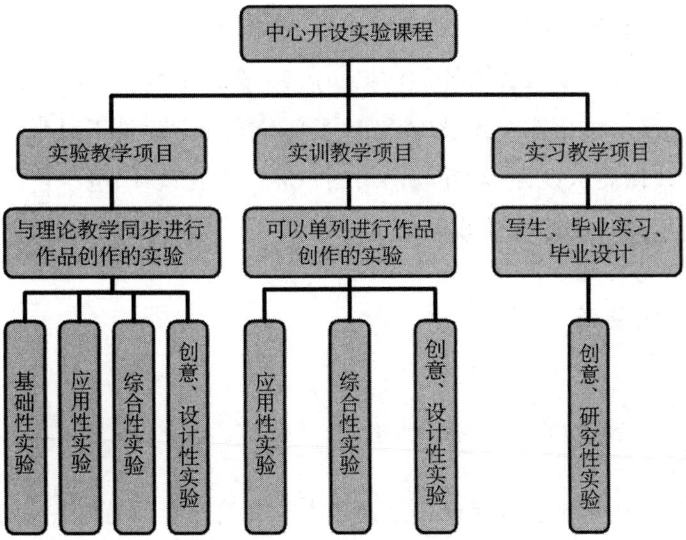

图 1　传媒实验中心实验教学体系

实验教学体系和内容的建设离不开实验室的建设，实验室建设需要立足全局，从长计议，走可持续发展道路。以重庆邮电大学传媒实验中心建设为例，我们着力培养既具有较高艺术素养和媒介素养，又掌握现代艺术作品创作和传播手段的数字传媒艺术人才，艺术与技术相结合，构建科学合理的数字传媒技术专业教学体系，创建学科交叉融合的课程体系和立体化实践教学体系，基础实验、专业实验和创新实验教学环环相扣，为师生教学、科研、创作和研发搭建良好的平台。实验室的建设必须服务于教学，传媒类实验室的建设有一定特殊性，实验室建设有技术的因素也要考虑技术服务于艺术的因素，在建设过程中就需要相关任课老师参与其中，既要考虑实验室的设置，也要考虑设备的采购——哪些设备能更好地服务于我们的艺术教学实践。在实验室建设方面，传媒艺术学院拥有集教学、实验、实践、科研于一体的 400 平方米标准演播厅，以及导播室、二维动画室、三维动画室、非线性编辑实验室、摄影棚、录音棚等一批基础实验实践设施。此外，学院还先后建设了数字媒体艺术实验室、数字媒体技术实验室、虚拟与交互艺术实验室、数字高清影视创作实验室、数字影视创作实践基地等综合性实验室和设施。

实验室的建设力求满足学生作品创作各环节的需求，例如录音棚的建设就满足了广播电视编导、动画、数字媒体艺术等专业学生在作品创作过程中配音混音的需求。同时,传媒实验中心也设置了作品输出室,学生设计的平面作品、摄影作品等可以在中心进行输出,更好地服务于学生的创作。虚拟与交互艺术实验室的建设能有效融合学校在数字技术专业学科领域的相关资源,发挥重庆邮电大学在数字通信、信息领域的学科优势,增强虚拟与交互艺术实验教学手段,改善该领域实验实践教学条件,适应虚拟与交互艺术相关专业本科实践教学的迫切需要,提高创新型、应用型人才培养质量。该实验室建设了沉浸式立体交互设施,解决了部分专业学生难于直观体验虚拟空间与环境设计、互动媒体展示设计、软件与网络用户界面交互设计、电子产品界面与用户互动设计、游戏角色互动设计等领域作品的问题。

2.实践教学理念的创新

2.1 走"艺术与技术相结合"的办学之路

重庆邮电大学开办的艺术专业与其他艺术类高校开办的艺术专业是不同的,有自身的特点。它植根于重庆邮电大学强大的信息科学土壤,深深地打上了信息科学的烙印。它是将现代传媒艺术与信息技术、数字技术的交叉融合作为突破口,服务大众而较少个性张扬的艺术。所以,本中心的队伍建设、设施建设和教学组织,都从与信息科学的结合上去把握与思考。

中心鲜明地提出走"艺术与技术相结合"的办学之路。学校在一系列培养方案制定、课程设置、教材编写与选用、师资培养与进修、教师授课与科研、教学考核等方面,都要求既体现艺术设计创造的要求,又融入运用现代高新技术的要求,共同为培养既懂艺术创作又熟悉技术制作的复合型、创新型、应用型人才而努力。

中心在一些实践性和综合性较强的课程教学过程中配备了两位老师,一位老师指导学生的节目创作和节目编排,另一位老师指导学生摄像、音响、灯光、导播方面的技术性应用。最终的目的是让学生完整掌握整个节目在演播厅的制作流程和相关的技术。例如在演播厅进行的"多讯道节目导播技术""综艺栏目创意策划与实习"这两门课,要求学生既要以小组为单位完成访谈类节目和综艺节目的策划,还要在演播厅进行多机位的录制,并制作成一期完整的节目。

2.2 大力倡导和实践"以创意见长,拿作品说话"的艺术人才培养理念

为了加强培养应用型、创新型人才的力度,传媒实验中心明确提出了"以创意见

长，拿作品说话”的人才培养理念。中心注重在实践教学中培养学生实践能力和创新能力，将理论教学与实践相结合，注重学生作品的考核。如在作业评价环节，教师在考查学生创作训练过程的同时重视作品的质量与效果；在课程考核环节，采取笔试＋实验形式，要重点考核创作作品的情况。

2.3 创建“自主学习”“研究性学习”的实践教学模式

学院积极探索适应学生能力培养与创新学习的实践教学模式，创立适应多层次要求、适合个性化发展的实践教学评价机制，鼓励和促进学生进行自主学习、合作学习、研究性学习。

本着学校办学资源共享的思路，我们在满足学院学生实践课程的前提下，也可以向全校其他专业学生开设相关选修课的实践教学，如摄影摄像、短片创作、动画制作、平面设计等。中心树立“物尽所用”的实验设施管理思想，充分发挥现有实验室设备设施的功能，尽量多安排“开放实验”，合理安排、全天候开放，给希望多学习训练的学生提供平台。

学院购买了大量与学生课程相关的网络教学资源，提供给学有余力的学生进行更深层次的自主学习。同时，学院还与相关的企业开展合作，通过引进来走出去的模式培养学生，引进企业第一线的艺术、技术员工对学生进行最贴近实战的指导，组织学生到相关的企业生产第一线进行考察调研，让学生了解行业的发展和需求。

2.4 “活模块实践教学”课程模式

如果说原有的课程模式是“套餐”，那么模块化教学就是“自助餐”。从全新的教育理念出发，模块化教学将以教师为中心转变为以学生为中心，体现出了“以人为本”的教育理念。结合我校实际，我们认为可以实行“活模块实践教学”，不仅要吸收国外多种课程模式的优点，取其精华，而且要吸收我国以学科为中心的课程模式的长处，扬长避短。这种模块形式是动态的，具体表现在以下几个方面。

第一，专业方向“活”：各实验中心确定几十个相关专业方向，在每学期或每年还可根据市场调查分析和本校实际，推出新专业方向，组成新模块，让同学们有的放矢。

第二，办学层次“活”：因材施教、分层次教学。外语分级教学模块按照学生英语水平进行分级教学，艺术类学生的外语层次差距较大，可以通过“分流教学”或“先易后难”的教学模式以解决这一矛盾。

第三，课程内容“活”：课程内容要更新。以教学软件为例，动画、数字媒体技术和设计类专业都是利用已有的软件进行创作，鉴于软件更新快的现状，要求老师和学生要不断学习新的软件。

3.实践教学改革出现的问题与对策

3.1 实践课程设立明晰化

由于艺术类课程教学的特殊性和局限性，学生很难保证足够的时间去完成创作。为了提高课堂效率，在课表的安排上，需要明确标明理论课与实践课。在课程设置上，我们可通过成立跨学科的导师团队，开展多学科合作交流，实现优势互补。课程组经过充分研讨，明确理论与实践课程的区分，统一授课计划。根据重庆邮电大学这类理工科大学办传媒艺术专业的特点，我们走的是一条技术与艺术相结合的道路，因此，大部分课程理论与实践结合紧密。美术类课程、设计类课程、动画类课程由理论老师直接指导实践，编导类部分课程可单独设立实践课程。

3.2 实验设备利用复合化

根据传媒艺术学院艺术与技术相结合的办学方针，绝大部分实验(或实践)环节都属于设计性、综合性实验(或实践)，要求理论课与实验课都在机房里进行。我院学生除了“两课”、外语、数学等少数公共基础课在学校其他教学楼上以外，其他课程都在传媒艺术学院上，教室资源显得相对紧张。为此，我们特地将机房计算机数量加到最多，即 70 台左右，老师可以同时上两个班的课。此外，透绘教室不用上透绘课时就作为多媒体教室使用。随着学生的增加，教室资源紧张这一矛盾还将更为明显。

3.3 创新实验设置项目化

“创新实验项目化”最大的一个改革，就是我院在大三、大四学生中实行的“导师小组制”。每一个导师小组由几个专业相关、学科背景不同的老师组成，这样使技术老师与艺术老师互相融合、学习。同时，硕士学历或中级职称以上的老师可以带年轻老师，可起到传帮带作用。

3.4 奖励机制实施制度化

在目前高校建设中，重科研轻教学的情况普遍存在，在教学中实验教师地位更加弱化。为了提高实验老师的工作积极性，奖励在实践教学中表现优秀的老师，在高校的职称评审中，学院应该予以实验教师单独的评审通道。在教师评优中，学院应该予以实验教师单独的评优名额。只有将奖励政策制度化，才能从根本上提高实验老师的积极性，才能进一步提高高校的实验教学水平。

总之，非艺术类高校传媒艺术实验教学的改革和探索是一个庞大而复杂的系统工程，还需要各位专家和老师进一步探索。我们所总结的改革的经验和问题，希望能够抛砖引玉，引起同行和专家学者的重视，从而推动非艺术类高校传媒艺术实验教学改革的进步。

〔李曼，副教授，重庆邮电大学传媒艺术学院副院长；马健，工程师，重庆交通大学教务处副处长；靳春明，讲师，重庆邮电大学传媒艺术学院传媒实验中心副主任〕

全媒体时代“三型合一”体育新闻传播人才培养的实践及路径研究*

——基于南京体育学院新闻传播人才培养的实践

◎王　真

摘要:本文描述了全媒体环境下南京体育学院在强化体育特色、培养复合型人才等方面的新闻传播人才培养情况,指出在双师型教师队伍建设、学生参与专业实践的主动性不强、新闻传播业态变革对人才培养的更高要求等方面存在困境与挑战,提出可以从“立德树人、培养复合型新闻传播人才”“强化技能、建立多元融合实践教学体系”等方面提升新闻传播人才培养。

关键词:体育新闻;全媒体;新闻人才;人才培养;复合型;应用型;创新型;三型合一

1.引言

2018年10月,《教育部、中共中央宣传部关于提高高校新闻传播人才培养能力实施卓越新闻传播人才教育培养计划2.0的意见》发布,指出未来5年的新闻传播人才教育要“打造一批中国特色、世界水平的一流新闻传播专业点,形成遵循新闻传播规律和人才成长规律的全媒化复合型专家型新闻传播人才培养体系,培养造就一大批适应媒体深度融合和行业创新发展,能够讲好中国故事、传播中国声音的优秀新闻传播后备人才”①。2019年1月25日,习近平总书记在中共中央政治局第十二次集体学习时

---

* 本文系南京体育学院2019年度校级教改研究课题青年项目“全媒体时代‘三型合一’新闻传播人才培养的实践及路径选择”(JG201927)阶段性成果。

① 教育部、中共中央宣传部关于提高高校新闻传播人才培养能力实施卓越新闻传播人才教育培养计划2.0的意见[EB/OL].(2018-10-08)[2021-05-21].http://www.moe.gov.cn/srcsite/A08/s7056/201810/t20181017_351893.html.

发表重要讲话，强调“推动媒体融合发展、建设全媒体成为我们面临的一项紧迫课题”①。

新的媒介格局的变化，对传媒人才能力结构提出更高的要求，客观上要求新闻人才既要有传统媒体行业的采编、策划等基本功，还需谙熟新媒体运营、大数据分析等新技术；既要具备人文社科理论素养和文化底蕴，还要掌握图像处理、视频编辑等专业设计能力。② 因此，培养媒体融合语境下的卓越新闻人才，成为当前新闻人才培养亟待突破和创新的一个教学改革命题。应用型技能是全媒体时代传媒人才的必备技能，跨学科与复合型的知识结构是全媒体时代传媒人才的核心素养。除此之外，瞬息万变的媒介环境还要求传媒从业人员具备丰富的创新思维与创新意识，因而，培养应用型、复合型、创新型“三型合一”的传媒人才，成为当下新闻传播学人才培养重点关注的问题。

2.全媒体时代“三型合一”新闻传播人才培养的实践

南京体育学院新闻学专业依托学校建设高水平应用型体育大学的办学定位，以培养体育新闻传播人才为目标，以“体育＋新闻”的复合型人才为培养方向，通过立德树人、课程思政以及媒体融合等思维，不断培养学生的创新意识和创新能力，以使学生成为在全媒体时代能胜任各类体育新闻传播工作的专业性人才。专业自 2003 年招生以来，已为社会输送了近千名专业新闻传播人，毕业生在国家体育总局、江苏省体育系统、新华社、中央电视台、江苏广电、苏宁体育、字节跳动等发挥着重要作用。

2.1 强化体育特色，培养复合型人才

专业以培养特色鲜明的体育传播人才为目标，在制定培养方案时，除设置了新闻学专业必修通识和专业课之外，还注重突出体育特色，设置“体育概论”“赛事文化概论”“奥林匹克运动”等体育相关课程，以增强学生对于体育的认知。

此外，专业还利用学校资源优势，积极探索实施“体育＋媒体”融合教学改革，强化体育竞技特色。专业每年带学生走进江苏省运动队，与江苏省主要运动队开展“学训融合”场景化教学。在进入运动队的实践中，学生深入了解运动队训练日常及运动员成长历程，并形成了一系列实践成果，真正做到了“体育”与“媒体”的深度结合。

---

① 人民网.习近平总书记在中共中央政治局第十二次集体学习时的重要讲话引领媒体融合发展新作为[EB/OL].(2019-01-27)[2021-05-21].http://cpc.people.com.cn/n1/2019/0127/c419242-30591776.html.

② 程粟.新闻传播学专业实验课程“实务化”设计与实践[J].新闻传播，2018(19)：42-43.

2.2 加强与媒体深度合作,推进行业专家进课堂

为了加强本专业应用型新闻传播人才培养,专业定期输送在编教师到南京广播电视台等数十家媒体实践锻炼,密切了解行业最新动态及对专业人才的能力需求,以有针对性地对学生进行专业素质培养。

除此之外,专业也将理论课程、实验课程、实践课程相结合,充分吸收新闻传播业界人员从事专业课(含专业基础课)教学工作,邀请体育传播、传媒相关行业领域专家广泛参与本专业人才的培养,聘请新闻编辑、记者、解说员等7名专家作为行业兼职教师,并且参与或独立承担一定的教学任务,以行业要求与标准对学生进行专业素质的培养。

2.3 加强实验室建设,全面开展实践教学

经过几年规划,南京体育学院新闻学专业已完成多个专业实验室建设,承担专业实践类课程的实践任务。每个实验室配有专门的实践指导教师,并有完善的实验室管理制度。

此外,为构建立体化、多层次、情境化实践教学体系,专业还与江苏广播电视总台(集团)共同建设了全国首家体育赛事移动转播实验室,目前已经建立完备的实验室及仪器设备管理制度,形成了较为完善的运行管理机制。学生每年参与江苏广播电视总台(集团)近百场体育赛事转播,应用技能得到锻炼。

2.4 搭建实习实训平台建设,强化全媒体技能学习

南京体育学院新闻学专业在课堂教学的基础上,积极与媒体平台对接,为学生提供实习和参与媒体实践的教学环境,使学生在实践过程中逐步提高媒体素养。近年来,专业已与中国网球学院、江苏广播电视总台(集团)、江苏省篮球运动协会等建成了制度完备的实验实训基地/平台11个,学生根据基地和平台要求参加顶岗式实习或实训,全媒体技能得到了锻炼。近3年参加校外实习、实训的学生累计达326人次。专业先后聘请首席编辑、新媒体总监、编导、主持人等媒体从业人员担任实习、实训指导教师。为了保证实践教学能够按教学计划进行,专业严格按照实习大纲、实训大纲、实习指导书的安排和部署进行,并配有专业实习日志、毕业实习鉴定表等监控措施与办法,实施效果良好。

此外,专业还积极探索媒体人才需求和高校人才培养相互衔接的新途径,开展校

企、校地合作办学，在人才联合培养和就业方面展开广泛合作。学校目前与主流新闻媒体、省体育局、市体育局、地区市政府等签署了战略合作协议，开展多方位、多层次合作办学。专业与江苏省体育赛事研究中心联合打造的体育新闻综合实践教育中心，为社会培养了大批体育新闻专业人才。

2.5 开展第二课堂，注重创新能力培养

除推进行业专家进课堂、搭建实验实训平台等途径培养学生复合素质和应用素质外，专业还十分重视对学生创新能力的培养，鼓励和引导学生积极参加各类创新创业项目，成效明显。以近 5 年数据为例，专业学生参与的项目获“创青春”全国大学生创业大赛金奖、银奖，江苏省大学生创业大赛金奖、银奖、铜奖，第二课堂奖项近 200 项；本专业学生获批大学生创新创业训练计划项目共 36 项，包括省级及以上项目 23 项，其中分别有 6 个创新创业类项目、1 项电子设计以及 2 项艺术创作夺得奖项，并且有 1 项大学生创新创业训练计划项目的成果在省级期刊发表。

3.全媒体时代“三型合一”新闻传播人才培养的困境

随着新媒体技术发展对新闻传播人才培养的要求越来越高，南京体育学院新闻学专业在发展上也面临着一些困境。主要表现在以下几个方面。

第一，双师型教师队伍有待于进一步建设。除外聘的担任课程教学的教师外，专业的专职教师大多为理论型教师，行业实践经历相对单薄，且具有体育与新闻双重理论基础的教师极为短缺。

第二，学生参与度、实践的主动性有待提高。新闻学作为一个实践性较强的专业，其专业素质的培养效果需要在实践中加以验证。学生个人对于实践主动性会直接影响素质培养的成效。对于提高学生参与度上，仍需探索一条能充分调动学生主动性的路径。

第三，新闻传播业态变革引发的人才培养困境。媒体技术变革对新闻传播生态产生巨大影响，瞬息万变的传播环境对于人才培养理念、人才培养模式、教育教学方式的及时更新都提出了更大的挑战，需要在育人方式、专业特色项目开展、实践教学拓展等方面采取更有效的手段。

4.全媒体时代“三型合一”新闻传播人才培养的路径

4.1 立德树人,培养复合型体育传播人才

要充分挖掘新闻学专业课程的特点,除结合学校特色拓宽学生的体育知识面外,将“立德树人”的教育理念作为教育的根本任务,探索思想政治教育元素与课程的有机结合,将思想政治教育的理论知识、价值理念以及精神追求等融入专业的各门课程中去,潜移默化地对学生的思想意识、行为举止产生影响,构建全员、全程、全课程育人格局。将新闻学专业的相关课程与思想政治理论课同向同行,形成协同效应,以培养具有国际视野和家国情怀的新型复合体育传播人才。

4.2 提升特色,打造有效的培养模式

针对学生对于专业实践主动性不足的问题,专业应该对学生意向的专业方向做充分调研,根据学生的反馈,合理调整专业课程的设置。在一、二年级实行全媒体综合培养,三年级按照体育视频制作、体育赛事解说、体育新媒体实务三大方向实行分类培养,配备不同专业技能课程群。要充分挖掘南京体育学院独特竞技运动和省属体育媒体资源优势,构建以体育传播为核心技能的课程体系,优化体育赛事和体育媒体资源。

4.3 强化技能,建立多元融合实践教学体系

要以体育新闻传播专业技能为抓手,重视技能与知识教育,实现“姿态性融合”,开发体育新闻传播人才培养的“立体化、多元性”实践教学体系。以实验室实践课程为先导、以校园模拟实战类课程为突破、以假期媒体见习为重点、以毕业实习为核心,建立立体化的实践教学体系;以传统媒体为基础、以音视频制作为重点、以新媒体为核心构建多元化实践教学内容。

5.结语

媒体融合不仅深刻地影响了当前新闻工作的生态与业态,也对当前卓越新闻人才的培养理念、思路和方式提出了挑战。媒体竞争的关键是人才竞争,媒体的核心优势是人才优势。新的媒介格局的变化,客观上要求新闻人才具备更为专业的知识体系和能力素养,培养全媒体时代的融合新闻人才,已经成为新闻人才教育改革的集体共识。

因此，我们将全媒体时代下新闻传播人才的素质构成概括为“三型合一”，即应用型、复合型、创新型于一体，并试图在教学方法、学科建设上进行有针对性的探索。“三型合一”，对于培养适应全媒体时代需求的新闻传播人才具有一定的推动作用。

〔王真，实验师，南京体育学院新闻传播学院〕

新文科背景下传媒人才课外培养的探索与实践

◎路 鹏 姜怡楠

摘要:在新文科建设背景下,传媒专业面临及时转型的压力,培养满足时代要求的创新型传媒人才成为各高校的新使命。东北电力大学艺术学院为适应传统学科转型与新文科建设的迫切需要,以实现新文科背景下创新型传媒人才培养为目标,通过理论与实践结合的方法,总结目前传媒人才培养存在的现实困境,对新文科背景下创新型传媒人才培养进行积极的探索。实践证明,课外培养对于提升传媒专业学生的创新意识与实践能力等方面取得了较好效果。

关键词:新文科;传媒人才;课外培养;创新意识

1.引言

《新文科建设宣言》的发布,进一步强化了高校文科教育理念的更新,[①]推动了各学科之间的深度融通。随着媒介技术的不断升级,5G、虚拟现实、增强现实等技术广泛应用于传媒业,人与信息之间的生产关系与传播法则发生巨变,这对传媒行业与新技术、新理念的融合发展提出了更高的要求。[②] 探索出一条适应新时代需求的传媒人才培养创新路径,是各高校传媒专业发展的当务之急。东北电力大学艺术学院主动适应国家战略发展新需求,综合考虑新时代新文科的发展方向与人才培养趋势,[③]本着"以传媒领域所需人才为标准,以学校人才培养目标为导向,突出专业实践性强的特

① 朱云霞."新文科"背景下高校文学课程建设的路径与意义[J].黑龙江教育(高教研究与评估),2021(11):45-46.

② 张晓慧.新文科建设背景下新闻采访课程教学改革探索[J].传播与版权,2021(10):7-9,13.

③ 叶炜.新文科背景下传媒院校网络视听内容生产的实验室探索[J].传媒观察,2021(11):77-82.

色，立足学生综合素质和实践能力培养”的原则，坚持以学生为本，牢牢抓住培养创新型传媒人才这个核心持续发力。[①]

2.新文科背景下传媒人才课外培养存在的现实困境

2.1 学生就业观念陈旧

随着数字化建设的不断推进，能够综合运用大数据、人工智能等信息技术的创新技术型传媒人才培养，成为新文科人才培养的趋势与核心。[②] 相比其他专业，传媒专业与社会联系紧密，更容易受到技术和环境发展变化的影响。[③] 高校为了保证教学的规范性和严肃性，严格依照该专业的培养方案进行教学，但大多数高校的培养方案已不能适应当下的媒体环境，这导致学生们掌握的知识出现“过时”现象，他们未能及时掌握行业发展变化以及新兴技术，对自己未来的努力方向不够明确，就业意向观念陈旧。

2.2 教学思维与模式固化

传统的教学思维与模式已无法适应当前社会环境的快速发展，目前各个高校的教学模式普遍以教师讲授为主，主要表现为结合演示文稿对该领域相关理论、案例的讲解，缺少与学生的互动性，无法及时了解学生对重点知识的掌握情况，导致学生们疲于理论学习，课程的现实意义大打折扣。[④] 长期以来，高校在开展课外活动时通常会选择专题讲座的形式。不可否认，专家讲座能够很大程度补充教学内容，但形式过于单调，很多理论知识超出了学生的理解范围，学生们不能很好地与自身的知识积累进行融会贯通，鲜有机会动脑并发散思维，无法有效地提高自主创新实践能力。[⑤]

2.3 考核评价形式单一

传媒专业人才培养更应该注重学生的实践能力。目前大部分高校制定的考评机制相对单一，多数课程均以期末考试或提交论文等形式进行，学生在期末考试前几天

---

① 王珊珊.基于大学生创新实验区的课外人才培养模式研究[J].品牌研究，2018(6)：258-259.

② 邹宝玲，郑沃林.新文科背景下文科技术型人才培养探究[J].黑龙江高教研究，2021(11)：13-17.

③ 梁笑然.媒体融合背景下艺术类高校影视传媒人才培养平台建设研究[J].传播与版权，2021(9)：100-102，109.

④ 刘艺.融媒体时代应用型高校传媒人才培养策略：以广播电视编导专业为例[J].传媒论坛，2021(6)：21-22.

⑤ 马平.基于创新型人才培养的高校课外活动实践探究[J].江苏高教，2020(12)：104-107.

或前一周时,才开始认真学习该门课程的情况时有发生。大部分学生存在着应付考试的心理,并不注重平日的积累与实践,认为只要通过了期末考试即可。因此,在这种较为单一的考核机制下,学生对于知识的理解与技能的掌握效果并不乐观。

2.4 校企合作意识淡薄

面对"去中心化"的新媒介时代,人人都能够成为信息的传播者,专业领域的技术鸿沟不再像以前一样难以逾越。在此背景下,传媒专业的学生们只有掌握了更多的专业技能,才能在社会众多的人才当中脱颖而出。因此,高校应更加注重培养学生的专业技能,但在地理位置等因素的影响下,学生缺少优质的教学资源与充足的实践机会,高校校企合作的意识淡薄,社会资源利用意识不强,无法满足媒介融合趋势下行业对传媒人才的培养需求。①

3.新文科背景下传媒人才课外培养模式建设的必要性

3.1 培养创新思维

创新精神是开展创新活动的重要前提,传媒领域的人才如果缺失自主创新精神,就无法创作符合时代脉搏的优秀传媒作品。课外实践能够让学生从不同的角度、不同的层次都受到教育,并得到锻炼和提高。学生在共同参与比赛或项目时,独立思考问题,形成自己的观点,在与团队头脑风暴过程中,提出自己的独到见解,迸发出新的灵感,将不同的观点进行融合,形成新的想法或方案。

3.2 提高实践能力

当今社会不仅需要熟练掌握理论知识的人才,更需要掌握专业技能,能够把理论与实践有机地结合在一起的优秀人才。② 课外实践是学生接触社会、了解社会、服务社会的最好途径,学生在实践中拓宽与社会的接触面,激发自身的创新潜能,灵活运用所学知识解决现实工作中出现的新矛盾,使自己的所学所知能有用武之地,在实际操作中不断提高自己独立发现问题、思考问题、解决问题的能力,增强自身的社会竞争力。

---

① 尤可可,崔林.媒体深度融合背景下全媒体人才的培养理念及路径研究[J].出版广角,2021(6):27-31.

② 李羚,牟树瑞,尤柏淳,等.浅析大学生课外实践的重要性[J].读与写(教育教学刊),2018(8):43.

3.3 提升职业技能

随着媒体融合不断推进，侧重理论或技能的单一型人才已难以满足社会需求。课外人才培养能够帮助学生提前熟悉职场环境与工作内容，学生在真实的项目中进行实践，激发创造力，唤醒荣誉感，提升团队协作能力。在领导和团队的帮助下，学生可以分析社会的现实需要、发现自身的渺小与不足，培养韧性，敢于面对工作中的各项挑战，努力做到自我反省、自我改进，实现自身的快速成长。要使学生有效地明白如何适应社会，如何正确地看待人生，为进入职场打下良好的基础。

4.新文科背景下传媒人才课外培养模式的落实途径

4.1 建设新文科人才的培养模式

新文科建设并不是对传统文科的否定与抛弃，[①]而是人文社会科学在新时代背景下，为应对传统文科发展问题所进行的一次自我革新与历史转向，通过传统学科与新技术的跨学科融合获得创新。[②] 随着新技术不断发展与应用，近年来传媒行业已经呈现出新的业界形态。2020年两会期间，5G、增强现实、人工智能等技术创新在传媒领域的深度应用，实现了对新闻采编发的全流程智能化管理。[③] 由此可见，传统的教学内容与方法，已无法达到时代对于传媒人才的要求，新文科建设势在必行，融合信息技术与其他学科，拓展新领域，培养创新型、复合型人才是各个高校共同奋斗的目标。

4.2 变革传统的教学方法

4.2.1 赛学结合，实战式教学

围绕真实竞赛展开实战教学，指导教师带领学生参加专业竞赛，在验证学习成果的同时能够加强学生的专业素养，提高团体沟通、协作能力，激发创新思维，充分发挥学生们的主观能动性。在参赛过程中，指导教师要做到全天候、全方位的赛事辅导，引导学生在比赛中发现问题、思考问题并解决问题，不断提高学生的竞赛能力与创新能

① 安丰存，王铭玉.新文科建设的本质、地位及体系[J].学术交流，2019(11)：5-14.

② 公钦正，张海生.新文科人才培养何以实现：基于中英两所大学PPE专业人才培养方案的案例研究[J].重庆高教研究，2022(2)：87-98.

③ 吴迪.融媒体时代两会报道的技术应用创新：以人民日报新媒体为例[J].出版广角，2020(14)：71-73.

力。在赛后指导教师注重学生的成果交流与展示,在扩大竞赛影响力的同时吸引更多的学生踊跃参与其中。

4.2.2 情景融合,沉浸式教学

传媒专业作为应用性较强的专业,教师在教学中应改变传统的教学模式,努力为学生营造良好的沉浸式学习氛围,让学生置身于该学科领域或现实情境当中,引导学生通过自己观察、实践、思考、讨论等途径进行独立探究,快速掌握知识并享受沉浸式学习的过程,培养学生的实践能力,达到理论与实际相结合,在解决问题的过程中,提高学生的专业综合能力。[①] 学生们通过沉浸式学习获得的知识理解得更透彻,掌握得更牢固。

4.2.3 聘请专家,研讨式教学

艺术学院聘请传媒优势学科高等院校的高水平教师或行业精英参与学生课外培养,如邀请北京电影学院姚国强教授(国家一级录音师)、中国传媒大学梁明教授(导演)、强氧集团技术总监林海等,为学生们带来生动的专业课程和实践实例。其中强氧集团技术总监林海,先后三次来到艺术学院为学生指导"4K 摄影机的使用""达芬奇专业调色系统的使用"和"虚拟现实技术的应用",并与学生展开研讨。艺术学院采取"走出去,请进来"的措施,全面提升创新实验区课外人才培养师资力量。

4.2.4 校企合作,体验式教学

艺术学院积极拓展校外实训基地,着力为学生提供更多与行业直接相关的实践机会,加强校企协同育人,与传媒方向相关企业达成合作。学院根据不同年级学习的课程以及侧重点的不同,制定实习计划,例如大一学生还未接触到一些专业课程,实习内容可采取参观教学的方法,使学生对自己所学的专业以及未来的工作内容与环境有更深入的了解。大三大四的学生可到相应领域进行实践学习,在巩固理论知识的同时了解与行业密切相关的动态。学校应与企业共同搭建输送专业传媒人才的重要平台和渠道。

艺术学院传媒专业负责人与骨干教师经常走访校友企业开展座谈,教师们就学院的产学研现状、校企合作模式和在校生实习实践等方面,与企业做了深入交流和洽谈。学院将进一步加强与校友企业的合作联动,积极开展培训项目,共建产学研及学生实

---

① 龚雪飞,胡莹.以学科竞赛方式提高档案学专业人才培养水平:基于对全国高校档案学专业大学生课外科技竞赛作品分析[J].档案管理,2020(5):87-90,93.

践体验基地，积极鼓励毕业生留省就业创业，共同开启学院创新发展和校友企业技术革新的双赢局面。

4.3 搭建专业化实践平台

艺术学院依托具有多年实践教学经验的师资队伍，结合学生就业方向和成才需求，在原有的实践平台基础上，增设了6-ZONE工作室和艺米传媒工作室，形成由5个工作室组成的传媒专业课外培养创新实践平台，如图1所示。

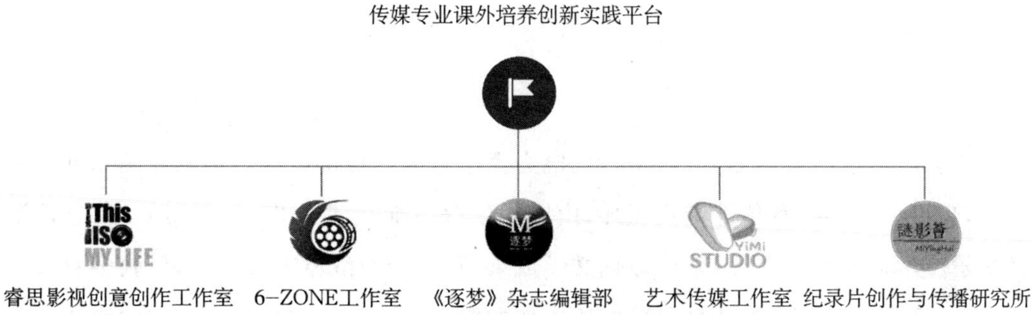

图1 传媒专业课外培养创新实践平台构成

4.3.1 睿思影视创意创作工作室

工作室致力于微电影、宣传片、广告片等影视作品的创意、创作与制作，重在培养学生具备扎实的专业知识、丰富的实践经验、独立制作传统媒体和新媒体业态下影视作品的专业能力。工作室发挥专业人才的才华与价值，努力提升大学生影视创意与创作水平，为学生打造影视学习、交流与合作的实践平台。

4.3.2 6-ZONE工作室

工作室为学生提供现代化传媒环境，培养全媒体传播人才，进行专业技能教学，包括After Effects、Axure RP、Kinect等交互软件，建立教师＋研究生＋本科生的培养机制，践行以学生为主体、教师为主导的实践教学方式，增强学生传媒实践操作能力，为其实习和走上工作岗位后尽快独立展开工作提供坚实的技术基础。

4.3.3 艺米传媒工作室

艺米传媒工作室形成了一个集电视栏目创意、制作、编辑、宣传、播出的智能化完善系统。学生有机会参与节目制作的各个流程工作之中，根据自身特长及兴趣分方向进行技能培训、素质培养,在实践过程中帮助学生明晰自身定位,使学生能够独立进行栏目的制作,并增长专业知识和提升专业能力。

4.3.4 纪录片创作与传播研究所

纪录片创作与传播研究所为学生提供纪录片创作的实践平台。研究室以纪录片理论研究和实践创作为实践方向,培养学生纪录片创新思维和创作能力,鼓励学生按照自己的兴趣和专业特长进行纪录片创意与制作。研究室所涉及项目的工作类型还包括动画制作、三维动画演示、电视台节目包装、大型晚会的动态视觉,基本涵盖了数字媒体、传媒行业方方面面的工作种类。研究室以"锻炼专业技能,构建和谐校园,以学带研促产"为己任。

4.3.5 《逐梦》杂志编辑部

《逐梦》是学生自主创办的、由东北电力大学党委宣传部审核批准的校园原创文学杂志,现由学校党委宣传部宏观领导,由艺术学院专业负责人指导。《逐梦》杂志社激发学子文学创作热情,展示学生原创文学成果,营造校园浓厚人文氛围,反映多彩大学生活,为爱好文学和将来从事平面媒体工作的同学提供课外实践平台和实践岗位。

在完善校内创新实验区建设的同时,艺术学院传媒专业负责人与骨干教师前往延边大学、长春工业大学、吉林艺术学院等省内其他高校进行实地访问考察,并就教学内容、实践平台、培养方式等问题进行交流学习,拓展高校之间交流与合作的途径,为传媒专业学生提供更多资源与平台,以联合培养社会所需的传媒专业创新人才。

4.4 构建多维教学评价体系

传媒人才的课外培养,不仅需要重视学生的理论考试成绩,更要注重日常时间积累的过程。我们在教学评价体系建设中引入成果导向教育(OBE)理念,聚焦于学生的学习成果,采用多元化和梯次的评价标准,强调达成学习成果的程度与个人的纵向进步,[①]根据不同学生的特点,有针对性地评价并形成数据报告,满足学生个性需求的差异化培养。学生可以通过整个学习过程的评价进行自我反思,从而改变学生只注重结课考试成绩或论文分数的想法,将更多精力投入日常学习生活的积累当中。例如,学生在完成分组作业时,形成详细的成员分工表,将责任落实到每个人。在进行成果验收时,指导教师根据分工进行提问与评定,并设定同学间的互评环节,给予学生一定

① 李志鹏.OBE 理念下应用型高校课程思政教学改革研究:以"中国饮食文化"课程为例[J].四川旅游学院学报,2021(6):1-4.

的分值权力，最后根据教师与学生的综合评分确定课程考核的最终成绩。在实践中，我们逐步形成创新型传媒人才选拔培养的有效机制，重点破解传媒行业人才短缺和长远发展的瓶颈问题。[①]

5.新文科背景下传媒人才课外培养模式的建设成效

5.1 学生综合素质和实践创新能力得到全面提高

5.1.1 科技竞赛情况

创新实验区的建设为学生们提供了更广阔的交流学习平台，学生自由组队参与各项大赛，在 2017—2020 年期间，传媒相关专业学生共参与 8 项赛事，145 组作品获奖，其中 53 组作品获得国家级奖项、100 组作品获得省级奖项。

5.1.2 社会实践情况

在志愿者活动方面，艺术学院创新实验区 30 名学生曾先后担任中国电影技术论坛和金鸡百花电影节微电影大赛志愿者工作，他们的专业能力、敬业精神，给领导、专家、参赛队伍留下了深刻印象，树立了良好口碑。从参与志愿者活动和校外影视摄制工作方面可以看出，大学生社会实践人数逐年增加，越来越多优秀的实验区学生走出校门参与社会实践，并得到社会的认可，为东北电力大学赢得口碑。

5.2 学生就业质量显著提高

近三年初次就业率稳定在 85％左右，升学率稳定在 20％左右。除本校保研以外，部分同学考入中国传媒大学、吉林大学、东北师范大学、辽宁大学等院校，另有两名同学分别被英国南安普顿大学和意大利博洛尼亚大学研究生部录取。学生就业方向主要是传媒机构、企事业单位、政府机关宣传部门等。用人单位对学生整体评价较高，部分用人单位采用毕业生“生生”推荐的方式，实现毕业生接续性就业。

5.3 教师科研水平有所提高

传媒专业教师针对实践教学模式、大学生创新能力培养、教学模式及学习效果等方面开展研究，理论联系实际，解决传媒专业学生课外培养的实际问题并积极开展教

① 张小玉，张梅.高校大学生创新创业能力培养策略研究[J].学校党建与思想教育，2019(21)：95-96.

学改革项目和科研项目的研究,获得一系列优秀教育成果。2016—2020 年艺术学院教师参与省级、校级教改研究课题共 13 项,2020 年“广播电视概论”“动画原理”两门课程获得校级“金课”称号,教师自身实践能力显著提升,实践成果层出不穷。

6.结语

本文深入研究了在互联网和新媒体快速发展的时代,社会对于传媒专业人才能力的新要求。我们要坚持以提高传媒专业人才的创新思维与实践水平为本位,以社会就业需求为导向,结合本学院教学实际情况,建设新文科背景下传媒人才课外培养的创新机制,对教学模式、教学内容以及教学评价体系进行全面改革,为学生提供多样化的课外学习平台。创新人才培养是高校需要研究的永恒课题,东北电力大学艺术学院将继续深化创新教育教学改革,造就出更多符合时代需要的传媒人才,不断提升学生的综合创新能力,为地方高校发展做出更大的贡献。

〔路鹏,副教授,东北电力大学艺术学院副院长、艺术类实验教学示范中心主任;姜怡楠,讲师,东北电力大学艺术学院、艺术类实验教学示范中心教师〕

课程思政理念在影视摄影与制作专业实践教学中的应用*

——以浙江传媒学院影视摄影与制作专业实践教学为例

◎李　琳

摘要：在国家提出把思想政治工作贯穿教育教学全过程的思想指导下，在提出卓越新闻人才培养的教育背景下，在国家广播电视总局提出“旗帜鲜明讲政治”的行业背景下，本文从课程思政的本质入手，根据专业发展的社会语境，从专业的特性、行业的需求分析了在影视摄影与制作专业的实践教学中应用课程思政理念的必要性和必然性，从实践教学内容设计、实践环节价值引领两个角度，以浙江传媒学院的影视摄影与制作专业实践教学为例，提出了在摄制专业实践教学中应用课程思政理念的途径和方法。

关键词：课程思政理念；影视摄影与制作；实践教学；价值引领

习近平总书记在提到高校教育时强调：“高校思想政治工作关系高校培养什么样的人、如何培养人以及为谁培养人这个根本问题。要坚持把立德树人作为中心环节，把思想政治工作贯穿教育教学全过程，实现全程育人、全方位育人，努力开创我国高等教育事业发展新局面。”①可见，课程思政并不仅仅局限于思政类课程，而是贯穿高校教育全程的一种教育理念。作为培养影视创作专业人才的影视摄影与制作专业，其培养的学生身处传播第一线，是决定宣传效果、引领社会价值的关键人群。课程思政理念在专业核心课程中的应用决定了人才培养的方向，决定了未来影视行业的思想价值导向。

---

*　本文系浙江传媒学院国家一流专业影视摄影与制作建设成果。

①　习近平.习近平谈治国理政(第二卷)[M].北京：外文出版社，2017：376

1.课程思政概念解读

所谓“课程思政”,借用田鸿芬、付洪两位学者的观点,是指思想政治教育施教主体在各类课程教学过程中有意识、有计划、有目的地设计教学环节,营造教育氛围,以间接、内隐的方式将施教主体所认可、倡导的道德规范、思想认识和政治观念有机融入教学过程,并最终传递给思想政治教育的受教主体,使后者成为符合国家发展要求的合格人才的教育教学理念。①

从两位学者的观点可以得出结论:课程思政是高校思想政治教育理念与课程的有机融合,是实现专业核心课程专业内核凝聚与提升的有效途径。课程思政能够实现课程功能的多元化。首先是传授知识的功能,这是传统认知中课程最基本的一个功能。其次是传授方法的功能,“授人以鱼不如授人以渔”,在信息化时代,单纯进行知识传授的课程已经不能满足学生的需求,这样的课程培养的学生也不能满足日益变化的社会的需求,只有掌握学习方法,掌握思维本质的学生才能适应以终生学习为特征的新媒体时代的需求。最后,课程思政实现了课程的德育功能。课程的德育功能并不是新生事物。早在唐代,韩愈的《师说》中写道:“师者,所以传道受业解惑也。”放在第一位的“传道”就是以德育为核心的,尽管随着时代的变迁,对“道”的理解阐述会产生差异,但作为教师,不仅要教授学生知识,更重要的是立德树人,教导学生形成正确的“社会观、价值观、人生观”。我们要将新时期的“道”融入课堂教学环节,在实现课程思想引领与知识传授统一的基础上,发挥思想政治教育的全程育人、全方位育人功能。

2.课程思政在影视摄影与制作专业核心课程中实施的必要性

2.1 作为特设专业服务社会的需求

在《普通高等学校本科专业目录》中,影视摄影与制作专业是带“T”的特设专业。特设专业是针对不同高校办学特色,或适应近年来社会对人才特殊需求设置的专业,是为了满足当前社会经济文化发展特殊需求而专门设置的专业。从对特设专业的解读可以明确,影视摄影与制作专业具有很强的社会服务属性,那么,社会、行业对这一专业的要求是什么呢?

---

① 田鸿芬,付洪.课程思政:高校专业课教学融入思想政治教育的实践路径[J].未来与发展,2018(4):99-103.

2018 年 10 月,《教育部、中共中央宣传部关于提高高校新闻传播人才培养能力实施卓越新闻传播人才教育培养计划 2.0 的意见》指出,新闻传播人才培养的总体思路是:“以习近平总书记关于新闻舆论工作的重要论述为指导,深入贯彻落实《中共中央关于加强和改进党的新闻舆论工作的意见》,加强和改进高等学校新闻传播专业建设,建设中国特色、世界水平的一流新闻传播专业。全面落实立德树人根本任务,坚持马克思主义新闻观,用中国特色社会主义新闻理论教书育人,培养造就一大批具有家国情怀、国际视野的高素质全媒化复合型、专家型新闻传播后备人才。”从国家对新型新闻传播人才的要求看,以单一技能型知识传授为主的传统摄制专业核心课程已经不能满足国家对新型传播人才的需要,作为以服务社会为设立初衷的专业,必须在专业核心课程中引入新的教学内容、新的教学方法。从课程思政实现了多元化课程功能的角度看,在摄制专业核心课程中引入课程思政理念将是解决问题的有效途径。

2.2 适应行业发展趋势的需求

2019 年 7 月 25 日,中宣部副部长,国家广播电视总局局长、党组书记聂辰席到广电总局宣传司进行 2019 年全面从严治党年中督责时提出:“广电总局是政治机关,宣传司是要害部门,大事小情都必须旗帜鲜明讲政治。要时刻按照总书记要求,自觉同党的基本理论、基本路线、基本方略对标对表,同党中央决策部署对标对表,提高政治站位,把准政治方向,坚定政治立场,明确政治态度,严守政治纪律。要从政治高度把握每期节目、每部纪录片和动画片。”

国家广播电视总局在《关于做好庆祝新中国成立 70 周年电视剧展播工作的通知》中明确要求,要“把旗帜鲜明讲政治作为电视剧选购播出的生命线”。

从行业导向看,“旗帜鲜明讲政治”是广电行业坚定不移的发展方向,行业从业人员必须牢牢树立“政治理念”。影视摄影与制作专业要想培养行业需求的兼顾技术与政治的人才,必须在专业核心课程中尤其是在实践创作环节引入课程思政理念。人才的培养方向和专业核心课程有密切关系,尤其是作为应用型专业的摄制专业,实践教学在专业核心课程中占据了大部分比例。一方面,专业核心课程决定了高校学生核心能力的构建;另一方面,学生关注并投入更多学习精力的一般是专业核心课程,摄制专业的学生在校期间的专业学习、创作的时间占全部学习时间的 70%以上,学生将专业核心课程所传授的实践技能作为步入社会后的立足之本,特别重视专业核心课程的学习以及相关的实践训练,因此这类课程对学生有更强的影响力。在专业核心课程中,尤其是在实践创作环节贯穿课程思政理念将取得事半功倍的效果。课程思政与摄制专业核心课程的实践教学可以互相促进,融合专业知识、结合实践训练的思想政治教育,将更具有针对性和有效性,具有更强的思想感染力和价值引领作用。融合思政元素的专业创作实践,拓展了课程的外延,突破了单一的应用型知识体系传授的局限,丰富了学生的人文素养,树立了文化自信,培养了家国情怀,在价值引领中加深了学生的知识底蕴,帮助学生形成正确的政治观念,契合了行业对人才的需求。

从行业对摄制专业的要求看,实现政治认同是教学中实施思想政治教育的首要前提,也是行业对未来传媒人的第一要求。政治认同,“即对中国共产党领导的中国特色社会主义道路、中国特色社会主义理论体系以及中国特色社会主义制度的高度认同,其中对中国共产党的政治认同是核心。具体来说,就是对社会主义核心价值观的政治认同、对中华优秀传统文化的政治认同以及对中国梦的政治认同”①。

3.如何在影视摄影与制作专业的实践教学中实施课程思政理念

习近平总书记在全国高校思想政治工作会议上指出,“要用好课堂教学这个主渠道,使各类课程与思想政治理论课同向同行,形成协同效应”②。习总书记所提出的同向同行、协同育人精神为课程思政提供了有效路径和行动方法。在实践教学中,遵循“同向同行,形成协同效应”的原则,在摄制类专业实践教学的各个环节都可以贯彻课程思政理念,实现全程育人、全方位育人。

3.1 精心选择实践范本,实现价值引领

在实践教学内容的设计上,我们应将摄制专业核心课程的知识体系与思政课程内容进行深度融合,使专业实践教学内容符合当下时代及行业发展需要,贴近社会生活实际,能从“术”与“道”两方面着手,全方位促进学生发展成才。学者付洪曾撰文指出:“知识的本质应该从‘人之成为人’的事实中去寻找。”③在摄制专业的实践教学中,其课堂教学部分不仅是为了传授技巧,更应该实施价值引领,实现育人功能。尤其是在后技术时代,影视的拍摄与制作设备的操作技巧日趋简单化,单纯的操作技巧完全可以通过社会培训或自学获取,高校对影视人才的培养要具有学术意义上的专业性,要

---

① 孟庆楠,郑君.基于“课程思政”的高校课程转化:价值、目标与路径[J].北华大学学报(社会科学版),2018(3):139-145.

② 习近平在全国高校思想政治工作会议上强调:把思想政治工作贯穿教育教学全过程 开创我国高等教育事业发展新局面[N].人民日报,2016-12-09(1).

③ 付洪.走出半人时代:对知识与道德的思考[J].道德与文明,2004(4):4.

培养具有政治觉悟、审美能力、正确价值导向的影视摄制人才。

在具体的实践教学执行过程中，浙江传媒学院摄制专业的老师们精心选择了融合思政元素的案例作为范本，分析讲解具体技巧的应用。通过大量能让学生产生政治认同、树立文化自信的案例分析，阐述案例中蕴含的价值与思想，教师以润物细无声的形式，发挥思想引导和价值引领作用，帮助学生形成正确的世界观、人生观、价值观，增强其文化自觉，潜移默化间让学生产生政治认同。如在讲授音乐电视剪辑在剧情片中的应用时，选择影片《战狼 2》的片段作为案例进行分析；在讲授影视作品结构时通过《大国重器》《舌尖上的中国》《本草中国》等展现新中国建设成就、展现源远流长中华文化的纪录片进行解读；在讲授纪录片创作时，老师们结合自身的纪录片创作实践，通过深度剖析《见证初心和使命的十一书》《携手，为人民》《中国减贫密码》《孤山路 31 号》《西泠印社》等具有红色基因、东方影像美学的纪录片，如春在花，如盐在水，在教授实践技巧的同时实现了育人效果。

3.2　树立正确的创作导向，在创作中激发学生自主化的精神提升

浙江传媒学院摄制专业通过大量实践练习培养学生的专业能力。学生以小组为单位，创作出大量作品。“言为心声”，作品是反映学生思想境界的真实窗口，由于思想的局限或认识上的偏差，一直以来学生在创作上经常出现三个误区：一是纠结于个体的小情小爱，缺少普世关怀；二是存在猎奇心理，热衷于表现边缘人群的非正常生活；三是缺乏正确的政治观念，对特定政治时期不具备正确的理解，美化或妖魔化历史。如果放任这样的创作倾向，学生即使技术水平再高，也不能成为一个合格的传媒人，对未来传媒行业的发展、对学生个体的发展都将产生极大的危害。课程思政理念的及时引入很大程度上改善了这一局面。笔者所在浙江传媒学院通过以下具体的措施在实践环节实现了专业创作与思政教育的同向而行，协同育人效果初步显现。

在实践环节，专业采用项目制教学，让学生参与具有政治引领性的红色经典项目的摄制。浙江传媒学院摄制专业承接了大量国家级、省级组织部的党员政治宣传片制作任务，除了专业教师外，还组织大量摄制专业的学生参与创作。为了能创作出优秀的作品，师生们花大量时间学习党史、党章、领导人讲话精神，体会宣传片的精神内涵，在创作过程中对党的历史、对党的思想纲领有了深刻的解读。大量优秀党员的宣传片创作，让师生们接触到大量优秀党员的感人事迹，榜样的力量一点一滴影响了大家的人生观、价值观。

通过弘扬社会正能量、表现悠久文化传统的命题式创作，专业引导学生的“三观”，

帮助学生建构文化自信。如配合国家“扫黄打非”行动，专业布置了以“禁毒”为主题的微电影创作，学生在创作过程中大量收集资料，前往戒毒所进行调研，对毒品的危害有了深刻的认识。很多作品制作精良，用感人的故事宣传了毒品的危害，通过作品展播，让更多人了解了禁毒的意义，传递了社会正能量。为弘扬中华优秀传统文化，专业布置了以非遗传承为核心的纪录片创作。在创作过程中，学生们体悟到中国传统文化的博大精深，感受到非遗传承人坚守、诚信的工匠精神，并将这种精神转换为自身的创作态度。

通过具有正确价值引导的创作，“主体教育观”发挥了极大的作用，“通过创设生活情境，培养个体学会生存、学会合作、学会理解，具备自主性与社会性的特征，能够融入社会生活中并且独立自主地健康发展”①。学生们自主学习，实现了自我提升，发挥主观能动性实现了政治认同，树立了文化自信，脱离了小情小爱的窠臼，形成了关注社会现实的意识。这种自主化形成的价值观念是稳固而坚定的。在创作过程中，学生们形成了团队协作精神，形成了创新创优精神。作品展映激发了学生的荣誉感，提升了学生的学习动力，帮助学生在有序竞争中实现能力的超越。

在当今这个信息社会化时代，知识和技能的获取可以通过个体自我学习实现；随着技术的发展，智能化设备的低端化使用趋势越来越明显。在这样的社会语境下，引领价值观的形成、促进正确的审美导向成为摄制专业实践教学的重点，不仅要教会学生如何使用工具，更重要的是“授道”，让学生在建立正确价值导向的基础上进行创作实践，用作品传递社会主义核心价值观，用充满正能量的作品实现影视作品引导社会的价值。

〔李琳，副教授，浙江传媒学院电视艺术学院制作系主任〕

---

① 孟庆楠，郑君.基于“课程思政”的高校课程转化：价值、目标与路径[J].北华大学学报(社会科学版)，2018(3)：139-145.

基于“五位一体”理念的全媒体平台实践精准育人模式探究*

◎ 李继卫

摘要：实践教学依然是高校人才培养中的薄弱环节，与新时代人才培养的要求还有差距。媒体融合发展是传媒行业发展的必然选择和重大战略，而其中的关键在于人才队伍的培养。在这样的发展和需求的大背景下，高校创新人才培养模式，强化精准实践育人，对于实现传媒人才培养具有重要的现实意义。

关键词：全媒体平台；实践育人；实践教学模式

随着教育体制不断改革及相关政策出台，高校教育开始注重对学生实践能力和创新能力培养。高校通过搭建项目平台，给学生提供创新实践平台，培养学生的创新能力。这也是当前培养人才的重要模式。加强实践育人对于培养当前社会需要的应用型、复合型人才有着重要的意义。

对于传媒类专业，当下的媒体融合发展是传媒行业发展的必然选择和重大战略，而其中的关键在于人才队伍的培养，在这样的发展和需求的大背景下，高校创新人才培养模式强化实践育人，对于实现传媒人才培养具有重要的现实意义。主要表现在三个方面：第一，将社会主义核心价值体系贯穿于实践教育全过程；第二，培养学生服务国家、服务人民的社会责任感；第三，培养学生勇于探索的创新精神、善于解决问题的实践能力。

* 本文系杭州师范大学钱江学院第七批教学改革重点项目暨浙江省高等教育“十三五”第二批教学改革研究项目(QJJGZ0704)成果。

1.全媒体平台实践精准育人模式探索的必要性

1.1 媒体融合趋势下的岗位内容变化带来的新需求

媒体融合背景下,融媒体内容的生产和发布需要人才,平台搭建和技术创新需要人才,经营拓展和管理提升也需要人才。当前融媒体中心的核心问题是人员总量过剩与人才相对短缺并存。传统媒体不缺做内容的人才,但是跨界型、复合型人才严重短缺。

县市级融媒体中心"一次采集、多种产品、多媒体传播、多终端评估"的传播格局,对从业人员的业务技能提出了更高的要求。产品的策划、采集、生产和传播,需要更多一专多能的人才;移动化、可视化和智能化的传播趋势,更离不开相应的技术保障人才。然而,高校人才培养方案的调整、师资的迭代升级、培养模式的论证与转向、实验设备的更新都需要时间。在这样的背景下,行业渴望人才,而毕业生由于高校培养的滞后还不能迅速适应融媒体岗位需求,这就成为双方的痛点。因此,推动媒体融合发展、建设全媒体成为一项紧迫课题,融媒体人才的培养与输送也就显得更为重要与紧迫。

1.2 传统的实践教学方式与岗位发展需求不同步的现象突出

传统实践教学方式大多数还停留在单一技能的培养模式上,面对融合人才的需求,我们的培养方式明显存在培养理念滞后、培养手段过于传统的问题。

学生在学习过程中,接受的都是规定动作的培养,给学生自我创作的空间很有限,造成学生习惯于套路化创作,创作出来的作品大同小异,内容传统、形式老旧、缺乏新鲜感。在实践能力方面,因为传统的教学缺乏实践环节的配套,更缺乏综合实战型实践平台的锻炼,学生大多是纸上谈兵,或者只进行单一环节的实践,实践的内容和面对的问题简单,与岗位实际相去甚远。因此,学生在面对具体岗位时就明显暴露出动手能力差、解决问题能力差的问题,不能适应复杂的岗位工作。

1.3 缺乏可供学生实践的环境与平台

在媒体融合环境下,我们需要对标传媒类专业人才培养需求,进行充分思考,针对当下高校传媒类专业的教学模式、教学理念、教学内容、教学形式存在的诸多问题,进行大胆尝试,运用精准育人、全真运行、与市场发展并行的实践精准育人模式,开展融媒体人才的培养。全媒体平台是一线媒体在当前环境下的标配,更是高校传媒类专业人才培养体系中不可或缺的重要平台,是媒体融合需求下专业人才复合能力培养的重要手段。

从办学模式创新上,全媒体平台体现三大功能:第一,实现“产学研创”的重要途径和出口;第二,实践教学改革、创新团队以及相关重点学科与实验室的孵化基地与摇篮;第三,课堂思政、思政课堂以及意识形态宣传的重要平台。

2.全媒体平台实践精准育人模式的构建

2.1 凝练“五位一体”理念,构建精准育人模式

高校应将知识传授与价值引领融为一体,挖掘不同课程的思政资源,形成全方位育人体系,使学生在接受良好教育的同时树立正确的社会主义核心价值观、人生观和高尚的道德情操。[①] 根据当下传媒类人才培养需求,我们要凝练以思想为引领、以教学为主干、以实践为特色、以平台为支撑、以立体评价为检验的实践育人理念,构建“思想引领+理论教学+栏目运营+播出平台+多层评价”的实践精准育人模式。

2.2 “思政”与“教学”同步培养融媒人才

我们要探索思政内容融入实践教学的新路径;整合优化实践教学资源,设立实践创新和人才培养的通道;探索构建打破媒体、专业、年级壁垒的机制;建立基于融媒体环境的沉浸式实践教学场景,改变传统的媒介实践环境,实现实验、实训、实习、创新之间的阶梯化、一体化、实战化。

2.3 全媒体平台支撑精准育人

我们要搭建符合融媒体人才培养的课程团队,精准对标融媒体岗位需求;推广融媒体新技术的使用,做到技艺精湛、技术精准;探索全媒体平台运营模式,多手段提升学生融媒素质;将“项目制”引入课程,学生在项目的驱动下,开展专业学习,创作符合媒体要求的作品。

---

① 孟上九,李进京.大思政观视域下地方高校“课程思政”建设实践[J].黑龙江教育(高教研究与评估),2021(12):73-74.

2.4 构建立体化教学评价体系

传统的教学评价体系一般为教师点评、学生互评,在全媒体平台的实践精准育人模式中,我们引入一线专家评价和受众评价。专家评价,可以利用专业比赛的机会请行业专家或兄弟院校的专家点评,学生对此认可度较高;网络媒体受众评价是最直接、客观的反馈,这样可以让学生的作品真正实现与业界、与市场的对接,让他们接受一线媒体和市场的检验。比如“梦圆艺传”晚会,往年没有采用直播,也没有投放平台,受众基本局限在演出现场或学院内,反馈基本是“口口相传”和师生相互交流。2019 年我们尝试网络直播方式,受众面扩大了很多。2020 年因为疫情原因“梦圆艺传”晚会采取空场录播,晚会组剪辑制作节目后投放到浙江新闻客户端播出,点击量超过 20 万次,受众面进一步扩展。

3.全媒体平台实践精准育人模式构建的具体措施

3.1 改革传统课堂教学实践模式,引入项目制、栏目制

实践育人是将课堂上学习到的理论知识充分运用到课内外实践中,通过激发学生课内外学习的热情,开展一种应用性、综合性、导向性的实践活动。它可以提升学生对信息的加工整合能力,完善信息传播,推动媒体融合,优化高校舆论环境。

项目制实践模式体现媒体规格:突破传统教学模式,以融媒体一线节目创作工作流程为样本,设计实验教学,使学生以媒体身份、媒体规格进行创作。在项目制实施过程中,思政课程与课程思政配套进行,贯穿课堂、实践两个方面,筑牢融媒体人才的思想根基。

学生作业、作品将不仅仅是课堂练习,可选送到学校的微信公众号平台,更可以依托全媒体平台进行展示。每个项目组团队作为日常内容更新的推送者,自主运营负责产出的内容,高度还原项目化运作后的成果所要经历的市场化考验这一过程,全面利用“平台化”来实现教学实践成果的检验。

依托全媒体平台与教学结合是教学改革的一大特色与亮点,体现了教学改革的连贯性和开放性。教学中栏目组的设置也可以根据全媒体平台的需求进行升级迭代,形成了小型媒体生态圈。

3.2 打造以学生为主体的融媒体创作与运营团队

学院以之前形成的“视听艺术训练营”为基础，着力打造“新闻节目团队”“微剧团队”“思享汇团队”“纪录片团队”“科研咨询运营团队”等 5 个代表性团队，吸纳全年级段学生流转于全媒体平台，参与各个实践创作环节，形成标准媒体团队搭建规格、生产规格，实现人才培养的精准化。全媒体平台在成为学院宣传展示平台的同时，兼具了教学实践基地的功能，同时也更好地宣传学院建设、专业建设、教学改革的成果。

学生作为建设主体、教育主体和参与主体，在老师的指导下，自主管理运营全媒体平台。平台最大限度地吸引学生参与到舆论营建、思想引导的过程中。

3.3 彻底改革传统评价体系

“实践育人精准化模式遵循普遍性和特殊性相结合的原则，建立起立体化、动态化的综合性评价体系。”[①]学院改革过去单一的学校老师组织考核，在口试＋笔试的传统模式基础上，设置了专业教师课堂评价、学生互评、一线媒体岗位专家评价、网络媒体受众评价。学院将一线专家评价和受众评价引入评价体系，让学生的作品实现与业界、与市场对接，接受一线媒体和市场的检验。

3.4 搭建融媒体师资团队

在融合的理念下，学院培养融合型师资，实现教师从专业教学模式到社会需求教学模式的转型。组建两个融媒体教学团队——音频创作教学团队和短视频创作教学团队，优化师资结构，课程内容、形式对标融媒体作品的创作要求。以社会资源为基础，以合作项目为引导，搭建产学研创团队。师生结合，相近专业融合，推动师生创新创意能力、社会服务能力建设。教学团队成员，教学经验与实践经验丰富，研究能力强。教师队伍素质优化、年轻化，具有发展潜质。队伍中有中国广播影视大奖、中国播音主持金话筒奖、中国广播文艺政府奖获得者，优质师资对培养模式的实施提供教学科研保障。在人才培养方案不断论证、实施、总结的过程中，专业教师也积极推进各个层面的教学改革与实践，以媒体融合为引领，以“互联网＋”为宗旨，在教研中反思凝练，在科研中反哺教学。

① 周远，牧士钦.新时代高校实践育人精准化理念与模式探析[J].江苏高教.2021(10)：104-108.

4.实践精准育人模式建设成效

“思想引领+课堂教学+栏目运营+播出平台+多层评价”实践育人模式精准对标融媒体人才培养。具有教学、媒体“双属性”特质的全媒体中心实践平台,既是一个校内平台,又是一个专业媒体;既承担教学任务,又实现社会连接;既是创作手段,又是创作成果。

4.1　实现以融媒体节目生产运营为目的的实践平台

学院围绕提升学生融媒思维与专业能力,组建学生视听艺术训练营,每周末专业老师义务授课,定向培养融媒人才专业核心骨干,录制播出音视频节目 70 余期,网络总播放量超过 10 万+。

学院搭建融媒研创中心,建立融媒体矩阵,先后开办了《钱江新闻》《校园新闻速递》《坚守的信念》《思享汇》《警示录》《家风故事》《最美的你》《党史百年》《守艺》等音视频栏目和节目,将廉政建设、家风传承、抗疫英雄、党史故事、非遗传承等主题教育内容创作出来,形成成套系的音视频作品。优秀作品在新媒体平台播出,通过新闻报道、微剧、影视艺术作品等多种形式传播社会主义核心价值观,弘扬中华民族优秀文化传统。

4.2　与政府部门、企事业单位开展深度合作

专业教师带领学生积极参与一线创作和社会合作,4 位教师担任浙江新闻客户端《思享汇》人文专栏总编导,学生负责栏目的编辑、录制、主持、合成的工作,每周按照媒体规范录制完成一期节目,因为疫情原因,2020—2021 年录制播出 20 期,总点击量达到 200 万;2020 年全国开展第七次人口普查,专业教师带领学生与杭州市上城区统计局合作拍摄了人口普查宣传片,有力地配合了杭州市第七次人口普查工作;专业教师指导学生创作的非遗文化保护主题纪录片《剑魂》《老底子》等被《中国青年报》官微和客户端播报转载;学院与杭州市团市委合作“青梅学院”建设,为杭州市各行业培养融媒体人才;学院与浙江省委宣传部、浙江人民美术出版社合作出版《平凡与不凡:抗疫防疫一线故事》;学院与阅文集团合作有声书,全网点击量超 3.6 亿;学院以真实案例为原型创作系列的微广播剧《警示录》得到杭州市纪检委的肯定,被批准为清廉杭州服务项目;学院与浙江文广集团“城市之声”合作“主持人孵化基地”项目等。

4.3　实践作品创作成果丰硕

项目建设期内，学院着力打造“文化专题节目团队”“微剧团队”“思享汇团队”“纪录片团队”“高教科研资讯运营团队”等5个代表性团队，实现了学生流转于全媒体平台，形成标准媒体团队搭建规格、生产规格，实现人才培养的精准化，实践作品创作成果丰硕，运营微信公众号“高教科研资讯”为教师科研提供指南。

广播电视编导专业按照栏目形式，轮流进行影视作品创作，以节目类型和实践岗位协同锻炼的教学方法，让每一个学生获得全方位历练。生产各类视频作品近百部，其中近20部作品获得国家级、省级奖项。作品创作紧贴社会热点和关注，针对2020年新冠疫情防控，推出以“疫情防控”为创作故事原型的微广播剧《最美的你》17集；2021年创作系列微广播剧《党史百年》15集；2020年成功举办“梦圆艺传”晚会，因为疫情本年度“梦圆艺传”采取空场录播，在浙江新闻客户端录制播出，点击量超过20万次。

通过两年的项目实践，教学成果丰富，学生作品的主题提炼等专业技能训练都有较大提高。学生通过与拍摄对象共同生活的零距离接触，深刻体验到传统手工艺人的匠心精神，以及普通百姓的生活常态，潜移默化之中进一步塑造了世界观和人生观。

5.结语

习近平总书记多次强调我国高校思政教育要明确“培养什么人、怎样培养人、为谁培养人”这三个问题，思政教育应当全过程融入人才培养。“思想引领＋理论教学＋栏目运营＋播出平台＋多层评价”的教学精准育人模式的形成，构建了一套以思想为引领、以教学为主干、以实践为特色、以平台为支撑、以评价为检验的“五位一体”的实践育人模式，体现出实践育人的整体性和系统性，五个层级相互衔接、环环相扣。在融媒多元的实践平台上，一个延伸、两个融合凸显实践育人特色，课程思政配套进行，筑牢融媒体人才的思想根基。

〔李继卫，教授，杭州师范大学钱江学院影视艺术系〕

地方高校应用型文化传媒人才培养的实践教学路径创新

——以山东青年政治学院文化传媒类专业群建设为例

◎ 孙晓彦　王连峰

摘要：本文以山东青年政治学院文化传媒类国家一流本科专业建设为例，通过梳理分析“专业群+”的“乡村文化立体化传播”综合实践教学改革，创新凝练出“学科渗透、专业协同、能力整合、实践联动、成果导向、服务社会”这一符合新文科发展理念的应用型文化传媒人才培养路径，形成内外联动、协同融合、开放提升的应用型文化传媒人才育人模式，以提供给同类院校和专业办学借鉴参考。

关键词：地方高校；应用型文化传媒人才；实践教学路径

山东青年政治学院文化传播学院集聚广播电视学、播音与主持艺术、汉语言文学等3个文化传媒类本科专业，积极响应习近平总书记关于扎根中国大地办教育和高校立德树人根本任务等指示精神，主动对接国家文化发展战略和融媒行业人才需求，立足学校应用型办学定位，围绕应用型文化传媒人才培养，深化“应用型专业群”建设改革，凝练出契合新文科建设理念的“学科渗透、专业协同、能力整合、实践联动、成果导向、服务社会”的应用型文化传媒人才培养路径，创新构建出“乡村文化立体化传播”实践教学平台，实现了传媒实践教学与山东社会经济文化发展的深度融合。2021年广播电视学、播音与主持艺术两个专业同时获批国家级一流本科建设专业，汉语言文学专业获批山东省一流本科建设专业，为应用型文化传媒人才培养开启了新的篇章。

1.传媒发展和高校分类建设对文化传媒人才培养提出新要求

媒介融合指的是“印刷的、音频的、视频的、互动性数字媒体组织之间的战略的、操作的、文化的联盟”。伴随中央实施推进媒体融合的国家战略，传统媒体已经向新媒体深度融合，呈现出“视频化、移动化、社交化”的传播趋势。中山大学教授张志安等编写的《中国新闻业年度观察报告(2020)》指出:"新闻内容产品呈现出多形态的视觉化特征,媒体融合已逐步深化到融媒智媒共存的发展阶段。场景化传播中的信息融合视觉化呈现是2020年中国新闻业内容和传播的典型特征。"在信息技术变革条件下,在媒体融合的视觉化场景传播进程中,传媒人才培养更要积极响应融媒态势和行业场景人才需求。

传媒人才培养必须遵循学校办学定位和地方经济社会发展,发挥专业办学的主体作用。我国传媒类本科专业发展定位,包括综合型、学术型和职业型等,但是截至目前,无论是国家一流大学还是地方职业院校,都在具体办学路径层面存在些许困惑。办学理念的真正落地实施,在课程体系、师资培养、实践场域等教学要素方面缺乏生态系统构建。《教育部 国家发展改革委 财政部关于引导部分地方普通本科高校向应用型转变的指导意见》指出:"推动转型发展高校把办学思路真正转到服务地方经济社会发展上来,转到产教融合校企合作上来,转到培养应用型技术技能型人才上来,转到增强学生就业创业能力上来,全面提高学校服务区域经济社会发展和创新驱动发展的能力。"2020年山东青年政治学院入选山东省首批支持的应用型本科高校建设单位,为文化传播学院3个文化传媒类专业人才培养目标的调整进一步厘清了方向。

实践教学是应用型高校专业人才培养体系的重要环节,在应用型高校传媒类专业更是彰显学校办学特色和办学实力的重要载体。华中科技大学教授张昆在《新闻传播教育导论》中论述:"实践性、应用性是新闻传媒专业与生俱来的特质。"地方应用型高校文化传媒类专业要积极推行以融媒传播人才的音视图文一体化能力培养为目标的实践教学改革,建构并实施一套创新、融合、协调、开放、可持续推进的实践教学路径,培养融媒传播复合型应用型人才。

文化传播学院积极拥抱媒体融合,通过媒体融合平台将各个专业的实践教学系统共建共享,形成了传媒业务与乡村文化传播融合的实践教学平台——乡村文化立体化传播平台,在应用型传媒人才培养中起到了重要作用。

2.应用型文化传媒人才培养过程中实践教学困惑分析

高等教育体系中的文化传媒类专业不同于一般的文史哲专业,在传媒类人才培养过程中,需要动态融合专业与行业需求,确立教育链与产业链耦合实践体。文化传播学院在专业实践教学调研过程中发现了一些困惑,应用型文化传媒人才培养过程中的实践教学在如下几个方面进行了思考。

2.1 如何融合学科专业培养学生的复合型应用能力

传统的文化传媒人才培养通常面向新闻传媒机构培养新闻采写摄编评能力,面向单一,过程扁平,去向狭隘。应用型文化传媒人才培养需要突破单一学科单一专业的扁平化能力培养限制,从文化传媒产业链工作流程、专业可持续发展出发,进行跨学科跨专业融合培养。文化传播学院面向当代文化传播建构起一套符合文化创意产业和媒体融合发展需求的、培养学生"音视图文一体化传播"能力的课程群体系和实践育人体系。

2.2 如何协同联动,构建综合实战性实践平台

传统的文化传媒人才培养较多依赖校内教学实验室和校外新闻传媒机构实习基地,校内实践缺乏作品创意创作实践。在文化强国这个大传播视域下,各高校需要依靠地方文化产业发展需求,打造一个地域文化音视图文立体化传播实践育人平台,开展融媒文化内容生产和融媒平台传播。

2.3 如何厚植家国情怀,加强思政育人成效

传统的文化传媒类专业教学主要以思政类公共课程教学和传媒作品案例分析作为思政育人手段,对激发学生的情感共通成效较弱。在实践教学过程中,教学需要植入鲜活的情感浸润性社会思政场景,带领学生领悟中华优秀传统文化,感受国家厚重的奋斗史和文明史,培养未来文化传媒人的家国情怀和文化自信。

2.4 如何通过真场景、真任务、真实战检验教学水平和学生水平

传统的文化传媒实践教学更多的是任课教师给学生打分,实践教学成果没有得到市场有效检验。文化传媒类实践教学需要通过系列真实项目的协同、联动、融合性集成训练,产出集成产品,引入行业评价和社会评价,解决传统实践教学水平和学生水平无法得到有效检验等系列问题。

2.5 如何创新产教融合、协同育人等机制,整合社会办学资源共育人才

地方高校在应用型人才培养过程中需要解决办学资源分散、高校职能单一等问题。高校通过加强校政、校企、校媒、校校等合作,积极拓展优质办学资源,将工作链与教学链打通,深化产教融合,实现高校人才培养、科学研究、社会服务、文化传承等职能

的有机融合。

3.能力整合、实践联动—— 应用型文化传播类专业实践教学路径创新

面对文化传播人才培养新要求，山东青年政治学院文化传播学院聚焦应用型文化传媒人才培养，主动对接媒体融合、乡村振兴、文化强国等重大战略，将广播电视学、播音与主持艺术、汉语言文学等 3 个本科专业建成山东省高水平应用型专业群，创新搭建起“乡村文化立体化传播”这个实践教学平台，将复合型文化传媒人才培养链与乡村文化传播工作链有机结合，形成了应用型文化传播人才培养路径和实践教学模式。

3.1 打破学科专业壁垒，跨学科跨专业组建起文化传媒类专业群

山东青年政治学院文化传播学院在全国范围内较早契合新文科发展理念，从 2013 年开始面向文化传媒行业发展需求，以立体化传播实践等复合能力培养为导向，跨学科跨专业协同构建高水平专业群。文化传播学院创新提出“学科渗透、专业协同、能力整合、实践联动、成果导向、服务社会”的办学理念，以广播电视学专业为核心，协同汉语言文学、播音与主持艺术两个专业，共同组建了高水平应用型专业群。2018 年辐射专业群的建设优势，校企协同开设“创意传播与新媒体运营”微专业。2020 年深化产教融合，文化传播学院与山东头部传媒集团共建“文化传媒现代产业学院”，集聚校内专业优势和校外优质传媒实践资源，协同融合，提升办学质量。

3.2 以能力培养为导向重构复合型课程群，深厚文化传播素养，提升综合文化传播能力

首先，建构两大文化通识素养课程群。以文育人以德化人，文化传播学院发挥优秀传统文化教育功能和 20 年专业办学优势，建设“传统文化”和“媒体文化”两大文化通识素养课程群。学院加强文化概论、艺术概论、中国文学史、中国新闻传播史、中国传统文化专题研究、民俗与社会等传统文化体系课程建设，以及新闻学、传播学、广告学、新媒体等媒体文化体系课程建设。学院通过创新实施“课内学习＋课外活动＋学生自我教育”的三位一体育人环节，培养学生家国情怀和文化自信。

其次，重构媒体传播三大公共能力课程群。学院遵循成果导向教育（OBE）应用型人才培养理念，凝练出广播电视学专业的“影像传播”“融媒写作”“新媒体创意”3 项核心能力；播音与主持艺术专业的“播”“说”“诵”“演”4 项核心能力；汉语言文学专业

的“文字应用与写作”“文化传承与研究”两项核心能力。适应移动互联条件下的媒介融合和信息传播矩阵态势,学院在各专业强化“二三四”专业能力板块课程体系建设的基础上,整合汉语言文学专业的文化传承研究能力、广播电视学专业的影像创作能力、播音与主持艺术专业的有声语言表达能力,协同建构起“文化创意与写作”“影像与有声语言表达”“新媒体传播与运营管理”三大能力课程群,开发文化调研、创意策划、融媒写作、有声传播、影像创作、媒体运营、品牌管理、产业规划等 8 个能力板块。

再次,创新开发设计所有课程的第二课堂实践活动,加强思政课程、课程思政、网络思政、岗位思政等活动设计,开发“创意传播与新媒体运营”微专业,引导学生面向融媒传播视域,提升专业素养和专业实践学习自觉,实现自我教育。在学校统一规定的通识教育活动基础上,文化传播学院特别围绕思想政治养成、文化体育活动、实习实践拓展、志愿公益、技能特长、创新创业、学术科研等 7 个方面,创新设计“传统文化讲堂、文学经典品诵、非遗传承纪录、齐鲁文脉行走、红色场馆解说”等近百项特色专业实践活动,形成第二课堂特色实践项目库。

3.3 实践育人过程突破面向新闻媒体的“小新闻”,辐射面向文化传媒领域的“大传播”,创新乡村文化立体化传播实践教学平台

文化传播学院进一步明确文化传媒实践育人指导理念:坚守马克思主义新闻观,遵循移动互联融媒发展态势,实践领域从狭隘的新闻媒体机构拓展为广泛的文化传媒组织;实践岗位从单一的“采写编排”拓展为“创意创作运营管理”,凝练出以红色文化、非遗文化、组织文化等为主要内容,以音视图文一体化生产传播为主要方式,以乡村文化传播与研究为主要平台的特色实践链条。

文化传播学院创新搭建综合实践平台:与国家文化和旅游部民族民间文艺发展中心共建“中国地域文化传播研究中心”,创建省文化科技重点实验室“乡村文化振兴研究与传播”实验室,校内校外多元协同联动,全方位打造乡村文化立体化传播实践教学平台。按照“集成项目—集成训练—集成成果—集成检验”思路,学院通过专业联动、科研联动、项目联动等方式,集聚发挥各专业优势开展乡村文化立体化传播实践。学院引入真题,通过项目化运作、成果化实施,验证综合能力培养成效。

文化传播学院发挥汉语言文学专业的文化调研能力,协同广播电视学专业的影像采集能力、播音与主持艺术专业的有声解说能力,组织 10 多支优秀实践团队对 20 多个村落开展文化资源调查,获得了超过 10TB 的电子影像和文字数据以及超过 5000 份的文献史料,并以此建立“智慧化生态化乡村文化资源数据库”,实现乡村文化资源

的数字化存储。学院以广播电视学专业为主，协同其他两个专业开展以院夼谷雨节、莱芜中元节申报国家非遗专题片《中国节日影像志》等为代表的乡村非遗影像化传播实践。学院发挥播音与主持艺术专业的“播”“说”“诵”“演”四大专业能力，完成以舞台剧《星火》为代表的艺术化传播实践。学院发挥专业群的三大公共传播能力，开发实施“一书、一图、一声、一影、一号、一网、一馆、一志”等“八个一”乡村文化传播产品为代表的多维度传播实践，以及面向基层乡村文化产业发展发挥专业办学实力，开展“网络直播”“短视频培训”等赋能化传播实践，有力推动了乡村文化建设和乡村产业经济发展。

3.4 创新机制体制管理，充分发挥高校四大职能，提高办学成效

文化传播学院积极构建“校＋政＋企＋媒”四位一体联动合作机制，以实战项目为抓手，以市场导向为激励，以服务地方为宗旨，以人才培养为目标。近五年来，学院先后与济南市历城区、济南市莱芜区、淄博市院峪村、威海市荫子镇等合作，实施华山文化考证研究、房干村数字博物馆建设、齐长城一线五村文化普查、院峪村闵仲书院志编辑、竹泉村旅游宣传片制作等一系列地域文化传播实践与研究项目。全院 3 个专业师生上千人共同参与，吸引社会服务横向课题经费达 300 多万元，“政策有支持、实施有主体、组织有保障、育人有成效”。

学院创新乡村文化传播研究机制，通过教师工作坊、项目化运作、职称评审、人才工程奖励、教科研项目和大学生创新创业项目评选等制度，激发师生积极开展乡村文化研究，传承传播优秀文化，服务文化强国战略。近年来，学院承担完成了国家社科基金特别委托项目“中国节日影像志”的“昌邑烧大牛”“院夼谷雨节”“胡集书会”等课题；完成了山东省社科重点项目“乡村振兴战略视域下农村文化传播力提升关键问题研究与实践探索”等省部级以上纵向科研项目 10 余项；完成了“莱芜中元节申报国家级非遗专题片制作”“历城县府旧址资料画册专题片制作”“济南市淌豆寺资料制作”等横向科研项目近 20 项；开展了济南市历城区华不注山研究、淄博市沂源县院峪村闵仲书院研究、济南市莱芜区房干村文化调研、济南市莱芜区“一线五村”文化调研等项目；出版专著 5 部，获省社科优秀成果奖、省社科普及优秀作品奖 3 项，真正实现人才培养、科学研究、社会服务与文化传承创新等高校职能的有机融合。

4.结语

“专业群＋乡村文化立体化传播”实践教学模式在全国同类院校范围内较早遵循

新文科的建设发展思路,发挥了“专业群+”的聚力辐射效应,打破了课程、专业、学科、平台等壁垒,联动实践教学元素,整合了优质社会资源,建构起校、政、企、媒协同育人机制。文化传播学院创新搭建起乡村文化立体化传播实践教学平台,以“乡村文化内容生产和立体化传播”作为专业群的实战教学内容,以“文化资源田野调查—梳理研究创意—音视图文立体化传播—文化赋能产业振兴”作为乡村文化传播实践教学链条,产出乡村文化资源的“数字化存储”“多维度传播”“影像化传播”“艺术化传播”“赋能化传播”等专业协同融合实践教学成果。文化传播学院以学生的融媒生产传播能力培养为导向,创新构建并扎实践行“学科渗透、专业协同、能力整合、实践联动、成果导向、服务社会”这一符合地方文化产业发展需求的应用型人才培养新路径。文化传播学院在主动契合媒体融合发展战略、实施乡村文化立体化传播实践中,深厚家国情怀和文化自信的浸润,培养了一大批复合型应用型文化传媒人才,促进了城乡文化传媒事业的发展。

参考文献

[1]张昆.新闻传播教育导论[M].北京:社会科学文献出版社,2021:152.

[2]周高琴,谭科宏.媒介融合时代地方高校新闻人才培养的目标调整与路径探索[J].东南传播,2017(1):103-105.

[3]王雪梅.智媒时代传媒教育与双创教育多维融合生态体系构建[J].成都中医药大学学报(教育科学版),2020(4):26-29.

[4]吴理财,解胜利.文化治理视角下的乡村文化振兴:价值耦合与体系建构[J].华中农业大学学报(社会科学版),2019(1):16-23,162-163.

[5]汪艳.媒体融合助推乡村振兴的路径研究[J].新闻传播,2021(13):8-11.

〔孙晓彦,教授,山东青年政治学院文化传播学院副院长;王连峰,副教授,山东青年政治学院文化传播学院党委书记〕

基于OBE理念的人才培养实践与探索*

——以厦门工学院艺术与传媒学院为例

◎ 朱丹青

摘要:人才培养质量是民办高校办学之本。随着媒介不断融合和发展,传媒行业对创新实践人才的需求与日俱增。本文对厦门工学院艺术与传媒学院围绕以"学生为中心",通过成果导向教育(OBE)理念,以一二课堂实践建设方式进行论述,以期为同类民办高校传媒实践教育模式改革提供借鉴。

关键词:民办高校;人才培养;OBE;传媒人才

民办高校是我国教育事业的组成部分,在推动高等教育大众化、缓解升学压力、促进市场经济发展、维护社会稳定、提高国民素质、推动教育体制改革方面,都做出了一定贡献。[①] 民办本科高校在教育上起步较晚,在管理体制和机制上与公办高校风格迥异。随着社会经济水平的提升,民办高校传媒专业逐渐兴起。在社会媒介技术水平不断进步的背景下,综合素质、实干能力、创新思维是社会对传媒人才的新要求。媒介融合与创新是高校传媒人才培养绕不过去的话题。随着新媒体、融合媒体的发展,新闻传播学科在行业的变化中也面临着技术和理念革新的诉求。《教育部、中共中央宣传部关于提高高校新闻传播人才培养能力实施卓越新闻传播人才教育培养计划2.0的意见》指出:"紧贴新闻传播专业学生成长成才需要,紧扣全媒化复合型专家型新闻传播人才培养目标,紧跟信息技术新发展和业界格局新变化,开展全方位全过程新闻传播教育质量文化建设。"[②]

---

* 本文系福建省教育科学"十三五"规划2020年度立项课题"基于'三创'思维的传媒类专业人才培养模式研究"(FJJKCG20-384)阶段性成果。

① 卢彩晨,邬大光.中国民办高等教育回顾与前瞻[J].教育发展研究,2007(3B):1-9.

② 教育部、中共中央宣传部关于提高高校新闻传播人才培养能力实施卓越新闻传播人才教育培养计划2.0的意见[EB/OL].(2018-10-08)[2021-05-21].http://www.moe.gov.cn/srcsite/A08/s7056/201810/t20181017_351893.html.

随着社会媒介与多学科融合的速度加快,融媒体已成为媒介发展的主流趋势,媒介对实践型、创新型人才的需求与日俱增。民办高校是高等教育的补充力量,作为以地方性、应用型为发展目标的民办高校更应注重人才实践教育和综合能力培养。

1.民办高校传媒实践建设现状

1.1 民办高校自身困境

民办高校成立时间较晚,体制机制与公办高校颇有不同,管理机制体制还没有得到进一步沉淀,特别是在创新型实践人才培养方面还存在着诸多问题。民办高校在没有政府部门直接干预下进行办学,办学方式较为灵活,但同时意味着政府更少地进行资金投入和科研资助。高校运转只靠自筹资金,实践教学平台建设并不完善,实验实践设备和场地均有掣肘,同时也会因教学成本考虑,往往设置班额人数规模较大,给班级课程进行实验实践活动增加难度。在数字时代,融媒体、自媒体传播盛行,反向推动高校传媒专业进行自我革新。就环境建设本身而言,高校如何平衡业界、教师、学生三者之间供给关系,如何把握实验实践核心内涵、制定新的策略,如何才能培养适应现代行业企业要求、具备创意创新能力的人才,这些话题都对民办高校整体实力提出挑战。

1.2 教学观念论大于行

融媒体时代下的新闻传播学是理论与实践紧密结合的人文学科,强调学生在接受理论课程教学时也需要进行实践。在传统认知中,人文学科理论课堂偏重知识讲授,弱化实践教学环节。在学校教学管理中,相关人员没有意识到实验实践环节在人文社会科学人才培养中的地位和作用。经费投入与实验实践设置明显不足,造成课程理论与实践活动无法有效结合、实验设备及配套较差、实践时间不足等问题。课堂学习中,学生虽然能够了解业务知识,但学生实践积极性难以得到有效激发。传媒学科的实验实践教学并不仅仅注重实践活动本身,而更多地需要培养学生创新思维和解决问题的能力,需要学生能够将理论知识转化为实践能力和成果,如创意思路、策划方案、执行反馈等。同时实验活动还应朝着学科内深入研究和不同学科融合实践的纵横向双维度扩展。

1.3 教师队伍与实践教学脱节

民办高校起步较晚,教师群体偏青年化,多数教师毕业即从教,也未经历过行业历练，对课程实践理解不够透彻，没有认真研究实验实践课程的教学方法。新闻传播学是多学科交叉融合、兼容创新的学科，过往的实验实践教学专注于对专精人才的培养，因此，教学实践设计层次单一、模块设计互不关联，使学生在完成一门课程实验实践后难以将课程知识融会贯通、学以致用。教师实践激励与跨学科学习机制的建立困难重重，多数教师难以承担跨学科教学和实践任务。5G 时代传媒人才培养需要多学科交叉融汇，对传媒实践要求更高，艺术审美、数据分析、数据可视化、数据传播等艺术和理工科知识融汇变得愈发重要。学科融合增加了实验场地的需求，也给实验室建设带来一定挑战。

2.建设思路及方法

创新性人才建设是人才培养目标的核心要旨，艺术与传媒学院以内涵建设为主线，依托厦门工学院整体学科布局，结合以博雅通识教育、知识教育、能力教育相融合的“三位一体”人才培养理念，凝练社会对现代人才能力要求作为培养目标，探索“多层次”“学科＋”的实践教学体系，推行 OBE 理念的教学模式，打造以教育产出为导向的“课程＋”实践模式。

2.1　通识博雅课程构建

学校本着“以德树人，以文化人”的理念，运用学科融合为主的博雅教育体系，设计了思想政治类、人文艺术类、社会科学类、自然科学类等学科群，将学科群通识课程融入学生培养方案中，旨在通过大类学科融合，夯实学生基础理论知识，打破原有学科内部专业壁垒，创造大类学科间交叉融合渠道，培养学生创新意识。以文科类专业为例，学校为文科专业开设了逻辑与批判性思维、经济学概论、管理学概论等社会科学相关课程，同时开设了物理学概论、生命科学、计算机基础概论等自然科学课程，拓宽学生不同学科基础常识认知，培养学生逻辑思维能力。此外，学校还开设了创新创业教育、就业指导等丰富创新思维和创新精神的课程，以适应文科与其他学科之间的融汇发展。

2.2　三层次教学实践

学院内有艺术、音乐、传媒 3 个学科群，在专业课程设计时，有意通过共同跨专业基础课程，进行学科交叉和融通。在专业上，学院设计了专业课程＋“基础实践—专业实践—创意实践”3个不同层次的实践教学。基础实践是基础课程理论、方法、技能的实践训练。基础实践以实践为手段,以促进学生对基础知识、基本方法的理解为目的,通过基本技能训练,促使学生更深入地理解传媒基础理论知识。在专业实践中,教师根据不同课程和知识技能的要求,设计系统性、完整性的专业实验项目,由学生运用所学知识进行实践和验证。专业实践的特点在于高频次、高重复,能够促进学生更快掌握专业技能。创意实践是学生自拟或参与教师给定的实践选题,通过跨学科知识进行的实践,可以培养学生自行分析问题、寻找解决问题思路和创新实践的能力。

2.3 跨学科综合实践

基于艺术与传媒学院在学科交叉背景下“文艺工相互融合,培养跨学科应用型人才”的培养理念,综合实践教学满足学院艺术、传媒、音乐3个不同类型学生的实践教学需求。学院在专业构成上特色鲜明:既有艺术绘画类学科,又有艺术音乐表演类、新闻传播类学科。在新闻传播学中,综合实践教学需要学生学习计算机程序设计等工科知识,适应5G时代新闻传播的行业要求。这样的专业群构成在地方高校是独具特色的。基于上述特点,在教学实践中,各专业除了完成专业实践课程外,学院还开设了跨学科通识课程,如跨文化传播、计算机辅助设计、影视后期编辑、视听语言、版式设计等课程,达到硬件、软件、人才资源共享,实现了教学环境利用最大化。跨学科的实践教学,能够使不同学科的学生兼备人文素养、技术素养和艺术素养等综合素质。

3.传媒实践教学模式更新

3.1 加强创新性实践

在实践教学体系的基础上,学院进一步加强了综合性和应用性实践活动。在多专业、跨学科的实践教学环境下,学院鼓励教师设计和开展跨学科实践项目,支持教师带领学生共同申报各类项目。学院还设立院级实践项目,给予场地、设备、耗材支持。在实践教学活动进行过程中,具有学科特色的综合性、创新性实践项目逐步形成。

3.1.1 课程展演

该项目是学院3个学科群共同开展的课程实践活动,项目目的是以OBE理念为指导思想,促进成果转化。活动要求每位任课教师根据课程情况独自展演或与其他教师进行课程联合展演,展演可以根据课程内容选择线上或线下开展。展演将新闻传播形式与艺术学科手段相互交融，以跨学科、跨专业的实践教学方式促进教师和学生在课程进程中凝练成果。

3.1.2 “分享与交流”系列文化沙龙

该项目基于以学生为中心的“三全育人”理念，充分利用教师与学生的课后时间，结合第二课堂开展育人工作。项目目的是加强任课教师与学生的联系，提升学生与教师亲密性，通过第二课堂提升学生掌握信息的能力，同时构建全面及时的学习交流通道。在项目实践中，课堂可以采用主旨发言、学情分享、圆桌会议等形式开展交流。在疫情期间，教师还利用线上技术开展线上专业指导、知识分享、交流沟通。有的教师还会以线上或线下方式引入企业教师团队，共同探讨专业、创新、就业等学生关心的话题，深化了学校与企业交流的深度，为学生提供了“超时空”的校企交流平台。

3.1.3 “中心＋坊”系列工作室

学院成立“新媒体中心”和“教师工作坊”实践基地，结合设计、摄影、动画、雕塑、影视等各类媒体艺术技术，以“新媒体中心”互融互通特性，打造“跨界”学习氛围。“教师工作坊”采用导师进行教学，由教师担任坊主，结合专项训练课程，通过项目内容制造和话题输出，形成“实践＋媒介”的新媒体工作方式。

3.2 改革实践教学方法

除了加强实践教学设计，学院还积极探索课内教学实践方法的改革。

3.2.1 实践教学与课堂教学融合

教学打破以往课堂满堂灌的形式，提倡项目式、案例式、翻转课堂等具有实验实践性的方法和手段，能够让学生边学边做，从“做中学”。新冠疫情蔓延以来，学院组织教师建立以“超星学习通平台”为基础的在线课程，鼓励教师将课程理论部分在线上完成，拓宽线下实践时间。学院建立合作学习机制，将课堂从单一理论教学翻转为“教师是学生，学生是教师”的互换模式，鼓励学生以小组为单位参与学习竞争，提倡学生可以通过用手机等设备查找资料解决问题，力求课堂内容使学生入眼、入耳、入脑、入心。①

3.2.2 校内机构实践

校内部门机构是学院学生天然的实习场所，能够为学生实践提供更多的便利。服

① 王西兵，王坦.以超星学习通为依托的高校课堂合作学习：优势与路径[J].中国成人教育，2018(3)：88-91.

务校内部门,能够检验学生在课堂的学习能力,还能通过实际项目要求,加快学生步入社会的步伐,学校也能通过项目,提升学生创新创业能力。目前,学校宣传处、学生工作处等校内处室是学院学生天然的实习基地,是校园文化塑造和推广的阵地,是学生学习实践的第一站。校内处室更能以类似企业部门的形式接纳学生、培养学生,也能通过对外拓展和交流,引荐学生去往周边企业,提升学生的实践能力。近两年来,通过学校宣传处引荐,有十多名学生进入新华网、厦门网等主流媒体进行实习工作。

3.2.3 实践教学向社会实践拓展

为提升学生学习能力和创新创业能力,学校特别设立创客坊,为创新创业活动提供场地和政策支持。学院也与市、区宣传处室建立良好关系,能够为学生提供多样化的专业实践,也能够与企业取得联系,为学生在创业、实习上提供渠道和帮助。学生能够通过各类创新创业大赛进行项目路演,也可以参加学院组织的校企产学研活动。2021年学院与厦门市风云科技股份有限公司共同签订"教育部产学合作协同育人项目合作协议",为学生提供实习、就业、创业路演培训等提供支持。一些学生还参与校内教师与校外企业教师的实践性项目,如广告片摄制、专题片摄制、公众号运营、网站建设与开发等。

3.3 加强实践环境建设

3.3.1 不断加强实践环境硬件和软件建设

学院先后建成视觉信息设计实验室、CG动画实验室、VR虚拟现实实验室、插画与绘本实验室、产品创新与服务设计实验室、综合材料工艺实验室等实验室,还建设了摄影实训室、摄像实训室、多媒体实训室、录音实训室、钢琴琴房、舞蹈排练厅、小型音乐厅等。在软件层面上,学院先后建立琴房管理系统、实训室管理系统等,为专业实践实验教学提供平台支撑。

3.3.2 实验室开放式实践教学

实验室教学注重"创新实践",着重对学生综合能力、创新思维、实践能力进行培养。开放式实践教学包括开放教学目标、开放教学主体、开放教学方式、开放教学内容和开放教学空间。学生可以根据课内实验主题和实践课程的安排,依据自身条件进行自主探究式实验和实践。通过自行组成小组,学生进行文献查阅和调研、设计方案、利用实验室现有设备分析和解决问题。在开放式实践教学环境中,教师仅作为项目的组织和指导者，引导学生和团队完成各自项目。开放性实践教学环节能增加学生自主探索问题的空间，激发学生学习积极性，促进学生提升自主管理、自我学习和团队协作能力。

3.3.3 “双梯队”实践教学队伍构建

学院调整实践教师队伍结构，加强教师实践教学能力培训，建立校内教师与校外行业教师共同指导实践的机制。校内教师理论性强，能够解决学生在实践中从“为什么”到“怎么做”的问题；校外教师了解行业现状，具有丰富的实践经验，能够解决“这样做”“做更好”的问题。“双梯队”的实践教师队伍构建，有助于解决校内教师对行业不了解、不知道如何才能引导学生更好地实践的问题，有助于加快解决自有教师培训难的问题。经过几轮磨合，学院能够快速提高校内教师实践水平，加强校内与校外联系，加强校企合作，推动传统理论教学与实践教学深入结合。这也有助于学生理论实践学习双丰收。

4.取得成效

本教学体系实践项目应用于学院6个专业(传播学、广告学、网络与新媒体、动画、产品设计、音乐表演)1300多名学生。多层次纵横维度的教学体系实践，为学生提供了跨学科、跨专业的实践机会，取得了良好的教学效果，逐步提高了学院教师的科研水平，同时提高了学生的实践能力、创新精神和创新意识。

4.1 更新理念，优化管理措施

学院以OBE理念为核心，围绕“应用型、复合型、创新创业型”人才培养目标，将课程结构优化与教学方法改革、实验实践方法改革思路结合起来，运用现代技术手段，鼓励教师以各类创新思路打造优质课堂，强调在实践学习中让学生“学会”而不是教师“教会”。[①] 学院在改革过程中不断反思总结，着力强化制度建设，完善各项管理措施，优化院内学科关系，依照理念重新修订教学大纲、教案、教学进度表等教学文件，为教师、学生使用可持续的实验环境提供保障。

4.2 教学研究成果

在校内外教学实践研究上，艺术与传媒学院教师以教学为支点，获得了多个课题项

① 袁剑波.独立学院应用型人才培养模式创新与实践[J].高等工程教育研究，2011(2):118-123.

目的支持:2020年度教育部产学合作协同育人项目1项;2020年度省级中青年教师教育科研项目(社科类)3项,福建省教育科学“十三五”规划2020年度立项课题1项,2021年福建省本科高校教育教学改革研究项目两项(其中含1项重大项目)。同时,学院获批2020年度校级科研创新团队1项,校级科研基金项目6项,校级党建思政课题两项。

4.3 赛事成果

经过短短两年时间的努力,学院学生已能在国家级比赛中取得一定成绩。在全国大学生广告艺术大赛、全国数字艺术设计大赛、福建省高校艺术设计奖、全国大学生工业设计大赛福建赛区、福建省第七届大学生影像大赛等赛事中,学生获国家级奖项达12个,获省级奖项达94个。各项行业企业赛事获奖人数逐年增长。

4.4 学生实践兴趣逐步提高

OBE理念的运用,在丰富教学实践活动的同时,提高了学生的学习兴趣和学习热情。学生在学期间能够自主参与各类学习实践活动,如担任中国电影金鸡奖志愿者、大学生广告艺术节学院奖志愿者、《厦门日报》实习记者、厦门电视台实习采编员等,通过近距离感受获奖情绪和工作状态,积累实践经验。也有部分学生在学习一定时间后开启创业之旅,以创业带动学习,形成以点带面的趋势,带领身边同学从事相关学习和工作。

5.结语

实践是现阶段民办高校在人才培养上的主旋律。在自媒体林立的时代,具备理论知识和实践创新能力的传媒人才是企业和行业都迫切需要的。运用OBE理念,能够全方位地促进教师的自我提升意识,促进学生综合素质和创新能力的提高,也能够引导学生将学习的外驱力和内驱力内化为自身发展的动力,提升学生对职业的认同感。

〔朱丹青,副教授,厦门工学院艺术与传媒学院副院长〕

地方高校戏剧与影视学新文科实践教学改革探索

◎李 峰 安 雪

摘要:新文科是人才培养的新方向,我国很多地方院校陆续完成应用型高校转型建设周期,戏剧与影视学科具有天然的实践属性,在新文科建设浪潮中应大胆乘风破浪。本文从宏观聚焦改革路径与措施出发,以实践教学赋能新文科人才培养,厘清应用型实践观与新文科实践观逻辑关系,树立"大实践观",通过实践项目真正融通不同学科,探索"一轴两力"跨学科实践教学改革思路。

关键词:地方高校;新文科;实践教学;戏剧与影视学科

近年来,我国高等教育改革得到全面推进,强化人才培养中心地位已取得成效。面对世界范围新技术与产业革命汹涌之势,中国经济发展进入新常态,高等教育步入新阶段。2017 年以来,在各种新理念新举措中,新文科逐渐成为教育领域关注热点,2019 年被认为是我国高等教育改革新文科建设的启动元年。新文科建设是对传统文科的扬弃,根植于当下社会人们的生活、生产,直指现代社会问题的复杂性。新文科也是国家民族文化自觉的主战场、主渠道,文化的繁荣需要新文科。目前相关研究与思考较为集中在宏观层面,跨学科交叉融合的必要性成为研究共识,但少有触及具体路径与实施措施的新文科立足点。

1.新文科与应用型实践观的逻辑关系

我国很多地方高校已陆续完成应用型高校转型建设周期,通过转型改革,应用型人才培养注重实践与应用,强调产教融合、服务地方的实践观,不仅深入人心,也为地方院校人才培养注入了新力量。新文科研究的深入,让更多人认识到新文科的"新",不是对文科理论的回归,也不是颠覆传统文科样态与模式,而是人才培养的新方向,把握传统文科基础,重点体现综合性、跨越性、前沿性。

实践教学是高校教学体系的重要组成部分,强化实践育人也是我国教育改革和发展的目标。实践教学在地方高校应用型人才培养中,占有重要地位。实践教学被认为是一种教学形式、教学活动,但从广义的角度来看,实践教学是一种教学理念,不是在某部分植入的实践课程而已,而应是贯穿整个人才培养过程之中,触及各种教学元素,即"大实践观"。在转型中,很多高校对于实践的理解还停留在简单化的实践观理解,短期成效明显,长远发展必然暴露问题。新文科没有否定应用型实践观,在新文科建设中要注重处理好博通与专精的关系。应用型实践观解决更多的是专精问题,在本领域内扩展实践,强化实践。新文科则更多解决的是博通问题。如果说新文科建设必然要进行多学科学习,那么理论课程可以突出"跨",实践教学则是以"跨"为基础的"融合"实践。"跨学科教育与多学科教育的本质区别在于是否对不同学科的知识进行整合。"新文科追求的是更具前瞻性和学科综合性的实践。

2.以实践赋能戏剧与影视学新文科建设

"实践教学能让学生更加主动地参与教学活动。"戏剧与影视学科作为一门应用性很强的学科,来自实践也面向实践。影视艺术作为综合性艺术自始便已跨越不同学科,艺术创作不能闭门造车,而需要海纳百川。因此,新文科建设的突破口应该是实践教学。

首先,戏剧与影视学科的应用性学科本质决定了实践教学的必要性。学生不仅仅需要具备编导摄录剪等基本专业技能,还有很多能力在书本上学不到,经过实践历练才能逐步掌握。其次,影视传媒行业人才需求也决定了该学科人才培养实践的重要性。一专多能的复合型人才受到行业青睐,刚毕业的学生走上岗位要想马上能够上手,需要学校通过实践教学提前帮助学生完成岗位过渡。再次,新文科建设对戏剧与影视学科人才培养提出了更高要求,新时代有责任、有思想、有情怀的影视人才,需要在实践教学中培养社会责任感、创新精神等,这也是新文科实践教学要去重点突破的问题。除此之外,教育部于 2016 年发布的近年来就业率较低的 15 个专业名单中,有 13 个专业属于文科专业。大量新兴技术与产业领域的不断崛起,催生着新兴研究领域的不断形成。在智媒时代,面对大数据、云计算、人工智能等新技术兴起,业态发生巨变。新技术赋能了产业,也增加了人才培养实践教学的挑战性,学科专业间未必能解决更为复杂的问题,对跨学科知识的补给变得迫切。培养新技术背景下的跨界人才,要通过跨学科的综合实践去探索。

实践是创新的基础,能够真正促进多学科交叉融合。在更强调实践的新文科体系中,理论教学需要更多地结合实践,实践教学环节也将得到更多重视,这也是进行新文科建设最大有作为的发力点。

3.地方院校戏剧与影视学科实践教学现状

据教育部2017年数据显示,我国普通本科院校共1237所,地方本科院校(含民办)占全国普通本科院校总数的90.8%。其中开办戏剧与影视学本科专业的本科院校有600余家,约占全国普通本科院校总数的49%。开办戏剧与影视学本科专业的院校数量之多可见一斑。如何培养知中国、爱中国、堪当民族复兴大任的新时代戏剧与影视人才,是新文科建设交给戏剧与影视学科专业教育的任务。本科毕业生虽然人数众多,但由于缺乏必要的实践动手能力与综合创新能力,无法达到相应领域的用人要求,依旧呈现人才供需紧张的现状。转型前,学生的问题是动手能力差,转型后时代和用人单位对人才提出了更高的综合创新能力的要求。人才培养成效与产业对人才的实践技能水平要求尚且存在差距。从人才培养生命周期全程跟踪研究发现,实践教学过程普遍存在以下问题。

3.1 实践课程与学时增量明显,提质不足

很多地方高校优势在于成功进行了应用型转型实践,实践教学得到重视。无论对于教师还是学生,对于实践的重要性已达成共识。转型最大改变在于实践课时、类型、学分等方面的强化,学生实践能力显著提高,校园里如火如荼地开展各种实践活动,带来的是实践作品高产出量。新文科对实践的理解更深入,应该在提质增效上下功夫,新文科背景下实践教学在人才培养中的地位将不断被重视。

3.2 实践教学尚未形成闭环管理

实践教学过程应该是一个闭环,教师向学生讲授,收到学生实践进度、效果反馈,反向调整输出,从而使得实践教学效果达到最优。不过在实际的实践教学中,高校往往重视实践任务的布置和交付,忽视了学生在实践中遇到的困难,也就是重结果轻过程,导致实践教学质量和教学效果与预期相差较大。实践教学任务往往一次性布置,这导致学生会缺失多任务与整合能力的锻炼。

3.3 实践形式单一,综合能力弱

很多地方高校在应用型转型中,突出学科标准化和同一性的实践训练,将学生培养成了同质化的教育产品投入劳动力市场,专业技能突出,应变能力、综合能力不足,学生发展蓄力明显匮乏。机械化的实践训练无法将创新、协作精神传递给学生。破除学科隔阂,跨界渗透,实现多领域知识重组,贯通切合需求的新文科建设尤为关键。

3.4 实践教学内容陈旧,课程建设滞后

新技术使传统影视内容每天都在进行数字化变革,但戏剧影视技术进步跟不上中国经济、科技的步伐。很多院校的实践还停留在传统业务技能训练层面,在新文科背景下地方院校戏剧与影视学科知识体系更新滞后,淘汰实践"水课",建设一流实践类课程,这些行动都在做却效果不显著。

3.5 实践教师队伍教学水平亟待提高

实践课对教师提出了一定门槛要求。在应用型转型下,随着实践课数量、学时学分的增加,很多教师被"推"上了实践课堂。地方院校区域局限性引起各种资源不足,使之缺乏合理的专业实践教师队伍。专业实践教师队伍建设是提高实践教学水平的重要方面,直接决定了实践教学效果和人才培养质量。目前,部分高校缺乏一支年龄结构科学合理的实践教师队伍。

4.跨学科的"一轴两力"实践教学改革探索

新文科概念的提出,为打通学科之间的壁垒提供了思想引领。地方高校应用型本科转型在新文科的背景下显现出了上述问题。针对上述问题,我们在跨学科实践教学上进行了探索,力图通过这样的探索为新文科背景下的戏剧与影视学科实践教学建设提供思路和发展范式。

传统实践教学是在单一学科领域内的自我解读、自我实现的过程,在"自我狂欢式"的实践教学过程中,机械地注重学生的实操能力,学生后劲不足,会变成追求操控的"机械手"。新文科建设提出后,需要我们多维度、立体化地去思考如何培养适应新文科体系下的戏剧影视学科人才,在跨学科背景下"一轴两力"的思路方式由此产生。"一轴两力"指的是以实践课程为轴心、教师作为推力、第二课堂作为助力共同打造跨

学科实践教学体系。“一轴两力”跨学科实践教学体系的预设，能从 3 个方面培养实践能力，提升学生的跨界综合能力、系统思维能力以及立体化思辨能力。

4.1 构建“点线面”立体化实践教学体系建设

新文科背景下的实践教学体系，在原有的基础上增加了“跨”的集合：构建“点线面”实践教学体系，按照完成项目所需技能和知识的难度、广度和深度设计不同层次的实践教学环节。

“点”是指以单一课程结构和微观知识点为主体，围绕知识应用、技术训练和思维引导等开展的以完成单一情境任务为目标的微观项目实践性教学。在单一精专课程的基础上，实现课程之间的“互跨”，围绕学科的基础知识应用、基础技术方法进行相互渗入，培养其跨越不同学科之间的思维意识。

“线”则指教学不拘泥于具体课程内容，以影视创作项目为核心，通过实训与竞赛项目在实践情境中培养学生相对综合的专业创作意识、激发创造潜能、培养创新思维的实践环节。在不同课程之间，教学以项目为纵轴，实现学科之间的“大跨”。所谓“大跨”是在“互跨”的基础上进行拔高层次的提升和培养，注重理解跨学科之间的关系以及能够在项目实践中进行基础的操作。

“面”是指通过设计不同方向、专业甚至不同学院联合实践的影视综合项目，促进学生形成跨学科的知识面和视野。点线面实践教学体系在知识广度深度、应用转化难度、项目综合性程度上是一种递进和倍增关系。在形成的链条体系上，教学联合跨学科实践项目，实现各个学科的“融跨”，将前两个阶段的“互跨”“大跨”进行系统性、逻辑性、综合性、顶层性的融合跨越，促进学生形成跨学科的知识体系，完成学科之间的合理化融合。

在新文科背景下，跨学科的“点线面”实践教学体系在历经“实践三跨”后仍需要进行立体化的冲刺设计。学生在以项目制为主导的实践中，经过系列培养，学习到了基础知识、基础操作，理解了学科之间的高层设计，掌握了各个学科之间的融合跨越之根本联系，能够在头脑中形成学科之间的体系连接。这使其在面对未来全新专业领域学习时具备跨学科意识和思维，拥有跨学科思考的能力，能够在脑海中形成立体化模式，而这样的意识和思维才是真正跨学科实践教学体系的终极目标：不是简单的“机械手”而是顶层设计的“思维操控手”。

4.2 “轴心”——探索跨学科实践课程开发模式

人才培养建设需要以课程为载体,在新文科背景下跨学科实践教学得以实现的基础是课程。“一轴两力”思想引领是以实践课程为轴心,新文科建设提出后高校在跨学科课程研发和师资层面一直存在不足,开设适应于新文科背景下戏剧与影视学跨学科实践课程则是当务之急。跨学科实践课程建设可以从“跨学科实践互助课程”“跨学科实践系列课程”“跨学科实践协同课程”3种模式着手。

跨学科实践互助课程打破了传统实践课程的边界,探寻了课程之间的内部联系,从而共同探讨了课程之间的共性、适用范围,特点是由不同学科的教师共同设计、共同讲授;跨学科实践系列课程是围绕实践系列课程中的某个中心点、主题等开设的一系列独立课程,课程对应的是在特定中心点下的学科知识,每位老师独立讲授本门课程,整体系列课程则需要定期联合授课;跨学科实践协同课程,是在先修课程的基础上,除各自讲授自身学科知识以外,共同讲授一门能够衔接起实践协同的课程,在通常情况下是联合实践创作的课程。跨学科实践协同课程以解决学科实际问题为具体指向,是帮助学生实现立体化跨学科思维的关键点。

以河北传媒学院影视艺术学院开设的“短视频策划与实操”课程为例,可借以上开发模式打造一门跨学科的课程。本门课程主要是创作优质短视频内容并独立运营账号。课程涉及戏剧影视学、营销学、传播学、社会学、心理学等五大学科,学生为广播电视编导专业学生,课程中视频的策划、拍摄、剪辑隶属戏剧影视学科,建立与运营账号则属于营销学领域,把握网民心理、粉丝心理属于心理学范畴,社群化管理、饭圈文化的理解是社会学知识,学生通过跨学科的学习能够掌握一整套短视频策划运营的技巧和方法论。

4.3 “推力”——培养新文科实践师资队伍

我国有教育的专业根基和悠久的教育文化,“师者,所以传道受业解惑也”。教师一直是教学体系中重要的组成部分。“一轴两力”中也提到教师作为推手将学生推到岗位上,因此教师的综合素质尤为重要。随着新文科理念的不断深化,教师的素质亟须从专精尖转变为具有跨学科思维的博通素质。学校要培养跨学科教师团队,建立跨院系联合授课的制度等,鼓励和帮助教师重组知识体系,实现跨学科教学。

“青年教师实战训练营”以跨学科项目(虚拟项目或真实项目)将不同学科青年教师联合起来。从流程融合体验化实战到相对完整的深度融合创作,大家共同完成不同类型创作。经过几次训练营锻炼后,教师将极大提升跨界融合思维与能力,明显提高实践水平。除此之外,实践课教师应该有"门槛"。学校要结合实践课程要求的操作、创作能力,对教师进行上岗考核。如果一个实践课教师都无法完成对设备、实验空间的使用,何谈实践教学质量与新文科人才培养。

学校要推行"跨学科跨专业主题培训"。教师定期培训、参与讲座是提升教师素质的有效方法。以往的教师培训呈现出了数量多、零散化的现象,由于零散化,教师培训后对于知识的系统吸收效果较小。"跨学科跨专业主题培训"是改分散培训、讲座为"主题化""模块化"的规整培训,这解决了培训零散、知识体系不系统等问题,帮助教师建立跨融思维,并运用到自身课程建设中。

在实践教师队伍中,设备管理教师未来将在新文科人才培养中逐渐凸显重要性。面对新技术、新设备快速更新迭代,设备管理教师不仅承担教学设备和空间的管理工作,还要在学科交叉融合的实践教学中承担教学任务、教研任务等。他们首先要走在技术的前沿,要先做到熟悉硬件、融通技术,并能在为师生解决复杂问题时提供更为综合的方案与意见。为了加强这方面的建设,要定期对设备管理教师进行培训,保证设备管理教师能够快速了解新型设备,为学生提供帮助。设备管理教师经过系统培训后参加培训考试,最终获得"上岗培训资格证"后方可上岗。

以上三种方法的交互使用,全面提升了教师在实践教学,尤其是学科交叉融合的能力。

4.4 "助力"——跨学科实践第二课堂

第二课堂是相对课堂教学而言的,是指在第一课堂外的时间进行的与第一课堂相关的教学活动。从形式上看,第二课堂可以生动活泼、丰富多彩,第二课堂学习领域范围广泛,既可以是本专业也可以是跨专业,因此,它十分有利于跨学科实践的延展。在追求质量、高效的时代,各高校对第一课堂的挖掘逼近饱和,无论从学分、课时,还是作业量上来看,学生在第一课堂已经很难再挤出更多时间。那么,与第一课堂纵向延伸相比,第二课堂的横向拓展尤为重要,也是可以深度挖掘的蓝海。我们可以打造品牌第二课堂,为学生提供高质量活动与项目,设计"规定动作""自选动作"。例如,读书分享会活动——河北传媒学院影视艺术学院开展了"师生共读一本书"的系列活动,安排书籍的范围着重于与本专业强相关的其他学科,每周邀请教师分享和讲解书中的知识和感悟,以此引导、打开学生的跨学科视野。再如,"项目制工作室体制"将不同专业的学生联系在一起,通过项目的方式,让学生在实践中得到锻炼。从一开始的同专业结合到跨专业结合，最后开展跨学科结合，工作室参与的学生除了需要完成一个本专业的项目，还需要完成一个跨学科的联合项目，以项目促进教学，激发学生的创作能力，更能够在跨学科实践教学中完成突破。

5.结语

新文科建设是高校教育改革的一次机遇，地方院校戏剧与影视学科应坚持固本培元，以实践赋能戏剧与影视学新文科建设。不要盲从将其他学科“拿来”，做简单的“加法”增加内耗。面对未来变化，高校最应该培养学生的“跨融能力”，而不是其他领域知识的无限叠加，甚至是要做一定的“减法”。跨出去不是目的，实现融合才是关键。通过实践、项目融通跨界，是该学科新文科建设的重要突破口。“一轴两力”实践教学思路是一种新文科建设路径的探索，从系统论出发，以“大实践观”深入戏剧与影视学科新文科人才培养，各个教学要素协同发力，在新文科实验教学中心建设、实践教学规范标准、评价体系方面都大有作为。

参考文献

[1]周星.新文科建设背景下艺术学科综合性发展的思考[J].南京师大学报(社会科学版):2020(3):142-150.

[2]谢坤.“新文科”背景下汉语言文学专业实践教学体系的构建[J].教育观察，2021，10(1):70-72.

[3]张燕.新文科建设背景下戏剧影视学科发展的新范式[J].浙江师范大学学报(社会科学版)，2021,46(1):9-10.

[4]胡智锋，徐梁.新文科背景下“戏剧与影视学”专业建设的理念与路径[J].戏剧(中央戏剧学院学报)，2020(3):1-8.

〔李峰，副教授，河北传媒学院影视艺术学院；安雪，讲师，河北传媒学院影视艺术学院〕

实践教学课程改革研究

理论课教学中的实践训练

——以“视听语言”课程为例

◎沙 扬

摘要:“视听语言”是影视艺术类专业的一门理论课,其讲授的理论知识是影视艺术类专业学生顺利开展实践创作的基石,这门课程有必要开展适当实践训练来帮助理论的消化与巩固。本文从专业培养计划和课程教学目标出发,提出了实践训练在本科阶段“视听语言”课程教学中的定位、目标和实施路径,总结了这几年来的教学效果,讨论了继续深入开展教学的方向。

关键词:视听思维;实践训练;本科教学;影视传媒;理论教学

1.引言

视听语言作为一个独立系统,已经被研究由来已久,但至今也没有形成一个严格意义上较为完整的理论体系。仅就“视听语言究竟应该包含哪些内容”[①]而言,无论是从理论研究还是从教学实践来看,可以说是呈现出包罗万象的热闹景象。影像和声音构成的基本元素,以及更深层次上来看从属于剪辑、导演乃至编剧等具体专业方向的声画组接的各类范式和原理,都被涵盖在“视听语言”课程的教学之中。本文旨在从专业培养计划和课程教学目标从发,对本科阶段“视听语言”课程的实践训练进行梳理和思考。

---

① 聂欣如.关于“视听语言”课程的建设[C]//新世纪新十年:中国影视文化的形势、格局与趋势 中国高等院校影视学会第十三届年会暨第六届中国影视高层论坛论文集.北京:中国电影出版社,2010:383-387.

2.实践训练在“视听语言”课程教学中的定位

2.1 必要性——视听思维的初步确立

讲授基本概念、搭建知识体系、练好实践基本功、培育创作能力，是影视和传媒专业本科阶段课程的主要任务。正如电影艺术家、电影教育家谢飞所提的“做中学”[①]的观念，实践训练是“视听语言”课程在本科教学阶段的题中应有之义。具体来说，这门课程要解决“视听思维是什么”和“如何依据视听思维进行创作”两个主要问题。

视听语言的理论构架由影像和声音本体组成，由符号学、心理学、美学、哲学等各学科支撑而成。虽然各家各派聚焦范围和层次不同，也不乏相互矛盾的部分，究其实质而言，都是在探索视听思维的构建，也就是从具象（可看可听的万事万物）到感知，再到抽象（分类归纳的心理活动）的过程。具象是直观的，以感性为逻辑；感知则是对具象的提取，上升到理性逻辑；抽象则是具有共情力的概念，是感性和理性逻辑共同作用的结果。

通过多年的本科教学实践，笔者越来越强烈地感到，建立视听思维是“视听语言”课程最重要的教学内核。视听语言的对象是图像（画面）和声音，图像（画面）和声音既是符号，也是意义。视听思维，简言之就是以图像（画面）和声音为起点，以视觉感知和听觉感知的内在关系为支点，理解视听感知各元素独立及共同进行叙事表意的逻辑关系。

这里所说的图像（画面）和声音是通过视觉和听觉从纷繁复杂的世界中所获取的特定感知，是因人而异、千差万别的，其并不等同于纷繁复杂的世界这个存在的本体。实体世界的存在是具体多样的，对同一个具象的感知与每个人的身体机能、社会经验、文化心理结构等紧密相连。同一片静止的树叶，首先要被某个人看见，才有可能被赋予某种意义或情感。看见和被看见只是一个过程，其结果——视觉感知——则没有唯一的“答案”。只不过在各种各样的“答案”里，会有那么若干最常见的、也是最易引发共情的感知。如果这片树叶从静止状态变为运动状态，比如被风微微吹动、从树干上掉落到地上或者被摘下，则从这个动态具象中所产生的视听感知可能更加丰富多元。建立视听思维的第一步就是要明白从具象的世界转换到图像（视觉感知）和声音（听觉感知）的通道与方法。

---

① 谢飞.关于高等院校的影视教育研究[J].北京电影学院学报，2006(1)：44-46.

建立视听思维的第二步则是要理解图像(视觉感知)和声音(听觉感知)内在各元素及其关系。以电影为例,从具象转换到视听感知的过程是人通过摄影、录音、剪辑和特效制作的设备完成的。视觉感知和听觉感知由此被细化为画幅、景别、色彩、光影、台词、音乐、音效、镜头剪接、摄影机的内外部运动、节奏等基本元素。

某个具体的图像、声音虽然已经是人为选择的结果,但其在观众(接受者)来说,也具有多种多样理解的可能性。因此,建立视听思维的第三步正是培养从视觉感知和听觉感知引导视听创作进入叙事表意层面的能力。

“感觉到的东西,我们不能立刻理解它,只有理解了的东西才更深刻地感觉它。”《实践论》中的这句话,是一句至理名言。但是,我们在教学过程中经常碰到的问题是学生不知道如何才算真正“感觉到”。也就是说,从具象到视听感知元素的提炼过程对于学生来说是一个大难题。这就不能只靠常规的理论讲授来帮助学生理解,而必须借助实践训练。实践训练解决的首先是“具象”和“感知”之间的匹配,就是创作者看到和听到的,也是观众所看到和听到的。实践训练接下来解决的是从“感知”到“抽象”之间的匹配,即创作者“感受到的”意义、情感等,也是观众“感受到的”。我们通过实践训练,来加强学生对视听原理的理解,进而帮助学生更深刻地去“感受”如今信息爆炸的传媒时代,为下一步学习打好基础。

2.2 特殊性——视听创作的起步准备

“视听语言”课程是与导演、摄影、录音、剪辑各专业方向关系最紧密的理论课程之一。在“视听语言”课程教学中,哪些部分更适合训练,采取何种训练方法对于学生专业实践能力提升指导作用相对更大,这是笔者一直在这门课程教学改革探索的问题。

上海戏剧学院影视专业的本科培养计划要求“在专业建设和课程设置上真正体现一专多能和注重创作实践技能的特色”。因此,在解决前述“视听思维是什么”和“如何建构视听思维”两个问题的过程中,尤其要突出两个重点:一是搭建从视听思维基本原理直达编剧、导演、摄影、录音、剪辑等影视艺术类各专业方向高层次实践技能水平培养的快速通道,二是注重从视听思维的培养角度出发激发学生视听观念的创新能力。

另一个值得注意的问题是,随着影视艺术类专业招生方式的调整,越来越多文化课分数较高、艺术悟性和创作能力相对不拔尖的学生正在成为影视艺术类专业的主力生源。艺术悟性既来自与生俱来的基因,也受长期坚持学习和积累等因素影响,后者相对而言更重要。文化课分数较高代表着学生具有较好的学习习惯和抽象思考能力,这对于艺术悟性的积累来说是一个积极的促进因素,时间越长,效果越明显。影视艺术创作能力的提高则得益于对理论和实践的平衡掌握。学生入校之后需要迅速补上影视艺术创作这一课,不仅要依靠影视艺术实践专业基础课全面展开,也完全可以把“视听语言”这门课程中有益于学生实践学习的部分进行深入挖掘。

3.实践训练在“视听语言”课程教学中的路径

3.1 “一对一”模式

“视听语言”课程实践训练的具体目标是为了发现学生在理论学习上的薄弱之处、有针对性地让学生加深对视听构成原理的理解,提升学生分析影视艺术作品的规范性,从而培养学生探索如何用视听元素进行影视艺术叙事和表意。

如果说理论讲授的常规模式是老师个人面向全体同学的“一对多”教学模式,那么实践训练则更需要“一对一”模式,即老师对每一位学生的个性化指导。“一对一”教学模式就好像拿着显微镜观察幼苗,及时发现和解决生长中的根源性和苗头性问题。“一对一”也符合视听感知高度个性化的生成与表达模式,能够根据学生对知识体系接受程度快慢深浅的不同适时调整理论讲授的节奏,鼓励学生真正吃透原理。

常规的实践创作往往要求学生使用专业器材、团队合作讲述一个完整故事。“视听语言”课程的实践训练最好着重于局部训练,讲一个完整的故事不是必选项,摄影、灯光、录音、调色、剪辑、特效等方面专业设备的使用也不是必选项。“局部”就是视听感受的各个元素,“局部训练”就是选取最关键的元素进行训练。我们通过局部训练突破视听感知的舒适区,发现视听感知的惯性和盲区,体验具象世界与视听感知之间千变万化的匹配可能性,进而更好地从经典作品中学习视听元素的组合规律,激发学生用视听元素进行创新叙事和表意的探索精神。如果课时安排允许,每位学生都要独立构思、拍摄、制作完成1—2部时长30秒到180秒之间的超短片,设备不限。也就是说,教师通过对时长的严格规定和单人操作模式的设定,让实践训练的内容“碎片化”,让学生在每一次训练中尽可能围绕某个视听要素进行深挖,逐渐解放学生的“视听天性”。

3.2 “碎片化”作业

视听语言构成的基本内容可以从图像(画面)、声音、图像(画面)和声音的关系三个层面的要素进行区分。图像(画面)可细分为画幅比例、景别、景深(焦点)、颜色、光影、视点等元素。声音可细分为台词、音乐、音效(音响)等元素。图像(画面)和声音的关系则分为同步、分离(平行)、对立三大类。场面调度、剪辑、蒙太奇、修辞功能则涉及图像(画面)与声音之间、镜头与镜头之间、场景与场景之间、段落与段落之间的前后顺序与主次之分,可以视为高一层次的视听语言系统。

以影视为主体对象的视听艺术是时间的艺术。因此,就视听语言构成的基本层面而言,实践训练的一个好切口就在于由摄影机运动所引起的图像(画面)和声音的变化。在设计实践训练的时候,教师要对摄影机的运动进行明确的要求,包括焦点变化、机位变化等摄影机内外部运动。这个明确要求的重点不在于细致到焦点、焦距、推拉摇移升降翻转等变化的具体数值,而是对摄影机运动的种类进行限定,让学生通过训练理解运动影视画面和视听感知的关系。

对于高一层次的视听语言系统而言,类型片模仿和文学改编是比较有效的实践训练方法。托马斯·沙茨在《好莱坞类型电影》中指出,类型电影是创作者和观众共享的一整套欲望和价值系统。观看类型片就是重复去欣赏这一套系统、反复体验。所谓的“欲望共享系统”也就是视听特征与表情达意之间的匹配,这正是“视听语言”课程的重点内容,也是实践训练的主要目的。类型的分类标准是松散的,有的类型以故事主题为分类标准,有的类型以题材为分类标准,有些类型则以某种风格和特别元素为分类标准。歌舞片、功夫片、悬疑片等要求特定视听风格的类型片,都是适宜于实践训练的类型。

文学改编则是从文字思维转换为视听思维最直接的训练方式。从抽象的文字到具象的画面和声音,转变得好不好,是词不达意,还是心领神会,功夫就在于对周围世界的观察和选择。文学改编是一种能够把所学的视听语言知识充分调动起来的训练方式。为了保证实践训练聚焦于视听元素,尤其是声画关系的原理,教师在实践作业要求中要对改编的体量和内容作出明确的限定。

在学生每一次提交实践作业的同时,笔者也要求学生提交对自己作品进行视听分析的总结。作品的总结虽然不需要很长,但要观点鲜明、有理有据。教师通过查看学生对作品的阐述,再结合具体作品分析研判,就能比较准确地把握学生对视听理论知识掌握的情况以及出现问题的原因,也能看出学生视听思维的发展过程。如果只看片子、不看分析体会,教师不一定能对学生的理论学习有哪些问题得出比较准确的结论,就不一定能更深入地了解出现这些问题的根源在哪里。通过这样的过程,教师就会“对症下药”地帮助学生填补知识洼地,从而降低学生创作难度、提升教学效能。同时,撰写分析体会对本科生来说也是很好的初级学术写作训练过程。

4.实践训练在“视听语言”课程教学中的效果和反思

实践训练在“视听语言”课程教学中是颇受学生欢迎的环节。学生对于实践的热情总是十分高涨的，花很多时间来完成每次作业，非常期待老师点拨。可以说，适当体量的实践训练确确实实提升了学生的学习兴趣，一对一的模式也让学生在教学过程中更加积极主动，从“要我学”向“我要学”转变。通过实践训练，学生能够逐渐理解教师对于短片作业的种种限定要求是为了学生更好地掌握视听语言的基本概念。通过实践训练，学生能够越来越自觉地用“碎片化”的思路去解构看似浑然一体、理所当然的现实世界，拨开纷纷扰扰的各种屏障，尝试寻找从具象到视听感知、再到抽象表达的通路。这个过程可以达到逐渐树立起视听思维的课程教学目标。

在一些短片作业中，我们还可以看到学生对视听元素的创造性使用，创作出了富有创意的影视作品。在“视听语言”课程教学过程中，一年级同学的实践作业在叙事、摄影、录音、美术、剪辑等方面肯定与20—40分钟长度的短片作业不是一个等量级，却仍然能在国际大学生微电影比赛中获得奖项，这充分说明了视听语言的创造力以及掌握视听思维的重要性。

在课程教学中，学生之间的交流也应当是一个重要的环节。如何在实践训练中加强同伴评议的比重，为实践作业带来更加多元的反馈视角，这是笔者在下一步教学中要积极改善的部分。真理越辩越明，鼓励多元化评议意见的真实表达，引导学生把握不同意见的实质，对于激发学生的思辨意识、加深学生对理论的理解都大有好处。

经典视听理论在当下媒介融合趋势下的应用，也应该是一个挖掘青年学子理论潜能的空间。当数字技术和网络平台把电影电视的传播方式同质化以后，从具象到感知再到抽象的视听思维会保留哪些特质、又会不会发生一些变化？这都是有待于师生共同去探索的现实问题。对这些现实问题的研究和共识也会逐渐纳入“视听语言”课程的教学范畴。

5.结语

根据已经公开发表的有关“视听语言”课程和教学的种种研究论文来看，“视听语言”是影视艺术类专业的基础课，在影视摄影与制作、广播电视编导、动漫、数字媒体设计等专业中广泛开设。“视听语言”课程是一门理论课，但其讲授的理论知识是上述专业学生顺利开展实践的基石，有必要开展适当的实践训练来帮助理论的消化与巩固。

本文所讨论的是笔者在“视听语言”课程教学中开展实践训练的观念和经验,尚有很多不足之处,有待在今后教学过程中进一步深入思考和改进。

参考文献

[1]谢飞.关于高等院校的影视教育研究[J].北京电影学院学报,2006(1):44-46.

[2]聂欣如.关于“视听语言”课程的建设[C]//新世纪新十年:中国影视文化的形势、格局与趋势:中国高等院校影视学会第十三届年会暨第六届中国影视高层论坛论文集.北京:中国电影出版社,2010:383-387.

[3]姚争,负伍.以培养卓越传媒人才为核心建设国家实验教学示范中心[J].实验技术与管理,2016(6):157-161.

[4]韩建华,胡一梁.媒体云:推动传媒人才实践创新能力培养的新引擎:以浙江传媒学院“浙传云”为例[J].未来传播,2021,28(3):65-69.

[5]张梓轩,梁君健.因袭与重塑:移动传播时代的新闻视听语言特征研究:以三大央媒两会短视频报道为例[J].新闻大学,2017(5):52-60,148.

[6]张萌萌.融媒体时代“视听语言”基于 MOOC+翻转课堂教学模式的革新探究[J].巢湖学院学报,2019(4):157-164.

[7]尉迟姝毅.关于视听语言研究性教学改革思路分析[J].西部素质教育,2017(12):251-252.

[8]张昉.认识过程究竟是什么(上):心理学问题质疑[J].华东师范大学学报(教育科学版),1984(4):21-26.

[9]张昉.认识过程究竟是什么(下):心理学问题质疑[J].华东师范大学学报(教育科学版),1985(1):47-60.

[10]秦川.音乐艺术的感性逻辑与形式美现象探讨[J].黄钟:武汉音乐学院学报,2013(2):138-145.

〔沙扬,副教授,上海戏剧学院电影学院青年影像传播中心主任〕

面向云端融合的影视现场转播系列课程建设与探索

◎ 林静澜

摘要:本文描述了浙江传媒学院影视现场转播系列课程建设历程,总结了体育、综艺、会议3类节目现场转播的要求及其在影视现场转播实践教学中的具体教学方案,提出了面向云端融合的影视现场转播系列课程的建设方向。

关键词:云端融合;实践教学;现场直播;多场景

1.引言

坚持教育与生产劳动和社会实践相结合是党的教育方针的重要内容。在全面提高高等教育质量的新起点上,《教育部等部门关于进一步加强高校实践育人工作的若干意见》强调,强化实践教学环节,深化实践教学方法改革,力求实践教学工作取得新突破。①

5G、超高清、云计算、大数据、人工智能、虚拟现实/增强现实、区块链、物联网等高新技术在广播电视和网络视听领域的创新应用,支撑了智能媒体技术全面发展。智能媒体技术突破传统电视转播技术的瓶颈,一系列云端融合的全新转播技术与业务界面广泛应用于赛事、综艺、会议等活动场景的转播中,以各种突破性的视听画面呈现于受众眼前。2020年以来,新冠疫情彻底改变了社会工作、生活的方方面面,"云端融合"日益成为一种社会流行形式。电商直播、云端会议、云上展厅等新商业形态就是影视转播技术的延伸,"云端融合"影视现场转播成为常见场景。

浙江传媒学院作为国家广播电视总局和浙江省人民政府共建高校,通过40多年

① 教育部等部门关于进一步加强高校实践育人工作的若干意见[EB/OL].(2012-01-10)[2021-05-21].http://www.moe.gov.cn/srcsite/A12/moe_1407/s6870/201201/t20120110_142870.html.

的建设,形成了优势凸显、特色鲜明、基础扎实的完整影视传媒、文化创意学科专业体系。电视编辑与导播国家级实验教学示范中心是浙江传媒学院影视传媒实践教学公共二级教学单位,一直践行实践就是实战的教学理念,建设了系列当代传媒实践教学系统,其中建设了国内首个具备“云端教学、生产实践、业务融合、虚拟仿真、生态共建、智慧管理”等功能的浙传云,为实践教学云端融合模式探索奠定了实践教学环境基础。在浙传云基础上,实验教学示范中心建设了系列影视现场直播课程和系列影视现场转播实践教学课程。

2.不同类型节目现场转播的特点

影视现场转播一般以电视转播车、移动电视转播系统或演播室为转播系统支撑中心,同时辅以电视卫星转播车、媒体云等,技术系统将现场转播信号传输到播出中心、网络分发平台等。影视现场转播信号的安全性是影视现场转播的最基本要求,影视现场转播系统包括视频、音频、监看、通话、电源、矩阵、传输等各个子系统,确保影视转播各个子系统信号安全通畅。影视现场转播时,节目类型不同,其转播要求和特点也不同。

2.1 体育赛事现场转播特点

相对于场地比较固定的演播室节目转播来说,体育赛事现场转播因为场馆不固定、转播细节多、比赛过程及结果无法预判等主客观因素,转播团队在影视转播信号制作过程中需要准确把握体育赛事转播各个环节转播要点,不但要对体育赛事过程真实再现,也要抓取情绪表达等生动形象画面,以达到体育赛事转播清晰、准确、生动、多样等需要。足球现场转播中有专门机位用于捕捉射门瞬间教练团队的反应镜头,但最重要一点在于对赛事的全场战术与技术进程的介绍,中小全景的技术性介绍和慢镜头的解释转播画面更为重要。

体育赛事种类繁多,这就要求转播团队在准备体育赛事转播工作时,一定要熟悉所转播的体育项目特点,掌握相应体育项目基本知识,实现体育项目转播的专业化、集成化与规模化,始终保持体育赛事现场转播信号与赛事一样流畅。不仅如此,大型体育赛事场面宏大复杂,转播机位设置特殊,需要轨道、摇臂、飞猫、无人机等设备。体育赛事现场转播需要根据赛事现场场地情况、赛事转播具体要求等方可确定。

2.2 综艺节目现场转播特点

综艺节目现场转播与其他类型现场转播最大的区别是综艺节目转播以情绪和情感的有效传达为最高目的，包括镜头、音乐等在内的视听语言是强化了还是弱化了现场节目的情感冲击力，是判断综艺类现场节目转播质量的首要标准。①

综艺节目现场转播一般采取多机位录制方式和多讯道现场转播方式。综艺节目类型、流程、内容、转播要求等，在转播前均已确定，因此，综艺节目现场转播有较为详细的转播台本。在具体综艺节目转播之前，转播团队通过先期参与策划充分了解综艺节目现场、具体节目内容及其表现形式，在综艺节目转播过程中，团队将重点放在舞台和现场亮点的挖掘与展现上，赋予镜头美感、质感和艺术展现力。

2.3 会议现场转播特点

会议现场转播最直接的要求是将线下的实际会议场景通过影视现场转播给线上会议参加者，尽可能做到清晰、完整、全面展现。会议现场场景相对于其他类型的转播而言更为日常，可能是各个单位的会议室、酒店会议厅，甚至是体育场、露天场所等，并非专业演播室、常规赛事转播场馆，现场转播所需灯光系统、网络平台、会议系统、现场大屏等受到诸多条件限制，场地不同所遇到的实际转播问题也大相径庭，这对于转播而言挑战较大。

会议现场转播的难点在于会议的“一事一议”，转播团队需要与会议主办方在转播之前进行深度沟通，不仅需要根据会议场地、会议流程、转播要求安排拍摄机位以及摇臂、移动机位等设备，而且要提前完成现场网络平台、灯光系统、舞台美术等必要系统，同时还得做好各种现场转播应急预案。

2.4 “云端融合”现场转播特点

与传统现场转播渠道、平台不同，面向“云端融合”的现场转播活动更为灵活和常见，满足了当前绝大多数受众的移动端视听习惯。相对而言，“云端融合”现场转播有两个方面的特点：

第一，在现场直播平台技术处理方面，现场转播视音频信号如采用 Vmix 进行网络直播推流，无论是分发到 B 站、抖音或者微信还是其他直播平台直播，都需要在直

---

① 程晋.电视导播教程[M].北京：北京大学出版社，2015：168.

播前获得视频流推流的地址码,将现场视音频信号推流到相应平台。钉钉、腾讯会议和 Zoom 等则是在已有的会议群里,通过影视转播系统将会议现场视音频信号采集到会议软件内,在内部群里直接进行会议直播,通过云端实现“零距离参会”。

第二,在现场转播平台用户特征与内容需求方面。B 站是目前国内年轻人高度聚集的文化社区和视频平台,网站内容包括晚会、游戏、动漫等各类直播。抖音是颇为火爆的直播带货平台。视频号是新出的直播平台,满足了直播带货类、教育类、对话类、才艺类等内容直播需求,用户能在微信端更加直观地观看直播。

3.课程建设历程、业务岗位要求与未来建设方向

3.1 课程建设历程

浙江传媒学院的现场转播课程建设可以追溯到 2009 年,当时国内第一个高校所属的高清转播车系统实验室(高清电视转播车)建立,在服务校内外影视转播活动中逐渐形成了一支热爱影视现场转播业务的师生团队。在此基础上,学院开设了面向全校各专业的选拔性影视现场转播公选课程(转播班)。经过 5 年实践,学院在 2014 年以此为依托开设了“高清现场转播节目制作”课程,后来又陆续开出了“讯道摄像机操作与使用”“现场导播实训”“现场转播音频制作”等系列进阶影视转播课程。学生在修完一个学期的初阶班课程后,通过专业面试考核,可以进阶到高阶班,课程名称为“高清电视节目现场转播实战”,每期 24 人左右,学生可以继续深入学习,进入更为细分、专业的影视现场转播业务领域。

在影视现场转播实践教学活动中,课程基本形成了 6 名稳定的教师团队,分别来自导播、技术、音频、摄像等专业方向,同时,也形成了“高阶+初阶”“以老带新”的学生“传帮带”的实践教学方法,初阶班的同学可以将理论应用于实践,高阶班的同学在实践中有更深入的专业思考。

从 2015 年起,影视现场转播系列课程师生团队承担了开学典礼、毕业典礼、毕业大戏、中国职业篮球联赛(浙江赛区)、新年音乐会等校内外数百个影视转播活动,在转播实战中提高了师生影视现场转播业务技能。经过 12 轮实践教学不断沉淀、总结和提升,通过选拔产生的影视现场转播系列课程教学班级俗称“转播班”,成为浙江传媒学院影视传媒实践教学的一张金名片。

3.2 影视现场转播课程中学生的主要业务岗位

影视现场转播系列课程实践教学在完成转播基础业务实践教学基础上，根据学生专业及特长设置导播、摄像、音频、技术等转播业务岗位，进行针对性实践教学，各个转播岗位协作完成5场以上包括赛事、综艺、会议等校内外活动的现场转播任务。导播、摄像、音频、技术岗位业务需求如下。

3.2.1 导播岗位

导播岗位一般由影视摄影与制作、广播电视编导、广播电视学、新闻学等专业学生承担。他们具备一定的导播理论知识，根据每个活动转播的不同需求给出相应导播台本，学生结合课程实践与事后复盘，不断提高导播业务能力。

3.2.2 摄像岗位

摄像岗位一般由影视摄影与制作专业的电视摄像、电影摄影与制作等方向的学生承担，具备基本的摄像机操作及构图基础，能根据每一场不同的转播要求，结合实际场地情况给出机位图，能够列出每台摄像机的镜头要求与拍摄任务，拍摄前完成每台摄像机技术参数调试，在拍摄中根据各自的拍摄任务严格执行。

3.2.3 音频岗位

音频岗位一般由录音艺术、数字媒体艺术、数字媒体技术等专业的学生承担。他们具备一定的现场收音及音频技术基础，能够根据不同类型的转播要求，画出音频信号分配图，并根据导播需求录制音频信号。

3.2.4 技术岗位

技术岗位一般由广播电视工程、数字媒体技术、电子信息工程、网络与新媒体等专业学生承担。他们具备视听媒体技术基础，熟悉设备参数设置及使用，具备解决故障的能力。他们可以根据不同类型转播要求给出转播系统流程图，完成转播系统安装调试。

3.3 课程建设未来方向

3.3.1 注重教师成长与课程建设结合

教师个人很难更新已有知识体系，需要获得校内外双向激励。一方面，教师需要与“云端融合”相关团队建立合作关系，积极把握传媒新业务；另一方面，教师需要与传媒一线团队结合，以项目制形式开展影视现场转播业务的产学研合作。

3.3.2 注重实践教学与业务研究结合

在传媒大变革中,影视现场转播业务也在发展之中,需要在不断拥抱影视现场转播业务变化的同时,充分发挥课程团队创新能力,形成"转播实践—复盘总结—转播实践"的实践教学机制,不断总结影视现场转播系列课程建设经验。

3.3.3 注重人才培养动态与静态结合

影视现场转播业务核心素养与人才培养是个动态过程,无论是教师个人还是教学团队都需要对外部和内部变化进行研判,将行业资源、专业特色、课程价值等因素加以综合考量,探索影视现场转播人才核心素养与人才培养如何教学相长。

4.影视现场转播课程教学实践

随着浙传云迭代和"云端融合"转播技术的日益成熟,浙江传媒学院影视现场转播系列课程采用的教学平台不但有高清转播车、卫星直播车、演播室等传统转播模式,而且影视现场转播教学场景越来越多采用了"云端融合"转播模式。体育赛事、综艺节目和会议直播是影视现场转播最常见的实践教学场景。

4.1 体育现场转播教学实践

浙江传媒学院常年开展篮球、足球、羽毛球、乒乓球等丰富多彩的校园体育比赛活动,这些体育赛事是影视现场转播系列课程最好的实践教学载体。

以学院杯新生篮球赛B站直播实践教学为例,根据学院杯新生篮球赛事安排,转播团队在赛前与赛事负责人深度沟通,从赛事活动中确定转播场次,获取包括运动员信息、队伍信息、重点球员个人信息等,以及赛事徽标等赛事信息,相关同学负责在转播前制作相关图文素材。

与此同时,所有转播团队成员熟悉赛事转播流程,转播团队选择大型国际篮球比赛转播录像资料进行"拉片"。摄像岗位人员需要分析摄像转播机位架设位置与各转播机位拍摄任务,音频岗位人员需要确定收音话筒的布置及收音对象;导播岗位人员查找资料,按照体育赛事公共信号制作要求设计赛事转播台本;慢动作导播岗位人员除了熟练慢动作机操作之外,还需了解进入慢动作机各拍摄机位的设置情况。需要注意的是,卫星直播车需提前到达转播场地,完成转播线路铺设与信号测试等准备工作。学院杯新生篮球赛B站转播一般采用五讯道,其转播信号流程图如图1所示。

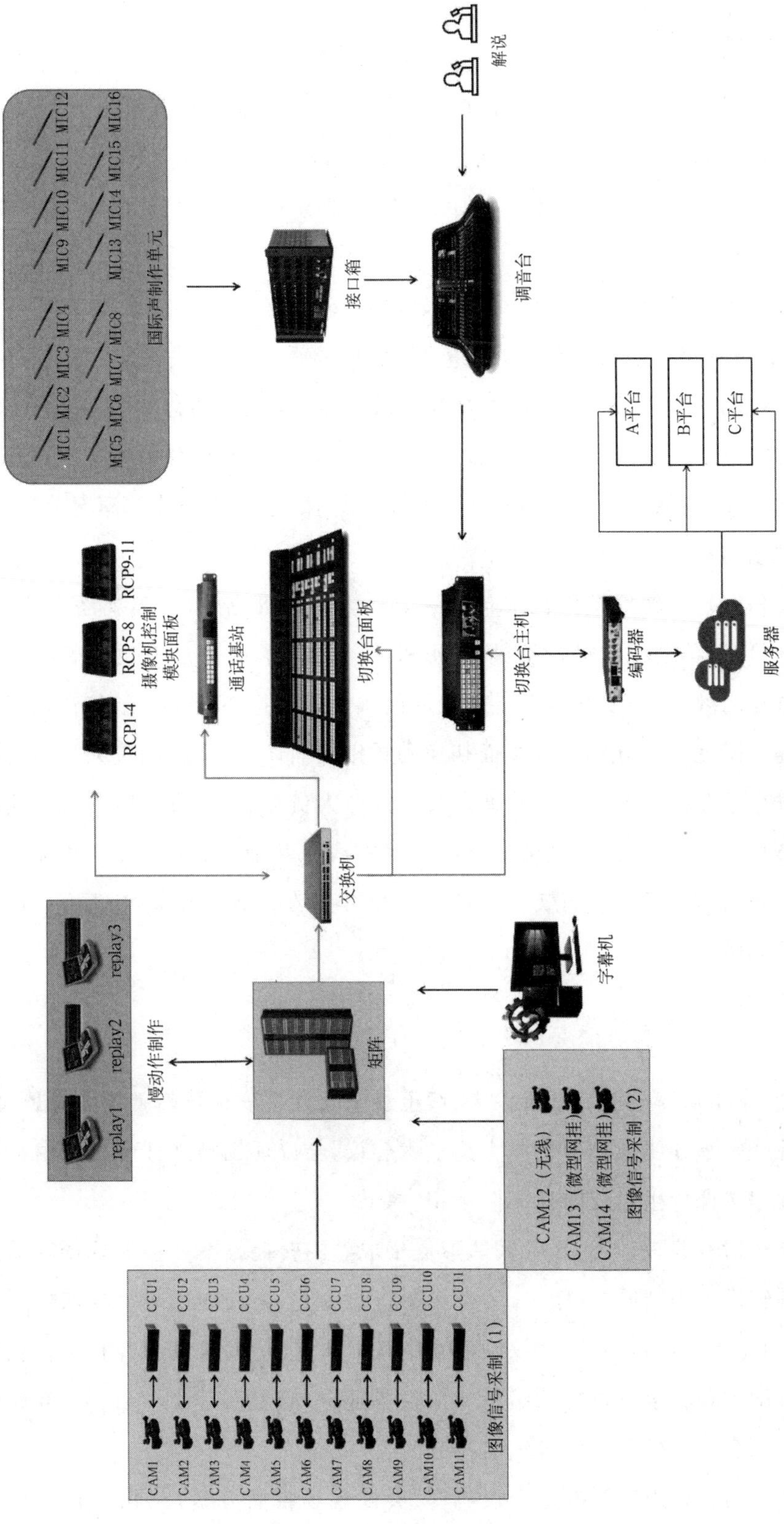

图 1　学院杯篮球赛 B 站转播信号流程图

4.2 综艺节目现场转播教学实践

浙江传媒学院有新生晚会、毕业联合创作嘉年华、毕业生双选会晚会、五四青年节晚会、新年音乐会等综艺晚会,这些晚会需要向校内外进行转播。现场转播团队从影视现场转播系列课程选课学生中选拔,综艺节目现场转播实践是选课学生最希望参与的转播实践教学活动。

综艺节目现场转播是系统性、综合性、复杂性较强的教学实践活动,笔者以浙江传媒学院2022年新年音乐会微信视频号直播活动为例,进行实践教学过程描述。转播团队首先需要洞察需求,与音乐会主办方深入对接,确定转播详细需求,组建转播团队,确定转播系统,基于可行性、创新性与可靠性原则制定初步转播方案。在新年音乐会现场转播之前,转播团队需要参与乐团日常训练,熟悉每首乐曲的演奏节奏与流程,不断修改现场转播台本和技术方案。

新年音乐会现场转播拍摄机位布置除了常规固定机位外,还需要运用斯坦尼康、轨道、无线图传等移动机位进行拍摄,拍摄机位架设除了从观众视角拍摄舞台演出人员与乐器特写之外,还需要在舞台上架设专门拍摄乐队指挥机位。新年音乐会现场转播切换导播和调度导播分别负责画面切换和拍摄画面调度,音频岗位人员需要尽可能完美地把舞台乐器综合效果进行收音。技术岗位人员2名,负责在音乐会直播过程中进行包括节目名、人名条以及其他信息的实时在线包装业务,并将新年音乐会现场转播信号推流至微信视频号进行实时直播。2022年浙江传媒学院新年音乐会现场转播信号流程图如图2所示。

4.3 会议现场转播教学实践

自2020年年初新冠疫情暴发以来,线上线下协同会议现场转播需求急剧增加,浙江传媒学院经常举办线上线下协同大型学术会议,会议现场转播任务基本由影视现场转播系列课程选课学生组建转播团队承担。

在会议转播实践教学中,转播团队形成了成熟的转播方案。会议现场转播岗位相对其他类型转播更为精简,一般3—4个拍摄机位为主;会议导播与大屏切换导播岗位各1人,协同完成从信号调度、会议画面采集与投屏、现场发言人声音和会议软件音频信号编组分配到现场会议资料的编辑与切换等业务;音频技术人员1名,负责现场多种声音信号和会议软件音频信号编组与分配。

转播团队与会议组织方确定会议流程、会议现场转播方案,在此基础上制定技术

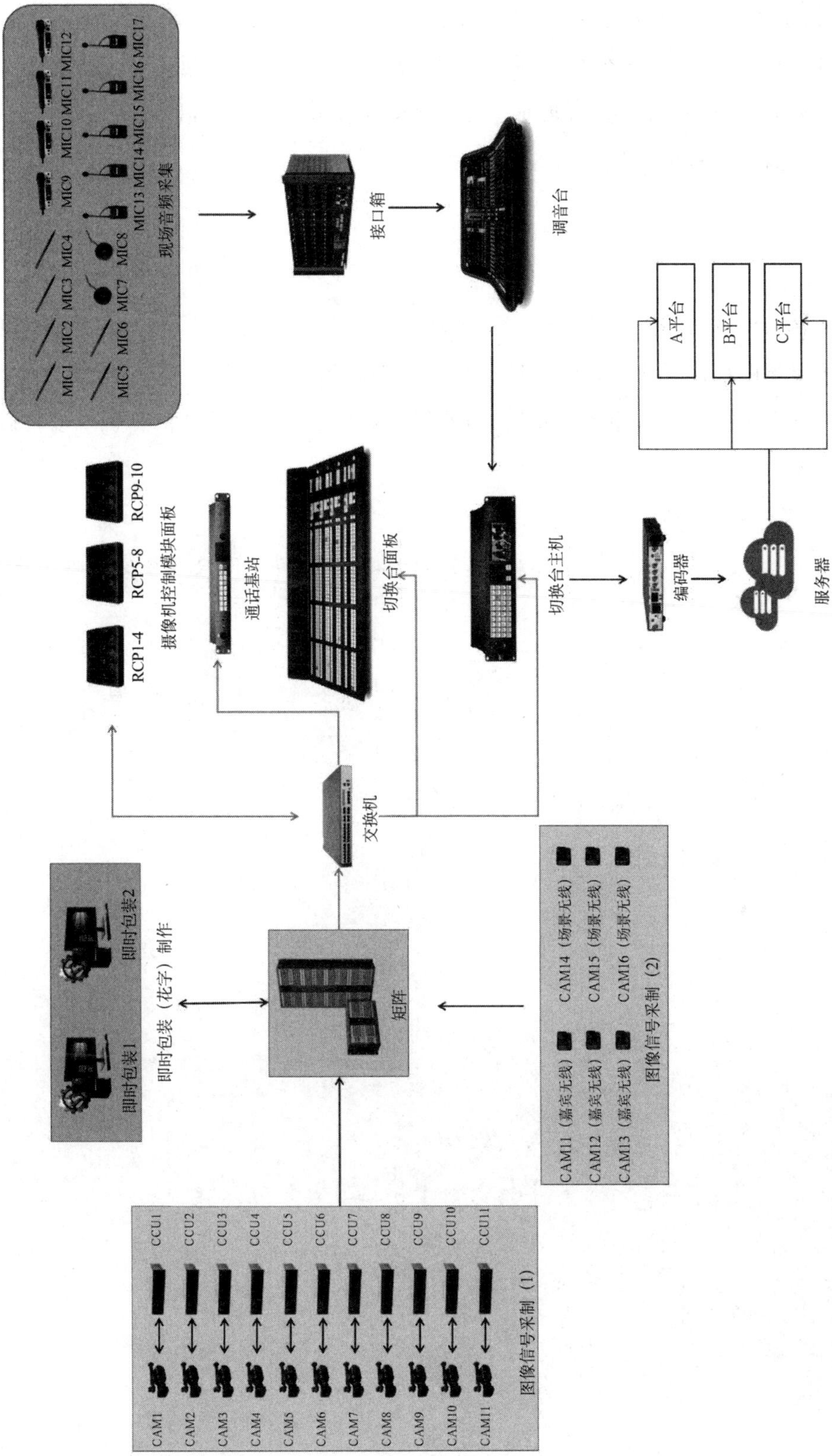

图 2　浙江传媒学院新年音乐会现场转播信号流程图

方案、转播系统。以中意抗疫漫画书暨邮票首发式 Zoom 直播为例,现场采用电子现场制作(EFP)系统,主会场在意大利,分会场分布在中国和意大利多个场地。浙江传媒学院作为分会场之一,转播团队通过云端将全球各地会议直播信号收录、输出,借助云端融合转播及时实现会议活动的“云直播”。

5.结语

“云端融合”现场转播模式为影视现场转播系列课程建设带来了机遇与挑战,倒逼影视现场转播课程进行实践教学改革。影视现场转播系列课程经过 10 余年的建设,不断聚焦影视转播技术与业务的发展,培养了一批与社会需求接轨的影视现场转播实践创新人才。

〔林静澜,实验师,浙江传媒学院全媒体实验创新中心〕

新文科建设背景下省级一流课程交叉融合建设的研究与实践

——以四川电影电视学院“电视一体化制作”课程为例

◎周　欣　武　钊

摘要:培养复合型应用型专业人才已经成为影视行业趋势。在此背景下,我们在多家校企合作单位的支持配合下,研发了适用于播音与主持艺术专业的“电视一体化制作”教学方式,实现在新文科建设交叉融合方式下,播音与主持艺术专业人才的一体化培养与实践,教会学生从电视节目制作前期到后期方面的操作流程和技能。学生在校期间,就能积累相应的工作经验,在毕业或进入实习工作岗位时能够胜任台前幕后的相关工作,更快更好地适应一线的需求。本文根据四川电影电视学院播音与主持艺术专业省级一流课程交叉融合建设的研究与实践,进行了相关的总结与思考。

关键词:一体化教学;学科交叉融合;实践教学;新文科建设

1.“电视一体化制作”课程简介和研究基础

四川电影电视学院播音主持学院“电视一体化制作”课程以习近平总书记关于新媒体的系列重要论述为理论依据,按照总书记在文艺工作座谈会上的指示,培养学生牢固树立马克思主义文艺观,真正做到以人民为中心,发挥文艺工作最大正能量;培养学生把满足人民精神文化需求作为文艺和文艺工作的出发点和落脚点,把人民作为文艺表现的主体,把人民作为文艺审美的鉴赏家和评判者,把为人民服务作为文艺工作者天职。课程设计以融媒体时代下电视领域所需人才培养模式的创新为鲜明特色,顺应行业一线的发展需求和社会受众的需求。课程设计充分利用电视制作技术和创作艺术,结合互联网思维,采用最新的媒体传播方式,适应融媒体应用型人才培养需求。

本课程通过推动“新闻采访、节目编辑、播音主持、策划编导、摄影制作、录音录像、导演调度、服装搭配、化妆造型、美术设计"等全方位、一体化节目创作形态发展,培养既具备传统媒体制作和传播能力,又拥有新媒体制作和互联网思维的融合应用型专业人才。

本课程通过自主研发、设计的"电视一体化制作"教学模式,帮助学生认识和熟悉以电视节目为基础的融媒体产品制作流程和操作规范,充分掌握电视主持人语言表达能力、灵活应变能力、新媒体策划能力、编导创作能力以及设施设备操控能力,以达到熟练运用、融汇变通、善于创新的目的,适应一线的发展。

本课程旨在教会学生利用现有的演播制作系统,完全按照省级媒体传播的要求和制作标准,使学生在实践过程中提高艺术修养和培养创作思维,全面掌握各类型节目台前幕后的制作方法、思维技巧和艺术手段;培养学生拥有电视主持人基本功底、富有新媒体创作思维、具有扎实的编导基础素养、持有出镜记者现场报道能力、掌握电视制作全流程技能。

本课程秉承"宽口径、厚基础、强能力、重实践"的人才培养思路,通过学科交叉、跨课程的培养模式和方法,使项目成果研究更具创新性、针对性、实用性。

2."电视一体化制作"课程研究背景

本课程设计思路源于党的十八大以来,以习近平同志为核心的党中央高度重视传统媒体和新媒体的融合发展。习近平总书记曾多次指出,推动媒体融合发展,要坚持一体化发展方向,加快从相加阶段迈向相融阶段,通过流程优化、平台再造,实现各种媒介资源、生产要素有效整合,实现信息内容、技术应用、平台终端、管理手段共融互通,催化融合质变,放大一体化效能,打造一批具有强大影响力、竞争力的新型主流媒体。

来自顶层设计的要求,也使得整个行业对于从业人员的需求越来越倾向于那些具备采访、编辑、策划、拍摄、编导、播报、制作等能力于一身的应用型、创新型、实用型人才。因此,我们顺时而动、倾力而为,在充分进行行业调研的基础上,积极推动建立一体化人才融合培养机制,为传统媒体和新媒体输送复合型、应用型专业人才。

目前,部分院校播音主持专业建设的核心问题突出体现在"播音本位"意识严重,重播音、轻主持、弱出镜报道;"重台前,轻幕后"的传统课程体系也导致学生就业时专业能力单一,无法与工作岗位有效对接。

我们以"电视一体化制作"省级一流课程、省级应用型本科示范课程、省级创新创业示范课程为依托，旨在针对播音与主持艺术专业的学生开展研究与实践。在充分调研论证融媒体时代下电视领域所需人才标准的基础上，本课程根据“新文科建设要形成交叉学科、交叉融合学科及交叉专业”的建设要求，创新性地将“主持人学”“电视节目现场制作”“出镜记者现场报道”“新媒体内容创作”“编导基础”“播音创作基础”等六大核心内容进行深度融合，通过学科交叉融合、跨课程的培养模式和方法，使项目研究更具创新性、针对性、实用性。

在前期建设中，根据教育部要求，应用型高校的课程体系建设应体现产出导向、突出学生能力培养的要求，本课程组聚焦课程设置问题，围绕产业链和创新链要求，构建了“双师双能型”教师团队、建设了“2＋1”递进式课程体系、开发了校本教材，应用成效显著、区域服务特征明显。

本课程基本确立了实践教学由验证性实践向综合设计性实践、创新性实践的改革，使实践教学同理论教学紧密结合，科学设置实践课程，形成适应学科特点及自身系统性和科学性的完整的课程体系，全面培养学生的科学作风、实践技能，以及综合分析、发现和解决问题的能力，使学生具有创新创业精神、团队合作精神和实践能力。

3.“电视一体化制作”课程建设研究思路和方法

3.1 坚持以课程思政建设为指导，重构应用型融媒体人才培养目标，夯实培养应用型创新人才基础

为更好地服务地方经济发展，满足行业和社会对应用型人才的需求和变化，学校坚持把党的领导优势与民办高校的体制机制优势紧密结合，紧紧抓住课程思政教育主渠道、教师队伍主力军、课堂教学主阵地，制定了《课程思政建设实施意见》，把课程思政要求贯穿于课堂教学、科研教改、实习实训等人才培养各环节。在人才培养目标和人才培养方案的修订中，以课程思政建设和应用型本科办学为指导，找准办学定位，确定人才服务的区域、行业、层次，广泛调研行业（企业）对人才的专业需求，认真设计教学内容与过程，突出强调实践环节，加大实践教学和实践训练力度。

依据学科平台，我们在构建教学内容新体系中，按照“综合、研创和开放”的原则，科学地设置教学内容和实验项目。我们按照力求先进性、科学性、开放性和创新性相结合的方式，研究探索适合我校应用型人才培养专业特点和实际情况的特色实验课程体系，全面培养学生的实验技能、分析和解决实际问题的能力和创新意识。

3.2 科学合理地制定融媒体人才培养教学研究方法与媒介融合技术路线,帮助学生完成知识与能力的转化

本课程以播音与主持艺术专业高年级学生为探索实践对象,研发出理论联系实际教学法、视听观摩教学法、实验教学法、实践总结教学法、项目教学法、问题式教学法、话题式教学法、作业式教学法、学术研究法等“教学九法”。在讲授理论知识的同时,本课程更要让学生“学以致用”,帮助学生把学到的知识转化为融媒“技能”,向学生传播包括影像、声音剪辑传播等方面内容的感性语言,让学生针对作品来进行分析、理解、模仿和创作。本课程利用一体化演播实验室和高清电视转播车等设施设备,承担校内外各种大型活动的策划、撰稿、拍摄、后期制作、转播等,将教学内容延伸到与行业一线接轨的实验项目中,全方位地培养学生实践动手能力。“电视一体化制作”课程建设思维导图如图1所示。

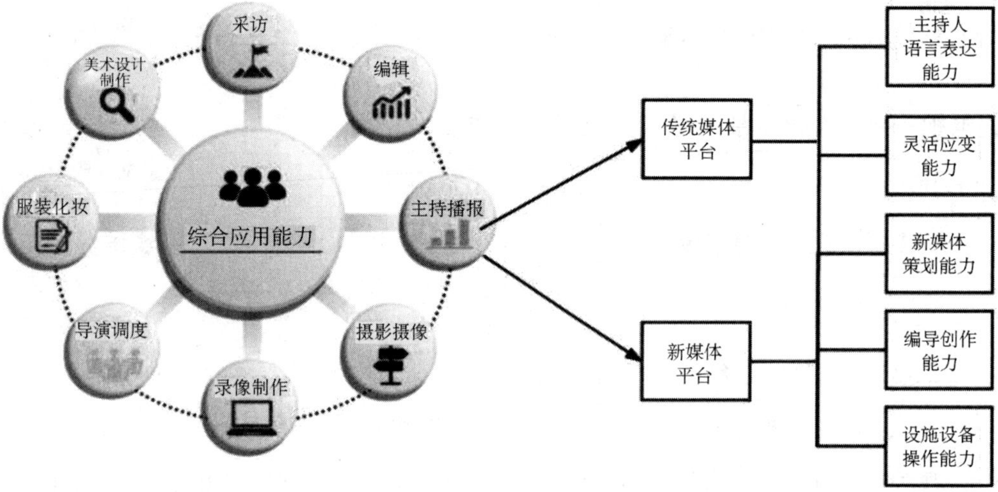

图1 “电视一体化制作”课程建设思维导图

3.3 构建科学的教学内容新体系

依据学科平台,本课程科学地设置教学内容和实验项目,在构建实验教学内容新体系中,实施“综合、研创和开放”的原则。课程突出对学生进行科学思维能力、基本实验操作技能、综合实验能力和科学研究开发与应用素质的全面培养。

3.4 加强师资建设,进一步优化健全教学管理体系

本课程通过扩大开放程度,完善各项对外教学服务措施,保证在开放性实验、大学生科研立项和毕业设计等工作中,可满足师生的相关实验要求;改善师资队伍职称和学缘结构,安排更多拥有高职称并富有传媒一线实践经验的双师型教师上实验课;派出教师到知名高校学习、进修,进一步提高师资水平;增加综合性、实践性、创新性的实验教学项目,通过实验教学内容体现高新技术在行业中的发展前沿和应用实践;完善学生参与教师科研的方式方法,改革创新专业人才培养模式。

3.5 紧跟融媒体人才培养学科发展前沿,转变教学思想,更新教学观念,优化教学内容,加强应用型办学意识

本课程充分体现以人为本的教学理念,首先在教师队伍中加强树立为学生服务的意识,坚持一切教学活动以学生为本,坚持以提高学生的能力为宗旨,建立健全以学生为中心的教学模式。课程通过推进学生理论知识、实践能力、职业素质和行业需求协调发展,夯实培养应用型创新人才基础。

本课程定期对教学内容进行认真筛选,剔除重复和过时的教学内容与实验项目,补充反映学科发展和行业一线发展的新实验、新内容、新技术,优化实践教学内容。不断加强创新性实验教学的比例,充分发挥学生作为学习主体的作用,培养学生在实际工作中对所学知识的综合应用能力和发现问题、分析问题、解决问题的能力,让学生在提高实践能力的同时,还能练就一双"发现"的眼睛。

3.6 产教融合,引入行业(企业)资源,共建实验室和导师团队,构建稳定有效的校内外实践教学基地

本课程积极引入行业(企业)资源,共同制定人才培养方案和实践教学方案,构建"以理论为基础,推动实践能力提升"的融媒体应用型人才培养模式,形成产教融合的融媒体应用型创新人才培养计划。课程通过"专业学科认知—专业实践训练—形成专业成果"的逐级提升,将行业需求引入教学实践中,逐步提高学生专业实践和创新能力。学校通过与索尼公司、松下公司共建两个一体化电视演播实验室,与成都华栖云科技有限公司共建融媒体影像实验室等方式,实现深度产教融合,开展产学研一体化联合教学。学校与企业共建的"电视采编播一体化演播实验室"和"全媒体影像实验室"被认定为省级实验教学示范中心。

学校通过与四川卫视、四川观察、封面新闻等开展项目式校企合作,建立稳定有效的校外实践教学基地。学校通过引入企业资源进课堂,将课程专业教育融入产业实践的建设模式,以校企共建实践教学基地、实验实训场所为依托,构建校企“双主体”的实践教学模式,帮助学生在校内接受理论教学和基础实验训练,在校外基地接受来自行业导师的项目式实训,实现校企资源共享、优势互补。

3.7 推进学科竞赛贯穿教学全过程,提升应用型创新人才能力培养

本课程积极搭建以学生为中心、以教师为主导的竞赛平台,将“以赛促练”的实践教学新模式贯穿教学全过程,建立国家、省、校、院系四级“金字塔式”竞赛体系。

课程组教师积极搭建强化学生基础知识和能力的竞赛平台,鼓励学生参加国家级高水平学科竞赛。根据学科竞赛不同的要求,教师对学生进行有针对性的培养和实训,将课程学习嵌入到实际的项目式实训中。依托学科竞赛构建实验教学平台,课程实现多层级课堂的贯通,将教学实践内容分解到课程实验和课程设计中,做到赛前有培训、赛时有跟进、赛后有总结,实现了课程教学、实践教学与学科竞赛中的知识与能力要素紧密结合,系统提升学生的应用能力和创新能力。

3.8 深化教学考核方法的改革,完善团队和个人考核验证机制,推进学生转变学习态度,明确学习目标

我们对原有考试的方式方法进行改革和创新,采取平时成绩(占 30%)与技能考试(占 50%)、期末笔试成绩(占 20%)相结合的办法记录学生的综合成绩。

在期末技能考试中,教师将 12 个学生分为一组,按照电视直播要求,由电脑随机将学生抽取到对应的 12 个考试岗位,如图 2 所示,这意味着经过课程学习后,学生必须要全面掌握本门课程所有的知识和能力,才有可能通过考试。这是团队合作的考试项目,其中一个岗位出现挂科后,单凭个人力量将无法参加补考。这样能推动学生在平时的专业学习时更加努力,调动学生的学习积极性,强化学生的团队协作意识,让学生端正学习态度,明确学习目标。

近 5 年,受益于本门课程的学生获得省部级以上奖项 200 余项,其中一等奖、最佳单项奖等超过 60 余项,项目式创新实践教学得到社会的检验和认可,社会满意度大幅提升。

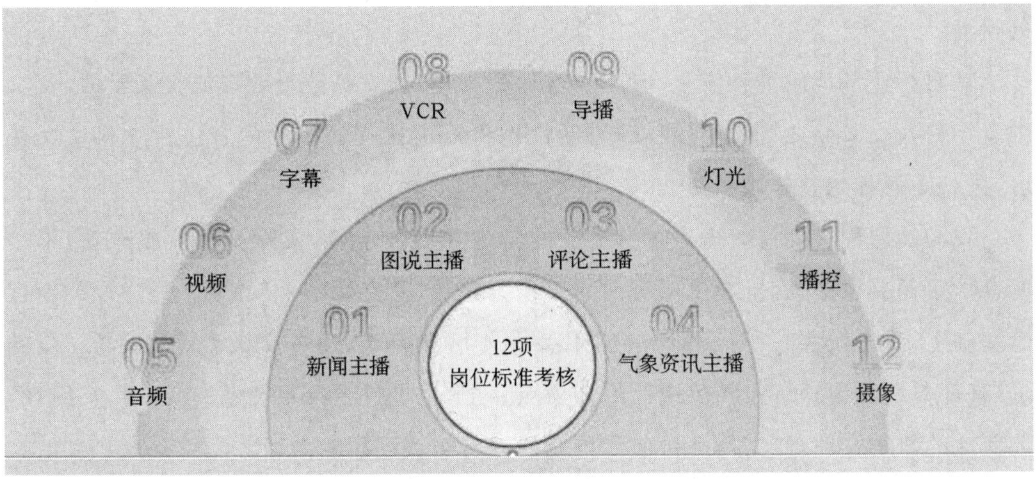

图 2 “电视一体化制作”课程考核岗位分工

4.“电视一体化制作”课程创新教学手段和方法

4.1 以课程思政要求和学生素质能力的一体化创新融合为目标

按照习近平总书记在文艺工作座谈会上的指示精神，学校把培养学生牢固树立马克思主义新闻观、文艺观作为出发点和落脚点。我们培养的传媒专业学生，坚持正确的意识形态和导向标准，确立端正的人生观、价值观、世界观尤为重要。我们将专业课程与思想政治理论结合，形成协同效应，完成立德树人的目标，这也是新时代高等教育的根本任务。

当下，媒体格局、舆论生态、受众对象、传播技术都在发生深刻变化，特别是互联网正在媒体领域催生一场前所未有的变革。用户在哪里，受众在哪里，宣传报道的触角就要伸向哪里，宣传思想工作的着力点和落脚点就要放在哪里，这是我们课程思政教学的重点。

4.2 以新文科建设要求为指导，一体化融合相关课程核心内容

传统的各门课程教学内容相对独立，学生容易出现顾此失彼的情况，不善于融会贯通，走上工作岗位后需要长时间的实习去熟悉和适应，很多用人单位针对这样的情况制定了基层员工轮岗的制度。我们的学生所要面临的就是这样一个多工种、

多流程、多环节、多种技术深度交叉融合,艺术与技术相结合,具有特殊性和代表性的行业。

针对行业环境的种种需求和变化,本课程根据“新文科建设要形成交叉学科、交叉融合学科及交叉专业”的建设要求,创新性地将六大课程的核心内容进行学科交叉融合,进行了课程的整体教学设计。

我们的课程主要针对播音主持专业的学生开展教学,从实际就业情况来看,不是所有学生都有意愿、有机会从事台前的工作。在坚持“交叉融合”的新文科建设创新理念基础上,我们按照“一专多能”的应用型人才培养模式,通过交叉融合,结合一线需求,有针对性地覆盖行业相关岗位的知识点,对学生进行更具系统性、针对性、实用性、创新性的教学实训,使其具备台前和幕后的综合实践创新能力。

4.3 通过项目式实践教学手段,工作与学习交替,创新产教融合,实现产学研一体化

本课程在设计之初就根据媒体发展实际,对教学内容进行模块化、动态化调整与重组,采用“倒推法”,从行业一线各岗位标准出发,构建课程模块,设计教学活动,把真实的行业生产情境搬进课堂。学校为此专门建设了数字高清电视一体化演播实验室,这也是我校的省级实验教学示范中心,学生上课的教室就是他将来的工作环境,也更能激发学生的学习兴趣。

例如,在“电视新闻节目制作实践训练”环节,我们对学生的训练和要求就完全按照中央电视台《新闻直播间》节目的标准和要求来进行,直播串联单也完全借鉴《新闻联播》的标准和要求。我们坚持以学生为中心,以节目各岗位的工作内容为导向进行教学活动设计,让学生在做中学、在学中做,能够更快更好地上手,将所学知识变成专业技能,将作业变成作品。

近 5 年,课程团队老师先后指导 40 名学生参加国家广播电视总局首届黄河流域九省区春节联欢晚会导演组工作;指导 31 名学生参加了教育部“放飞梦想”青春歌会导演组工作;带领 24 名学生参加中央电视台《不能说的秘密》普法栏目剧创作工作;6 名师生参加了中央电视台 2017 年春节联欢晚会四川凉山分会场导演组工作;与成都电视台合作,由在校大学生走进电视台演播室,独立完成毕业晚会台前幕后现场直播工作;2018 年 1 月,在泰国甲米采风游学过程中,学生接受了《华西都市报》、封面新闻的协助请求,完成了泰国大皮皮岛快艇爆炸新闻事件的全国独家直播报道,点击量超过 2000 万次。此外,从 2020 年 3 月开始,学校与腾讯新闻开展合作,由学生独立完成三档日播节目的制作工作。腾讯每天 16 点将选题发过来,学生利用两个小时的时间,

在18点前完成节目制作，腾讯新闻审查合格后在每晚20点播出，累计完成500多期节目。

2021年3—4月，我们组织指导2018级60名学生，参加了四川卫视综艺节目《藏风美少年》的拍摄和创作工作。在30多天剧组生活中，学生在摄像、摄像助理、导演、导演助理、录音、灯光、艺人统筹、新媒体制作、制片等相关岗位直接上手，边学边做，边做边学，取得了较大的收获，较快地提升了专业能力。2021年4—6月，师生团队参与了成都大运会测试赛和东京奥运会体操等项目资格选拔赛的转播工作。2021年，毕业生张韬登上央视春晚担任主持人，精彩的表现受到观众的广泛关注。

近年来，参与项目式校企合作训练的学生达3000多人次，学习成果得到社会检验，学生专业能力得到大幅度提高。这些鲜活的案例，充分说明了学科交叉融合和项目式实践教学手段切实有效。

5."电视一体化制作"课程研究与实践中的重点难点

5.1 大力发挥教养职能，增强学生专业意识和能力

融媒体视阈下电视发展的方式和手段瞬息万变，需要教师在教学之外不断地研究和学习，要能洞察行业发展的新方向，以适应行业发展需求。

本课程研究探索的教学内容交叉性极强，从理论到实践，从策划到实施，从内容到技术，从创意到成品，都是一种大胆的创新尝试和教学改革。本课程知识点网清晰，但内容庞杂，需要老师带领学生全程融入教学实践的每个环节，还需要学生不断进行自我学习，以适应教师所提出的新的概念与学术观点。

5.2 大力发挥教育职能，树立学生融合观念

在过去的几十年中，播音与主持艺术专业学科建设一直致力于单一型教学内容模式。我们的创新教学模式如何与传统的教学内容、教学模式相结合，如何加强播音主持专业学生的实践能力，加强学生编导意识、新媒体制作和传播的意识，提高学生写作水平等，是教学研究的教学重点难点。

如何在保证基础理论知识教学水平的前提下，适当增加实践教学学时？在职业标准的框架下，如何重新安排教学内容顺序，将相关知识点重新整合优化，与行业、企业、协会、学会合作开发校本课程，制订体现职业岗位能力需要的课程标准和实践教学内

容,使专业培养目标的核心课程与一线所需的岗位能力紧密衔接？这些都是教学研究的重点难点。

5.3 大力发挥发展职能,引导学生适应行业

本课程重点研究教学内容设计及整合,如何以职业(行业)标准为导向,以真实工作任务及工作过程为依据,设计与整合课程内容以符合专业相关技术领域、工作岗位的任职要求;重点研究教学实践内容与相关职业(行业)标准如何更好地衔接。在本课程建设过程中,如何要求课程建设者、参与者不仅熟悉相关职业标准,而且有意识地使用职业标准,是我们研究的重点难点之一。只有教学内容与职业标准紧密对接,才能充分发挥职业标准对于课程建设的导向作用,课程内容建设才能做到有的放矢,才能更好地引导学生在掌握原有专业基本技能的基础上,快速融入媒体融合大背景下节目全流程的内容制作,让学生在校内就能完全掌握传媒一线所需的综合技能,创新性解决学生与用人单位最后一公里无缝连接的实际问题,帮助学生迅速达到用人单位的岗位要求,解决他们就业的实际问题。

6.结语

综上所述,学科交叉融合是支撑学科专业创新发展的内核,是大学创新发展模式的"行动准则"。四川电影电视学院的"电视一体化制作"课程作为省级一流课程,在教学改革实践中积极突破"学术领地"的藩篱,努力形塑学科交叉融合的教学新方式,以更宽广的视野开展课程建设。

习近平总书记指出:"媒体竞争关键是人才竞争,媒体优势核心是人才优势。"国家层面大力推进的媒体融合归根结底是传媒发展意识的融合转型,是传媒人才全面发展的现实要求。"电视一体化制作"课程建设的落脚点就是在人才培养方面,为传统媒体升级转型和融合发展提供坚实的智力支持,把长期以来分属于不同领域的技能与本领传授给学生,为未来的新型主流媒体培养出更多的"集大成者"。

参考文献

[1]罗共和,黄元文.四川师大民办影视学院人才培养的成功模式,黄河科技大学学报[J].2003(3):126-129.

[2]姜银娣,姜梦瑶.新时代艺术院校卓越新闻传播人才培养的改革实践,绵阳师范学院学报[J].2020(9):58-62.

[3]傅华平.论新媒体时代下的地市党报发展困境及转型路径[J].保山学院学报,2018(4):99-103.

〔周欣,副教授,四川电影电视学院播音主持学院;武钊,副教授,四川电影电视学院播音主持学院〕

“现场导播实训”立体化实践教学模式的研究与实践

◎ 任月琳

摘要:“现场导播实训”是浙江传媒学院一门独立设置实验的选拔式选修课程,面向全校开放,侧重于实践。为适应本校应用技术型人才培养目标的要求,提高学生的专业适用性,教师在教学中对实践内容进行了合理设计和整合,采用了“教学目标的立体化、教学内容的立体化、教学方法和手段的立体化”这样一个全方位的立体化教学模式。这门课程提高了学生学习的积极性,并锻炼了学生的实践技能,取得了良好的教学效果。

关键词:现场导播实训;立体化;实践教学

随着影视行业的高速发展,加上近年直播行业的快速崛起,社会对现场节目制作和演播室节目制作人才需求不断增加。相关人才培养需要大量的实践背景,“现场导播实训”就是为了满足这类人才的培养需求开设的,课程通过独立设置实验的选修课程模式面向全校开放,教学内容依托浙江传媒学院高清电视转播车、卫星车、演播室等主要实训平台,通过以现场导播为核心的各个节目制作环节的教学,让学生掌握多讯道现场切换的节目制作流程及基本操作技术;建立多机位摄制概念,学会设计转播方案,并以学校每年的晚会、体育赛事、毕业大戏等大量活动为教学内容进行转播实战训练。教学团队通过多年共同努力,不断进行教学改革,逐渐形成了全方位、立体化的实践教学模式,取得了较好的教学效果。目前本课程已经成为全校最热门的选修课程之一。

本课程的立体化实践教学模式改革是围绕传媒类专业创新型、应用型的人才培养目标,采用“教学目标的立体化、教学内容的立体化、教学方法和手段的立体化”

这样一个全方位立体化教学模式，进行了多年的研究和实践，慢慢取得了一定成效。

1.教学目标的立体化设计

教学目标是指在教学活动中所期待得到的学生的学习结果。在教学过程中，教学目标起着十分重要的作用。教学活动不仅需要以教学目标为导向，而且还需要始终围绕实现教学目标而进行。[①]

“现场导播实训”课程面向全校各个专业，通过课前进行选拔、择优录取，每个班级由电视编导、影视摄影与制作、新闻、戏剧影视文学、广播电视工程等多个不同专业的学生组成。为了有效进行教学，我们将原来较为单一的知识和能力教学目标设计成多元化教学目标，形成以知识教学目标、能力教学目标、课程思政教学目标和职业素质教学目标为核心的立体化教学设计。

课程思政教学目标是我们教学中特别强调的。课程核心内容和影像有关，影像的作用在于记录和表达，创作者带有一定的主观性。在新时代，如何按照做党和人民信赖的媒体从业者的宗旨，来引导和培养学生，是课程教学目标设计里一个很重要的课题。我们在课程中融入学生爱国主义情怀培养、全局观培养。由于现场转播节目制作具有多部门合作的专业特点，要求学生在转播实践过程中严格按照现场转播节目制作要求，在政治上保持党与政府基本方针的一致性，服从大局，团结一心，确保节目顺利转播。同时我们在课程中强调培养学生“敬业团结”的职业素养：使学生在转播实践中了解团队内外各专业的重要性，注重培养学生建立团结意识，培养学生具有强烈的责任心、使命感和爱岗敬业的精神。

2.教学内容的立体化设计

教学内容广义上是指教学过程中同师生发生交互作用、服务于教学目的达成的动态生成的素材及信息。教学内容的立体化设计是我们课程设计的核心，依靠敬业的教学团队，我们为学生提供了多元化的学习内容和学习方式，让教学内容实现课堂内向课堂外延伸，统一实验项目向自主研发型项目延伸。积极开发和组织实验、实践和网络教学活动，使教学内容、学习方式和学习空间立体化。

随着教育理念的革新以及新技术的发展，人们对个体的关注达到了前所未有的高

---

① 莫雷.教育心理学[M].北京：教育科学出版社，2007：312.

度,把空间这一重要元素纳入教育改革的范畴之内,将正式学习空间、非正式学习空间和虚拟学习空间融为一体。① 在传统教学中,现场转播节目制作涉及多讯道制作系统,特别是高清转播车系统的实验教学,一般属于验证性实验。实验时学生分大组进行,内容主要是学生观摩实验,实验教师演示设备的操作过程,介绍设备操作过程中的注意事项,并对结果进行分析。在这种实验教学过程中,学生没有实际操作的机会,走马观花,实验的价值很小。此外,大型精密仪器开机成本很高,保证每位学生都操作不现实。针对实验教学中的这些缺陷,我们必须打破传统的实验教学体系,建立立体化实践教学模式,功夫下在平时,让学生在教师的指导下尽早接触大型精密仪器设备,在进行学习、训练的同时不断深入了解应用这些仪器设备。因此,我们采取了以下教学改革。

2.1 建立实验室辅助教学案例库,将教学由课堂内延伸到网络

北京师范大学裴娣娜教授认为:"说到底,现代化是人的现代化。教育现代化的终极价值判断是人的发展,是人的解放和主体性的跃升。"②

对于高清转播车和演播室等高端实验设备的使用教学,课程沿用传统的实践教学模式,由教师和实验技术人员指导学生,学生在课堂上掌握基本的实验技能、实验方法。这种教学效果最直接,但由于实验器材有限,需要分多组进行,课堂效率不太高,但为了保证课堂教学的质量,课程组成员额外申请了大量课外教学时间,不断地更新和完善相应的教学视频库,建立必要的学习资源库。教师根据教学需要给学生提供资源,如不同类型现场节目制作策划文案的基本格式、优秀作品的创作档案和相关专业技能学习的教程等资源,在课外开放给学生学习。

2.2 课堂教学和现场观摩教学共同完成,将教学由课堂内延伸到节目现场

对于项目化的实践教学环节,教师依据学生基础阶段已掌握的基本知识和技能,进一步指导学生学习和掌握典型实际应用的项目实践。比如组织他们观看往届学生创作的优秀作品、实践花絮,分析创作这些作品所需要掌握的专业技能和基本创作技巧,帮助学生搭建课程学习的框架。这使学生充分认识到现场导播的核心技能组成,明确了完成作品创作需要的知识和专业技能,形成能力框架。

将教学场地由课堂内延伸到节目现场,在专业老师指导下,学生可以以组为单位

---

① 杨俊锋,黄荣怀,刘斌.国外学习空间研究述评[J].中国电化教育,2013(6):15-20.

② 裴娣娜.我国基础教育现代化发展的根本转化[J].教书育人,2005(5):17-19.

勘查节目现场，现场观摩其他小组成员的实践过程。同时，教师积极联络行业一线，课程曾将实践环节放在杭州文化广播电视集团演播室《开心茶馆》节目录制现场进行，请导演及摄制组负责人直接参与课程的授课，有很强的实战性。

2.3 引入新文科实验室“共享场景”设计理念

所谓场景，是指不同实验项目在实施时所需要的物质条件（软硬件设备系统及场地）。如果两个实验项目所需物质条件具有一定的相同或相似性，称之为实验项目具有相同的实验场景，把相同场景的实验项目归入到一个功能实验室进行建设即“共享场景”设计。①

2013年，我校成功获批国家级实验教学示范中心——电视编辑与导播实验教学中心，同时获批国家级大学生校外实践教育基地——浙江传媒学院—杭州文化广播电视集团文科实践教育基地，并建有省级实验教学示范中心——影视现场制作实验教学中心。2016年，我校重点打造校园媒体云平台，为仿真实验教学提供有效支撑。这些平台就是最为合适的共享场景，中心经过近年的建设和交流学习，不但具有先进的管理理念，同时还建立了各种优质资源共享模式。我们在课程建设中借助我校国家级实验教学示范中心及国家级大学生校外实践教育基地实践平台，和行业一线紧密结合，开放实验项目，进行课程实验项目的设计。课程组成员积极和学校省级仿真综合实训平台结合，将课程与学校多讯道导播虚拟仿真综合实训系统相融合，实现实验教学环境的云端化，并在浙传云上开发了由虚拟导播环境仿真、虚拟导播台、虚拟导播源仿真等部分组成的多讯道导播综合实验系统，突破时空限制，在云端虚拟仿真了在高技术、重装备环境中进行的低并发、高复杂导播实验。这次实验实践性很强，再现了多讯道导播场景和实际导播业务实践，让学生初步得到了与在实际导播现场进行导播实践一样的体会和感悟，实现了导播实验教学的高并发、数字化、网络化、云端化，如图1所示。

3.教学方法和手段的立体化设计

3.1 教育方法的立体化设计

作为传媒艺术类院校，实践创新型人才是重要的人才培养目标。创新教育是艺术

① 杨小青，张宗浩，曾文碧.基于“共享场景”理念的新文科实验室设计[J].教育教学论坛，2020(31):46-47.

图 1　多讯道导播虚拟仿真实验页面

创作的生命和源泉,如何加强学生的创新意识和能力培养是实践教学工作的重中之重。为此,我们在这门课程实践教学改革中特别注重学生自主学习、主动探索的能力培养。

传统的教学方法是“演示法教学”,教师提前做好实验设计和实验准备工作,从实验原理、步骤、注意事项到实验结果,都由教师对应实验设备进行讲解。“演示法”教学可拓宽学生视野,让学生对演播室或现场节目制作设备有一个粗略的认识,提升学生对仪器的熟悉度。然而,教师采用“演示法”教学,学生动手操作的机会较少,实验时很少积极思考,实验效果不好。另外,由于实验教师指导学生实验人数较多,在指导过程中很难做到细腻周全,所以学生处于被动的学习状态,学习效率偏低。

同时,学生课堂实践往往局限于课堂课时和实验环境,很难和行业需求真正接轨。这门课程有个先天优势——可以利用学校每年大大小小晚会、会议和论坛等数目众多、层次丰富的校园活动,结合课程开发自主创新实验项目,为学生实践提供递进训练的实践机会。

目前已建设成熟的自主研究型项目有“晚会现场制作项目”“舞台剧现场制作项目”“体育赛事现场制作项目”“演播厅综合项目”等。学生依据自己的专业特点和兴趣爱好,以兴趣小组的形式组成实验团队,在掌握了多讯道节目制作业务能力之后,利用现场节目制作设备完成校内外大型活动的直播、录播工作,从而培养学生对各种类型节目的转播、直播选题的策划能力、全媒体环境下大型活动的录播、直播及现场报道的实践能力。

通过几年的教学积累，本课程光2019年一年就圆满完成包括“2019届毕业典礼”“出壳2019毕业大秀”“《悲惨世界》毕业大戏”“第二届星舟奖颁奖典礼”“校园十佳歌手大赛”“《坏话一条街》年度大戏”“2019届开学典礼”“浙传庆祝新中国成立70周年合唱大赛”“第三届世界互联网音乐大赛颁奖典礼”“浙传暑期社会实践成果分享会”“校园街舞大赛”“校园十佳歌手大赛”“传媒梦想秀冠军之夜”“新生杯篮球赛”等在内的校内外多场大型活动的转播任务，包含文艺晚会、走秀、音乐剧、话剧、会议、颁奖典礼、体育赛事等多种类型电视转播，为这门课程实施奠定了深厚基础。

3.2 教育手段的立体化设计

现代教育的教学手段正在经历口头语言、文字、印刷教材、电子视听设备和多媒体网络技术等多个使用阶段。传统课堂效果反馈主要集中在作业批改、课堂点评等形式，局限性明显。我们的课程不是理工科传统课程，没有标准答案可以参考。学生的很多作业需要在广泛的讨论和多次修改中完成。往往没有一个绝对的标准。影视作品最终评价主要来自观众。

如何有效地结合网络资源，建立有效的作业反馈途径是教学改革的重点之一。我们的课程除了运用传统教学手段，还有效地利用多媒体网络技术，较早建立网上作业反馈平台。2016年上半年起，课程先期进行了课程作业反馈改革试点，利用电艺作业簿、转播班等微信平台，将学生的课程作业通过微信公众号向外公布，形成更多专业和更多班级的互动，取得了不错的教学效果。

4.结语

未来课堂教学模式既包括现代课堂所用的讲授型、研究型的教学模式，还包括情境感知学习、探究学习、游戏化学习、研讨型学习、体验式学习、虚实结合—远程协同学习模式等。① 未来，实践课程的评价体系也会从单一走向多元，课程将利用多种资源和手段为学生建立灵活的、常态化使用的课堂环境，不断探索适合“互联网＋”的未来课堂，实践学生主导、自主、探究、互动的立体化教学模式，才能更有效地培养适应不断革新的行业环境的传媒人才。

〔任月琳，副教授，浙江传媒学院电视艺术学院〕

① 张兰，钟乐艳.未来学校未来教师[J].教育科学论坛，2016(13)：72-74.

探析朗诵艺术通识课教学模式改革创新

——以海南师范大学朗诵艺术通识课为例

◎ 朱俊瑛

摘要:当前,全国各高校朗诵艺术通识课都在积极探索教学模式改革,海南师范大学朗诵艺术通识课自 2019 年 9 月在全校推广,就一直强调在教学内容与实践充分结合的基础上,针对师范生生源情况,充分结合新技术运用,形成适合学生特点、具有艺术课特色的教学模式,让信息技术运用与大学艺术课程教学深度融合,有效促进朗诵艺术通识课教学模式改革创新,全面提升了学生的综合艺术素养。

关键词:朗诵艺术通识课;教学模式;改革创新

近年来,随着社会发展对高校人才培养通识性要求的呼声越来越高,各高校艺术类通识课开设的门类与频次逐年递增。朗诵艺术通识课更是随着社会对精神追求的增长而深受高校大学生喜爱,诸多高校和学生对朗诵艺术通识课的要求也逐步提升。瞄准朗诵艺术通识课定位、搭建好内容框架,转变教学理念与教学方法,改革创新教学模式,让朗诵艺术通识课课堂做到“有声有色、有滋有味”,这样的需求显得愈发迫切。

海南师范大学朗诵艺术通识课于 2019 年 9 月开始分别在两个校区开课,2019 年 11 月学校教务平台选课科目一推出,学生报名异常踊跃,报名人数达到 120 人,报名学生学院分布很广。可见,随着社会高度文明进程的深入推进,热爱艺术的高校大学生群体越来越广泛。面对这一趋势,教师应思考如何针对学生特点,有效运用新技术突破传统教学模式,真正满足选课学生对艺术通识课的渴求。基于读屏一代大学生对电脑端、手机端等构成的环境异常熟悉,我们探索实践并初步形成适合学生特点、具有师范院校特色的教学新模式,最终实现信息技术与朗诵艺术通识课教学的深度融合,对探索朗诵艺术通识课教学改革创新,提升大学生综合素养具有推波助澜的作用。

1.把脉学生期待,巧妙变换角色

“00后”大学生有什么特点?系列纪录片《零零后》总导演、北京师范大学张同道调查发现,“00后”最大的特点是开放、自信和国际化。《“00后”画像报告》的调查则显示,“00后”更倾向于用“开放”“独立”“自信”“热血”等词汇形容自己。

当下高校教师所面对的也是这样一群接受对象。这些见多识广的在校生,对朗诵艺术通识课的期待必定跟“90后”有着天壤之别。通过教学实践的细致观察不难发现,有的学生一方面对自己选择的朗诵艺术通识课怀抱期待,另一方面又对大学别无二致的授课方式不感兴趣;有的学生认为朗诵艺术通识课人多,授课老师无非就是灌输理论、读演示文稿、播放视频,太枯燥乏味;还有学生因为看过许多优秀平台的朗诵艺术作品,喜欢自己研究探索练习……凡此种种表现,令朗诵艺术通识课授课模式面临改革创新需求。

改革教学模式的核心就是抓住学生期待点,一一攻破。众所周知,朗诵艺术课一直是小班教学,人数在10—15人最合理,提升也最直观,但朗诵艺术类通识课因为具有通识普及性,班额在50人左右。朗诵艺术通识课如何满足众多学生“胃口”,成为教学模式改革的难点。

针对“开放”“独立”“自信”“热血”等特点展开教学,是我们的出发点。授课之初,教师安排一人一首诗朗诵,让学生登台亮嗓唱主角,学生张口一对比能力高下立判;除此之外,还设立10人一组的小组诗会比赛,从选择诗歌、制作节目单、配乐、做演示文稿以及诗会主持串联排练都由各小组负责完成,课上仅仅是小组呈现比拼。在小组呈现结束时,教师分别邀请学生点评朗诵效果。在思乡、爱情等主题之下,组长和组员共同寻找主题诗并分配不同组员朗诵,小组诗会比拼还有一个特殊的环节——策划人陈述小组诗会的整体过程,陈述部分也根据陈述效果加分。

课程成绩由教师与学生共同打分,教师打分占比60%,学生打分占比40%。通过单独朗诵与小组诗会比拼,学生的课堂表现成绩一目了然。每一次课堂呈现的成绩让学生意识到没有对比就没有伤害,然而“00后”是自信与独立的一代,他们通过眼见为实,明确自己应该怎样调整状态、找回自信。因此,课程通过老师与学生的点评,加上安排学生观摩优秀朗诵作品和分组讨论等一系列宏观指导,再次请学生继续展现朗诵作品水平的时候,很多学生进步巨大。经过一学期授课,有3名学生参加了省部级朗诵比赛,并获二等奖。由此可见,尊重学生,放手学生唱主角,教师穿针引线地辅助其完成学习过程,对改进教学效果恰到好处。

2.基于技术两端,创新教学体系

“00后”这一代是伴随电子屏成长起来的,电脑与手机早已跟他们的学习与生活融为一体。面对这一现实,教学设计只能“疏”,不能“堵”。2020年3月笔者接手第一批朗诵艺术通识课时,正好遭遇新冠病毒蔓延,海南师范大学与全国高校同步实施线上授课。线上授课对学生和老师都是一次新挑战,教学资源的搜集与整理,授课效果的预判与分析紧迫又现实。

为达到与面对面授课一样的效果,教师除使用雨课堂、学习通等平台,还利用“00后”学生经常使用的QQ群建立随时沟通交流的平台,弥补线上课可能出现的不足。实践证明,QQ群平台稳定、简单、易操作,非常便于及时反馈与沟通。有了平台保障,接下来就是教学任务分配环节了。为了刺激学生有效完成在线学习,教师提前在QQ大群招募组长,120人的两个大组招募12名组长,招募通告发出不足10分钟,12名组长就确定了。笔者即刻安排组长把小组成员拉进以组长为群主的小群,10人一组,共分为12个组,组长负责管理10人小群的课下比拼与练习,教师通过组长群管理好组长,获得上情下达、下情上通的效果。

课下作业由组长在小群组织完成,既不耽误线上听课,又能够有效利用小组的成员进行组内训练,组内评出第一名参加线上听评打分,4次听评打分作为学生的期中考试成绩。课程鼓励学生利用电脑端和手机端,把朗诵作品通过喜马拉雅、抖音、哔哩哔哩在线上发布,通过线上发布以及QQ群小组组员的比拼+小组优选同学朗诵作品的比拼等混合式模式,各组的分值会不断变化。

为取得好成绩,学生主动性得到激发,小组成员团结一致,集体比拼意识也被有效调动起来。混合式模式即将课前、课中、课后等整个教学过程形成完整的教学闭环,深度融入现代信息技术全程,实现线上发布作业、线下完整呈现、观摩比拼+点评的教学模式。学生纷纷提前选择自己喜爱的朗诵作品以及合适的配乐认真练习,各组学生在课下比赛选出小组第一名,各组第一名在课堂上回课展示比拼,线上课还要求组长提前指定小组成员复述小组比赛选拔过程,小组第一名分别朗诵给全班同学听评。课程结合教学目标和教学内容,以价值为引领,以朗诵比赛为驱动,实现情境创设、小组协作、多维互动、多元评价的教学模式,共同构成完整的教学体系。在展示与点评中,每一阶段朗诵比拼都让学生不同程度提升了朗诵艺术知识,还有学生会在线上课主动提问与质疑，让教学互动成为一个非常自然的过程，学生依赖电脑和手机成了正向提升自身能力的路径。

学生考勤和课堂表现占比30%，四次比拼成绩占比40%，期末结课写一篇论文占比30%，这种“30%+40%+30%”的分数分配模式，客观地形成了每一个学生通识课的最终成绩，也让学生加大了线上学习的参与热情。

3.诵评深度融合，重构教学流程

大数据越来越重要，数据能够改变教育，教师通过对教学数据的挖掘分析，能够准确了解学情并实现以学定教，实现精准讲评和即时化、个性化反馈。因此，教师和学生“教”与“学”相互渗透、融为一体，促进了整个朗诵艺术通识课教学流程的高效和顺畅。

面对眼界开阔的“00后”大学生，教师必须适时引导他们确立目标，高标准严格要求自己。因此，在教学过程中，笔者安排学生集体观摩经典诵读作品，分组思考讨论受大家好评的朗诵作品究竟好在哪里。大家对照标准找差距，同时结合点名发言，让学生增加参与度，知其所以然。其中穿插的比赛与点评，充分激发了学生学习与探究的兴趣，让教学流程在学生沟通表达与团队合力完成朗诵和评价中逐步形成，有助于形成对话、质疑、研讨的课堂氛围，最终达到朗诵艺术通识课学以致用、活学活用的目的。

线上课第一课非常重要，为了动员全体学生积极参与，通过QQ群发布信息让学生课上做主角勇敢发声，开口朗诵，同时点评其他组别学生，赞美和批驳的声音都容许出现，最后是老师语音终评。面对一群不曾谋面的学生是否愿意配合授课，当时笔者是没有把握的，但通过课堂尝试却获得了意想不到的效果。每位被点名的同学不仅积极朗诵，同时按照要求发布自己的真实评价。90分钟的朗诵艺术通识课信息量大，学生参与讨论的气氛热烈而隆重。学生唱主角、老师穿针引线的线上课结束之际，笔者作为授课教师当时也是意气风发、信心满满。

通过分析讲解音视频作品、分组实操训练，整个线上教学过程都是围绕学生欢迎、耳熟能详的朗诵作品展开的，通过分步走既可以培养学生快速认知与分析不同的朗诵作品，掌握不同朗诵作品的优点与不足，又能在此基础上培养学生的综合认知与研判，进而从自身热爱出发，选择合适的朗诵作品训练与学习。

课前预习阶段的核心是学情分析，做好朗诵前的准备。朗诵之前认真分析与备稿，进行朗诵心理准备；朗诵者的语言面貌、体态语准备等要吸引学生重视与关注。这些从学生现实情况出发做出的设计既可以培养学生的学习兴趣，也可以提升学生鉴赏水平,为今后生活增添美的感悟。

教师依据线上数据制定教学方案实现以学定教;课中阶段的关键是协作互动,针对不同教学活动,教师创设不同情境和任务,引导学生参与评价过程,通过组内同伴评价、组间相互评价、班级评选竞赛等方式,与教师综合评价和反馈形成双向互动的多元化评价体系。在真实或模拟的情境下,学生在完成项目任务和参与评价的过程中,通过组内研讨与探究、组间分享与互评、组内总结与反思、全班展示与评选等,拓展知识面,提高探究和审美能力,实现情感培养和价值塑造。学生合作探究,分享交流,自评互评,教师进行实时监控与点评;课后阶段重点是学生个性拓展,学生利用教师发布的作业和资源进行个性化拓展学习,得到教师个性化指导。

4.“动”与“静”交相辉映,顺理成章

所有本科课程期末都有一个呈现载体,朗诵艺术通识课期末考评概莫能外,本课程期末考评结课以论文形式呈现。

在课程教学模式的各环节让学生充分动起来之后,最后一定是静下来,沉浸思想,总结出新。期末论文考核占课程总成绩40%,主要是围绕学期所学和老师发布的朗诵艺术选题指南或自己命题,完成一篇结课论文。论文要求学生必须以某一首诗的朗诵再创作为例,针对学期所学习的某一领域理论知识,有理有据展开论述。

普通高等学校的课程大致分三类:公共必修课、专业课和自由选修课程。艺术选修课程通常就在自由选修课类别中,也就是说,这完全凭兴趣。可能相当部分学生为了凑够学分,才会选择艺术课。把脉生情,抓住学生的期盼,电脑与手机相互联动做足学生唱主角的文章,用好用足学生善动的特点,是主流,是重点。然而,朗诵艺术通识课教学不仅是技能训练,也有学术方法做指导才可以行稳致远。教学模式改革推广后,全校范围问卷调查显示,朗诵艺术通识课学生到课率提升到98.8%,抬头率提高到90%以上。有的同学在课程总结中写道:“选课之前,我一直认为自己是为挣学分才选的,甚至认为这类课程一定很无聊,但通过其他同学跟老师的互动我发现,朗诵艺术通识课针对性非常强,尤其是自己非常愿意参与点评其他人的朗诵作品,因为愿意点评就必须放下手机好好听朗诵,否则就无从评说。”还有的同学在课堂上点评时说:“每周最期盼的就是这门朗诵艺术通识课,大家集思广益、畅所欲言,老师适当引导、及时评价,整个课堂氛围活跃又开放,符合自己期盼,也真正体会到老师第一堂课所说的‘让朗诵丰富我们的人生’,这种课堂气氛是我这个学编导的学生从未体验过的。”

5.结语

海南师范大学朗诵艺术通识课教学在新一代信息技术与教育教学深度融合的背景下，充分结合电脑与手机两端创设教学环境，将教师、学生、管理者三方融入，不断优化和创新教学模式、教学流程，全面落实“以学生为中心”的教学理念，透过学生喜爱的线上教学、线下教学等方式，实现信息技术在课前、课中、课后全流程中的应用，通过创设情境任务、小组协作、多维互动和多元评价等，打造智能、高效的朗诵艺术课堂，帮助学生在交互教学活动中主动学习、合作探究。学生直观聆听、点评朗诵作品，获得了关于朗诵艺术通识课理论研究与探寻的深度知识，为学生实现个体拓展知识、提高技能、创新思维的目标提供了全面深入的教学平台，最终实现了师生双赢的局面。

参考文献

[1]蔡达峰.我们的通识教育[M].北京：生活·读书·新知三联书店，2017：243-249.

[2]王海林，范毅宏.论艺术通识课在高校人文素养培育中的价值[J].工业设计，2019(5)：26-27.

[3]王晓菲.实践教学视角下的高校台词课程教学改革研究[J].戏剧之家，2018(25)：173.

[4]张文利，王卓峥，司农，等.创新类通识教育课程建设的探索与实践[J].高等工程教育研究，2019(4)：90-95.

〔朱俊瑛，副教授，海南师范大学新闻传播与影视学院〕

基于 PBL 理念的“影视广告制作”实践教学探索

◎何 白

摘要:在现有的影视类课程实践教学环节中,大量的实践内容依托于教材内容开展,实践项目灵活程度低,与社会需求的匹配性也较差。本文以“影视广告制作”课程为例,基于项目式学习理念进行课程实践教学改革的可行路径探讨。从教学流程的设计、教学关系的重构、教学资源的共享三方面展开分析,探讨辅助学生在项目执行中通过工具使用、自主学习、交往互助、分享反思等方式完成深度学习的方法,以期为影视类课程进行项目式学习改革提供有益参考。

关键词:PBL;项目式学习;影视类课程;实践教学

1.引言

视听新媒体产业的发展,传媒领域新业态、新技术的变迁,成为催生高校影视教育改革的重要因素。其影响具体体现为:其一,“影视教育”的概念更趋广泛。[①] 影视教育培养的目标对象兼顾精英化的职业人才培养与综合型的传媒人才培养等多种面向。其二,数字媒体技术变化迅速,课程实践环节需不断紧跟影视产业的技术革新。其三,网络教育平台、用户生成内容(UGC)中的教育内容提供者使学习者对于影视教育资源和专业知识内容的获得更为便利,也对高校影视课堂教学提出了更高的要求。面对影视类应用型专业人才的社会需求与日俱增,高校影视类课程实践教学迫切需要具备新的思路与方法。

在传统教学模式下,影视类课程实践形式多为某一单元的随堂实操或是课后实践

① 钟大丰.多义的影视教育理念与实践趋向[J].现代传播(中国传媒大学学报),2020(11):158-163.

作业。相比影视作品制作流程的综合性和系统性，影视类课程的实践教学内容呈现模式化、零散的特征，教学仅仅完成教材规定的实践单元，学生不仅缺乏影视创作全流程的把握能力，实践技能与社会需求之间的匹配性也比较差。事实上，学生在完成某一课堂实践操作环节的过程中，往往已经需要综合性的知识支撑；另一方面，以期末作业或是集中实践的方式完成综合性作品的过程中，学生又需要重新对所学的零散知识内容进行汇总运用，对不足的部分进行再次补充，在很大程度上导致知识运用效率的低下。综上，影视制作类课程实践教学尚存在较大的优化空间。在本文中，笔者基于项目式学习（Project Based Learning，PBL）理念，以“影视广告制作”课程为例，探索施行实践教学改革的可行方法。

2.“影视广告制作”的项目式学习活动设计

项目式学习是有别于问题导向式学习（Problem Based Learning）的一种新型教学方法，后者主张学生通过解决现实世界中非常规且具有挑战性问题完成深度思考学习，前者更主张学生通过真实项目的操作实施，完成知识技能的掌握和能力的培养。[①] 项目指一系列相互关联的活动，这些活动有着一个明确的目标或目的，必须在特定的时间、预算、资源限定内，根据规范来完成。[②] 项目式学习依托建构主义学习理念，强调教学过程以学生为中心，鼓励学生在长期项目的实施中通过工具使用、自主学习、交往互助、分享反思完成深层次学习过程。在项目式学习模式下，学生在一定时间跨度内通过项目的具体实施，在实践中完成所有相关课程知识内容和技能的学习及运用。

2.1 教学流程的设计

项目式学习不是简单的课堂实操或课后实践作业，也并非课程配套的集中实训，其自身就是课程教学的主体。也就是说，学生对于知识和技能的掌握全部依托项目来开展。项目通常具备一定的时间跨度，按照设计需求可以从一周到一个学期之久。以项目式学习为核心开展“影视广告制作”的实践教学设计，所执行的应是适应时代发展需求、适应新媒介环境和影像创造能力培养要求的项目。短视频、交互视频、互动投影……当今新的媒介形态层出不穷，市场热点频繁更迭，影视广告的内容形态和制作标准也在不断地更新变化。项目式学习要求学生在影视广告项目的完整执行过程中，在

① 董艳，和静宇.PBL 项目式学习在大学教学中的应用探究[J].现代教育技术，2019，29(9)：53-58.

② 俞壮.基于成果导向教育理论的高校课程项目式学习活动设计研究[D].南京：江南大学，2020.

掌握专业知识的同时学会运用时兴的创作工具,生产符合时代审美标准、紧贴当下市场需求的影视广告内容,以影视广告内容产品的产出与展示作为课程教学的最终成果。

2.1.1 项目任务设计

“影视广告制作”课程项目式学习围绕某一具体项目任务展开,项目来源是多样化的——既包括由教师命题的创意项目和专业竞赛中的命题策略单项目,也包括来自产学合作中企业方提供的真实项目。授课教师以学期为时间跨度设立核心项目任务,在此基础上根据项目的复杂程度进一步划分子项目。在项目的立项上,教师根据学生兴趣原则,给予学生一定的项目自由选择权。同时,教师明确项目式学习活动中的重点环节,将“影视广告制作”课程实践教学内容要求进行拆解,并有机融入项目实施过程,囊括从创意脚本的编写、故事板的绘制到镜头运动方式、布光方案,再到影视声音设计、后期特效制作等一系列实践环节。学生以小组为单位进行项目立项,并且制定完整的项目计划书来安排项目进度,计划书经过教师确认后便开始实施。“影视广告制作”项目式学习方案确定最终的成果目标,即要求学生产出符合一定标准的影视广告作品,并进行展示分享。在项目作品创作实施过程中,教学活动的开展是与之相互交织与融合的。基于影视广告项目的最终成果目标,教师对各个实施环节设置阶段性验收,由此把控学生的实际学习情况,从而进一步为学生提供学习支持。

2.1.2 学习支持设计

学者所罗门(Solomon)认为项目式学习是以小组合作为基础的学习活动,小组学习者通过分析具有综合性、跨学科性质的项目,在项目制作过程中完成知识和技能的构建。[①] 项目式学习倡导学生的自主学习、小组式协同学习以及对认知工具的使用,锻炼学生主动收集、挖掘和整合信息的能力,关注学生针对项目自主设计解决方案的能力。“影视广告制作”课程项目式学习实际操作中,教师基于学生自主选择并根据兴趣、才能、特长等方面进行小组划分,一般每组 4—5 人。学生小组自主进行影视创作任务分工,根据影视广告项目的阶段性任务要求,对其要解决的核心问题进行自我梳理总结。在问题导向下,鼓励学生们自主寻求解决方案。在当下的数字化网络学习环境中,学生通过信息化工具的使用可以获得大量的影视课程学习资源。同时,授课教师也为学生提供丰富的学习资源和工具支持,包括影视广告制作相关的专业书籍、网

---

① SOLOMON G.Project-based learning:a primer[J].Technology & learning,2003(1):1-3.

络资源、器材设备和软件资源等。

项目式学习强调学生通过社会交往、合作和互助得以发展，引导学生参与社会生活相关的情境，通过社会中人与人之间的合作，去构建和分享知识。[①] 在“影视广告制作”课程的项目式学习过程中，教师通过帮助学生接触行业与市场环境，联系合作企业对接制片资源、演员资源、片场资源等方式，让学生在项目执行过程中深入了解影视广告制作的市场资源要素。同时，教师鼓励项目小组内部、不同小组之间通过内部协商、成员互助与团队互助的方式解决项目实施过程中遭遇的具体问题，从而锻炼学生的沟通协调能力。“影视广告制作”课程要求学生每周进行阶段性汇报，教师在教学活动实施过程中时刻跟进项目执行情况，提供必要的教学指导，积极为学生提供合作条件，并解决一些小组内部的矛盾和问题。

2.1.3 评价体系设计

教育家克伯屈将项目实施的流程分为目标、计划、实施、评价四个步骤。[②]项目成果的展示、评价与反思，是项目式学习的一个重要环节。“影视广告制作”课程在项目制作完成之后，会以作品展映会形式开展成果展示，并组织一个由企业导师、业界专家和其他班级、其他年级、其他专业学生组成的评审组参与作品现场评审。在完成小组作品放映展示之后，学生小组对作品的创意内容、实施过程进行阐述，并开展自我评价和反思总结。其他小组的学生以及评审组成员可以随时对该小组作品提出问题和建议。评审组成员根据创意表现、内容质量、团队协作、作品阐述等标准对各小组作品进行评分。

在“影视广告制作”项目制学习评价过程中，授课老师结合过程性评价和结果评价两种评价方式，关注影视广告作品的产生过程和最终结果。教师结合小组作品展映会现场得分情况，综合作品的自我评价和参赛反馈情况等因素，对作品进行最终的综合评价。而后，教师按照小组成员的贡献率，对每一个小组成员进行单独评价。

2.2 教学关系的重构

在项目式学习的教学过程中，传统教学课程中的三个中心——教师（唯一施教者）、教材（唯一知识来源）与课堂（唯一教学场所）的固化模式被打破。在项目式学习的课堂中，教师更多的是承担策划者与组织者的角色，负责设立项目目标、跟进项目进

① 董艳，和静宇.PBL项目式学习在大学教学中的应用探究[J].现代教育技术，2019，29(9)：53-58.

② BERMAN S.多元智能与项目学习[M].夏惠贤，等译.北京：中国轻工业出版社，2004：12.

度和辅助学生解决项目问题。在“影视广告制作”项目式学习过程中,授课教师通过影视广告制作核心知识环节和项目任务安排,引导学生对具体的课程板块进行学习,掌握学生项目执行进展情况,辅助学生攻克编创、拍摄、制作中所遭遇的难题,并组织成果展映以及评价反思。在承担引导者和辅助者的角色之外,教师也根据课程内容难度适当辅以传统的讲授、案例教学、情景教学、小组讨论等方式进行教学补充。

项目式学习重塑了课内与课外的教学关系。在项目式学习的课堂教学中,学生以阶段性的项目汇报、经验总结和问题沟通为主,同时在课外花费大量时间进行项目的实操。教师的核心学习活动过程也并不拘泥于在课堂上完成。“影视广告制作”课程要求学生成为一个自主的学习者,充分发挥对于信息技术的使用,能够自主发现并探索问题的解决方案。在这一过程中,学生融合线上与线下的教学资源,通过小组协作和社会交往,锻炼和提升自身的综合技能。

2.3 教学资源的共享

“影视广告制作”课程的项目设计是多层次的,包含了核心项目和子项目的设立。学生在完成核心项目——影视广告作品创作之外,课程还要求每位同学每周都必须参与镜头素材库建设项目。这一项目要求学生每周观看一定数量的影视作品并进行拉片,通过对导演、摄影、剪辑、美术、声音、特效等方面进行深入分析,筛选并剪辑出自己喜爱的段落,命名、归类并提交。教师对学生提交的镜头内容进行二次筛选和整理,最终形成一个庞大且有序的镜头素材库。镜头素材库的建设不仅可以为授课老师提供充足的教学案例资源,整理好的镜头素材库也对所有学生开放共享,为学生在影片拍摄和制作过程中寻找参考案例带来极大便利。教师根据学生在项目中的贡献率,对学生进行考核。在镜头素材库建设子项目中,学生带着主观评价、判断标准,能动地参与大量影片的观看和筛选过程,能够有效提升影视内容的学习效果。

3.“影视广告制作”项目式学习的运行机制

3.1 外部资源的激励

由于项目式学习更多依赖于学生的自主学习能动性,难免会有部分学生无法跟上项目进度。如何在项目操作过程中,让学生持续保持创作热情,避免产生消极应付的情绪是教师应解决的重要问题。面对上述情形,授课教师一方面做好项目任务的跟踪和督促，同时让学生保持收获知识、克服难题的快乐并获得价值认可；另一方面可以多管齐下，在项目实操中为学生创作提供更多的外部激励。教师可以将项目式学习与学生创新创业相结合，鼓励优秀学生的团队创立工作室参与创业，更为积极地与影视行业接轨，延伸项目产品的深度与广度。教师也可以“以赛促学”，鼓励学生通过将大学生广告艺术大赛、中国大学生广告艺术节学院奖等专业竞赛的相关命题作为项目任务，积极参与比赛投稿。在完成课程项目任务的同时，学生以参赛获奖为目的进行作品创作，可以在较大程度上调动学生的积极性，激发学生的创作热情。此外，教师还可以在产学合作项目中通过承接企业委托项目，让学生参与实施，在项目完成验收后，由合作企业给予学生一定的资金激励。

3.2 项目式学习的保障机制

项目式学习要求学生能够强化信息技术的使用。学校需要为学生提供能够接触到广泛数据和资料的信息环境，给予学生充分的时间收集网络资源。教师在资源收集和信息技术应用过程中还需要对学生进行方法的指导，对学生的学习效果进行监督和技术辅助。项目式学习的有效执行在很大程度上还依赖于完备的软硬件设施保障，以便让学生最大限度地实现项目的预期目标。在影视类课程的项目式学习实操过程中，学校实验室提供学生创作时兴的内容产品所需的前期摄录器材和摄影辅助器材，具备能够满足超高清分辨率视频的剪辑工作站以及后期制作所需的硬件配备，可以为学生带来更大的创作动力。

4.结语

运用项目式学习模式对影视制作类课程实践教学环节进行再设计，是对现有实践教学模式的重构。通过项目式学习，学生能够极大提升影视创作综合实践能力，培养更好的自主学习能力，形成良好的人际交往和团队合作能力。积极开展项目式学习模式，能够在很大程度上提升“影视广告制作”课程的实践教学质量。与此同时，项目式学习的开展执行周期长，教师在课外要承担大量的答疑解惑工作，在教学上也将花费教师更多时间。因此，项目式学习考验着教师对于教学的热忱与耐心。

〔何白，副教授，闽江学院新闻传播学院数字媒体艺术系〕

新文科建设视域下"微视频制作"课的课程思政探索*

◎陈 卓

摘要:教育部卓越新闻传播人才教育培养计划2.0提出,"深挖新闻传播专业课程的育人元素、育人内涵和育人功能""打造新闻传播人才德育新模式",明确了建设课程思政、培养卓越新闻传播人才的目标和要求。"微视频制作"课作为新闻传播学类的专业课程,其应遵循卓越新闻传播人才教育培养的理念,在专业教学中与课程思政建设协同发展,为新时代的新闻传播人才后备力量启智铸魂。

关键词:课程思政;新文科建设;微视频制作

课程思政是指以构建全员、全程、全课程育人格局的形式,使各类课程与思想政治理论课同向同行,形成协同效应,并把"立德树人"作为教育根本任务的一种综合教育理念。2019年10月,《教育部关于深化本科教育教学改革全面提高人才培养质量的意见》指出,高校要落实立德树人的根本任务,深化本科教育教学改革,把课程思政建设作为立德树人根本任务的关键环节,坚持知识传授与价值引领相统一、显性教育与隐性教育相统一,充分挖掘各类课程和教学方式中蕴含的思想政治教育资源。①

大学生正处在形塑世界观、人生观、价值观的关键时期,随着网络移动媒体的不断发达,各类信息传播速度快、触及空间广,渗透到大学生学习生活的方方面面,潜移默化地影响着学生的思维方式和行为习惯。在一所高校中,教师队伍的80%是专业老师,学生课程的80%是专业课程,学生学习时间的80%是专业学习,因此,思政教育与

* 本文系江苏省教育厅哲学社会科学一般项目"卓越新闻传播人才培养视野下的课程思政教育研究与实践"(2020SJA2316)、南京传媒学院校级金课"微视频制作"项目(JK201929)阶段性成果。

① 教育部关于深化本科教育教学改革全面提高人才培养质量的意见[EB/OL].(2019-10-31)[2021-06-07]. http://www.moe.gov.cn/jyb_xwfb/xw_fbh/moe_2606/2019/tqh20191031/sfcl/201910/t20191031_406256.html.

专业课程教育协同并进，是推动形成中国特色高等教育的必由之路。

课程是人才培养的核心要素，是教育的最微观问题，但解决的是最根本的问题，是体现“以学生发展为中心”理念的“最后一公里”，是落实“立德树人成效”根本标准的具体化、操作化。正如教育部在《高等学校课程思政建设指导纲要》中指出的，“全面推进课程思政建设，教师是关键”。“寓价值观引导于知识传授和能力培养之中，帮助学生塑造正确的世界观、人生观、价值观，这才是人才培养的应有之义，更是必备内容。”① 习近平总书记在全国高校思想政治工作会议上也曾强调，要坚持把立德树人作为中心环节，把思想政治工作贯穿教学全过程，实现全程育人、全方位育人。② 要紧紧抓住教师队伍“主力军”、课程建设“主战场”、课堂教学“主渠道”，让所有高校、所有教师、所有课程都承担好育人责任，守好一段渠、种好责任田，使各类课程与思政课程同向同行，将显性教育和隐性教育相统一，形成协同效应，构建全员全程全方位育人大格局。

1.思政教育与“微视频制作”课程融合的必要性

“微视频制作”课程是传媒类院校广播电视学专业的核心专业课，属于新闻传播学类课程。新闻传播学类专业课程与政治有着天然的联系，与意识形态、社会舆论的关系特别密切，这正是“微视频制作”课的课程思政重点所在。

2018 年，教育部推出卓越新闻传播人才教育培养计划 2.0，指出“深挖新闻传播专业课程的育人元素、育人内涵和育人功能”“打造新闻传播人才德育新模式”，明确了建设课程思政、培养卓越新闻传播人才的目标和要求。③ 2020 年教育部新文科建设工作组召开新文科建设工作会议，发布了《新文科建设宣言》。新文科建设肩负推动文科教育融合发展、培养时代新人、建设高等教育强国的重要使命。新文科建设的重中之重，就是要创新课程思政的理念与模式，强调将思想政治教育贯穿人才培养体系，全面推进高校思政建设。在新文科视野下，卓越新闻传播人才培养必须“坚持马克思主义新闻观，用中国特色社会主义新闻理论教书育人，培养造就一大批具有家国情怀、国际视

---

① 教育部关于印发《高等学校课程思政建设指导纲要》的通知[EB/OL].(2020-06-03)[2021-06-07].http://www.moe.gov.cn/srcite/A08/s7056/202006/t20200603_462437.html.

② 习近平.把思想政治工作贯穿教育教学全过程[EB/OL].(2016-12-08)[2021-05-21].http://www.xinhuanet.com/politics/2016-12/08/c_1120082577.html.

③ 教育部、中共中央宣传部关于提高高校新闻传播人才培养能力实施卓越新闻人才培养教育计划 2.0 的意见[EB/OL].(2018-10-18)[2021-06-07].http://www.moe.gov.cn/srcsite/A08/s7056/201810/t20181017_351893.html.

野的高素质全媒化复合型专家型新闻传播后备人才”[①]。

因此,新闻传播学类的课程思政,有其特殊意义。通过专业学习培养学生过硬的政治素质、家国情怀和社会责任感。“微视频制作”课程作为为广播电视、网络视听行业培养新闻业务储备人才的核心专业课程,在课程思政教育方面责无旁贷。

2.“微视频制作”课程思政的具体设计

南京传媒学院新闻传播学院高度重视课程思政建设,将核心课程“微视频制作”课打造成“金课”,遵循卓越新闻传播人才专业技能培养的理念,在专业教学中贯穿课程思政。

2.1 在教学目标中融入课程思政

高校课程思政要融入课堂教学建设,作为课程设置、教学大纲核准和教案评价的重要内容,落实到课程目标设计、教学大纲修订、教材编审选用、教案课件编写各方面,贯穿于课堂授课、教学研讨、实验实训、作业论文各环节。[②]

教师在进行专业课讲授的同时,践行中共中央、国务院《关于加强和改进新形势下高校思想政治工作的意见》提出的坚持全员全过程全方位育人要求,“把思想价值引领贯穿教学全过程和各环节,形成教书育人、科研育人、实践育人、管理育人、服务育人、文化育人、组织育人长效机制”。按照“把培育和践行社会主义核心价值观,把社会主义核心价值观体现到教书育人全过程”的根本要求,深挖专业课程的育人元素,实现知识传授与立德铸魂有机统一,实现课程思政润物细无声、入脑又入心。[③] “微视频制作”课的课程思政,要培养能够适应媒介深度融合、传播好中国声音、具有家国情怀的卓越新闻传播人才:以马克思主义新闻观为导向,结合传媒产品的时效性特点,让学生在学习微视频的采编播评技能同时,理论讲解与时事政治案例相结合,帮助学生树立正确的人生观、价值观,培养崇高的媒介素养。

---

① 《新文科建设宣言》正式发布[EB/OL].(2020-11-03)[2021-06-07]. https://www.eol.cn/news/yaowen/202011/t20201103_2029763.shtml.

② 教育部关于印发《高等学校课程思政建设指导纲要》的通知[EB/OL].(2020-06-03)[2021-06-07]. http://www.moe.gov.cn/srcite/A08/s7056/202006/t20200603_462437.html.

③ 中共中央　国务院印发《关于加强和改进新形势下高校思想政治工作的意见》[EB/OL].(2017-02-27)[2021-06-06]. http://www.gov.cn/xinwen/2017-02/27/content_5182502.htm.

2.2 在课程内容中渗透课程思政

"微视频制作"课程内容涵盖了微视频的前期策划创意、脚本创作、实际拍摄及后期制作合成等各环节的方法与技巧,以及微视频运营营销等相关知识。在培养学生采写编评业务能力的同时,教师在实践中强化学生视频制作、文字写作、新媒体传播等专业能力,并穿插媒介伦理、媒体责任教学,对学生进行理想信念教育,让学生切身感受媒体的责任与担当,实现"知识传授"和"价值引领"相结合,引导学生树立正确的传播观、价值观,提高学生的新闻业务能力、新闻职业素养和社会责任感。在授课过程中,课程思政贯穿整个教学大纲、教学内容,充分发挥课程教学的主渠道作用。

在课程教材的绪论章节,教师向学生介绍当前网络新媒体的特点、微视频的概念以及发展历程,要求学生当今在移动化、碎片化、社交化的网络新媒体环境中坚持树立正确的传播观,多多传播正能量和高品质的内容。作为新闻传媒学子,应多关注社会变迁、国家发展,对当下所处的时代,经济发展、人民生活等方面有全面而又深入的了解,这样才能讲好中国故事,传播中国声音。教师在授课过程中应强化价值引领,助推专业教育与思政教育相融合,把社会热点、国计民生等内容融入课程教学中,让学生在进行微视频创作时立足中国实践,反映中国国情民情,紧跟时代步伐,服务国家需求。

选题是微视频创作的内容方向,有一个好的选题,就成功了一半。目前网络上有些微视频的选题,为了吸引流量、迎合算法,内容泛娱乐化,甚至低俗化,给社会带来负面效应。在教学过程中,应当引导学生把握好媒体的舆论宣传方向。梨视频首席执行官李鑫曾说过:"判断一条微视频的价值有三个维度,一是真实,二是直抵人心,三是社会效应。"学生在遴选选题的时候,要遵循新闻的时度效与贴近性的原则,告诉他们要热爱生活,善于观察生活,多关注感人的、正能量的事物,多关心弱势群体,在普通人身上挖掘新闻故事。要注重解决人与人之间,人群之间,国家之间,人与环境间,价值观之间的矛盾冲突。选题必须站位高、立意深远,打造有深度、有广度、有温度的精品力作。

标题是微视频作品给受众的第一印象,决定着用户是否点击,需要让学生树立良好的标题审美。在讲授微视频标题制作的部分,通过案例的讲解和分析,告诉学生起标题的原则。标题要能准确表达文章中心意图或重点,好的标题要具备准确、简洁、精彩、唯一的特点。同时,要摒弃标题中的低俗用语和不良隐喻,严厉抵制无中生有、夸大其词、断章取义、偷换概念的标题党行为,要引导学生营造健康美好的网络环境。

在讲授微视频网络平台算法的时候,教师要思考和分析大数据给人们生活带来的方方面面的影响。新媒体新技术让各项工作更加灵活有序地开展，在新媒体技术的赋权下，教师着力培养和发展数字人文思维，探索将人工智能运用在新闻采集、生产、分发、接收、反馈中，用主流价值导向驾驭“算法”，全面提高舆论引导能力，做出更具理性和建设性的内容传播。

运营是内容与用户的连接，是流量最大化的手段，也是传播最优化的前提。近年来，在移动互联网的蓝海里，网红经济、直播带货等新的经济形态衍生出来，媒介平台竞争激烈，不乏同质化的竞争和盈利模式。在讲授微视频运营时，教师将媒介素养教育纳入教学内容，提高大学生对真假信息的分辨能力，规范网络言行，遵守网络规范。培养融媒体时代的微视频制作人才，除了要有过硬的专业素养，还应当有正确的价值导向，应当坚守媒体的责任担当，正面引领互联网时代下的社会舆论。

2.3 在案例分析中体现课程思政

“微视频制作”课程与政治、社会意识形态联系非常紧密，在强化学生理论基础知识和实践运用的基础上，确定价值引领、知识传递和素质提升的三重目标，密切结合当前形势，因势利导，启发和引导学生分析谈论当前热点问题、重大事件，培养学生的社会责任感和家国情怀。在授课过程中，教师应理论讲解与案例分析相结合，内容创作与时政热点相结合，带领学生分析微视频精品力作。优秀的微视频作品，既是优秀媒体人业务水平的标杆，也是课程思政内容的优质资源。

在新冠疫情期间，教师向学生展示主流媒体的短视频，如央视新闻的“火神山一线实录”“战役朋友圈”等，分析主流媒体在面对全球公共突发卫生事件时的责任担当，弘扬媒体人正义、勇敢等优秀品质与“铁肩担道义、妙手著文章”的精气神，有助于增强学生的专业认同感和自豪感，树立远大的新闻理想，构建正确的传播观和价值观。又如，教师将致敬改革开放 40 周年、新中国成立 70 周年的相关优秀媒体案例引入课堂，给学生展现大时代进程中的微观中国，在增强学生国家认同感的同时，培养学生在面对重大选题时的强大信息整合能力，用视听语言弘扬社会主义核心价值观，坚守媒体的责任担当，增强年青一代的制度自信、文化自信。

2.4 在创作实训中践行课程思政

“微视频制作”课程是一门实践性很强的课程，理论不能脱离实际。专业实验实践课程，要注重学思结合、知行统一，培养学生勇于探索的创新精神，提升学生善于解决问题的实践能力。创新创业教育课程，要注重让学生“敢闯会创”，在亲身参与中培养创新精神、创造意识,提升创业能力。社会实践类课程要注重教育和引导学生弘扬劳动精神,将“读万卷书”与“行万里路”相结合,扎根中国大地了解国情民情,在实践中增长智慧才干,在艰苦奋斗中锤炼意志品质。

“微视频制作”课程以课堂讲授和课外实训相结合,教师引导学生作品的选题方向,指导学生创作。在2018年全国宣传思想工作会议上,习近平总书记指出,宣传思想干部要不断增强脚力、眼力、脑力、笔力。以脚力深入基层、以眼力明辨真伪、以脑力深入思考、以笔力呈现作品,“四力”要求不仅在媒体行业中树立了典范,也为高校新闻教育提供了参考。在人才培养中,紧跟媒介前沿的发展变化,立足新平台、运用新手段,教会学生守正创新,讲好中国故事,将培养学生脚力、眼力、脑力、笔力,融入思想、植入教学、置于实践,教育学生以“四力”为根基,逐步成长为政治坚定、了解国情、业务精湛、作风优良的新闻工作者。

在实训中,教导学生新闻业务的高境界是推出“三有”(有思想、有温度、有品质)新闻作品。思想是新闻作品的魂,与思政的关系十分密切。思政课程应该是帮助新闻学子铸魂的重要渠道,而课程思政则将使他们在“有思想”方面得到启发。要引导学生面对复杂的社会问题,能凝练成高人一筹的深邃思想观点。

与此同时,我们应鼓励学生参加课程相关的赛事活动,培育学生勇于拼搏、敢于挑战、富于创新的精神,在作品创作中融入“以天下为己任”的社会责任和远大理想抱负。通过参与赛事,学生可以学以致用,提高专业能力。可以说,赛事参与也成为思想政治教育的典型实践。

3.结语

打赢振兴本科教育的攻坚战,打好高质量本科教育的攻坚战,应全面加强高校课程思政建设,办好人民满意的教育,培养德智体美劳全面发展的社会主义建设者和接班人。在未来课程建设中,我们应奋勇前进,让学生会讲中国故事,扩大影响力;讲明中国故事,增强感召力;讲好中国故事,提高塑造力,共同建设文化中国、法治中国、和谐中国、繁荣中国,让世界看到可亲、可敬、可爱的中国。

〔陈卓,讲师,南京传媒学院新闻传播学院〕

OBE 教育模式下融媒体虚拟仿真实验设计探究

◎陈　臻　彭　毅

摘要:随着国际体育竞赛收视热潮的兴起,体育赛事现场报道逐渐成为体育新闻报道的核心环节。国际体育竞赛期间各大媒体平台急需专业的体育记者人才,融媒体虚拟报道实验应运而生。指挥报道系统把控虚拟报道实验的前序工作流程,力图通过“拟态化”的虚拟赛事报道强化培养体育记者选题策划、指挥报道、内容生产的融媒赛事报道能力。研究发现,在新文科背景下,虚拟仿真实验过程融入成果导向教育(OBE)理念,在掌握学生应达到的能力的基础上,依托预期成果的最终实现效果对学生进行评价,使学生在了解行业发展模式和前景的基础上进行拓展学习,进而培养创新能力。

关键词:虚拟仿真;指挥报道系统;OBE;体育赛事

1.引言

在体育赛事不断丰富、体育精神不断高涨的当下,人们对于国际体育赛事节目的关注度和需求也在不断提高。据相关数据统计显示,2018 年平昌冬季奥运会期间,我国 6 家主流短视频平台中涉及“平昌冬奥会”的微视频共有 4498 条,播放量达到 3.7 亿次,用户点赞、评论互动量为 184 万次。[①] 2008 年北京奥运会赛事阶段(8 月 8 日—8 月 24 日),有 92% 男性受众和 91% 女性受众观看赛事转播,高收视率在伦敦奥运会和里约热内卢奥运会同样有所体现。[②] 国际体育赛事相关节目在体育迷心中占有十足分量。媒体行业为观众提供专业、高质量并且符合融媒体环境下收视习惯的国际

---

① 李梦媛.新媒体环境下体育赛事传播的相关研究[J].新闻研究导刊,2019(15):107,109.

② 李金宝.中国体育电视受众收视偏好分析[J].电视研究,2014(3):56-58.

体育赛事报道，尤为必要。

现代体育赛事传播特别是赛事直播采用了大数据分析、虚拟现实、增强现实等新兴技术，极大地改善了体育赛事转播的效果。因此，国际体育赛事虚拟仿真系统建设之于未来体育直播报道，具有十分重要的意义。

2.融媒环境下的体育赛事报道虚拟仿真实验

伴随着体育赛事电视直播技术的不断提高，体育赛事现场报道成为体育新闻报道的核心环节，但由于经费和采访名额的限制，普通记者很难有机会深入赛场做一线报道。培养新闻记者的高等院校，其在校师生也往往无法到达实际的赛场，体育新闻记者人才培养普遍缺乏赛事报道的实战机会。不过，在虚拟现实、增强现实和5G技术发展成熟的背景下，虚拟仿真指挥报道系统及相关的实验开始出现。虚拟仿真技术可以实现前方和后方的联动对接，师生既可以进入赛事实景进行报道，也可以将赛场人物、场景引入到后方演播厅，增强体育赛事报道的现场感，提高体育新闻人才赛事现场报道的能力。

2018年8月，全国宣传思想工作会议进一步提出“扎实抓好县级融媒体中心建设”的要求，主流媒体向融媒体转型发展战略步入快车道。到2019年底，全国绝大多数县级主流媒体转型为融媒体中心，市级、省级主流媒体内设融媒体机构成为发挥主流媒体职能的关键部门。2020年9月，中共中央、国务院下发了《关于加快推进媒体深度融合发展的意见》。《意见》指出，要推动主力军全面挺进主战场，以互联网思维优化资源配置，把更多优质内容、先进技术、专业人才、项目资金向互联网主阵地汇集、向移动端倾斜，让分散在网下的力量尽快进军网上、深入网上，做大做强网络平台，占领新兴传播阵地。同年11月，国家广播电视总局响应号召，下发《关于加快推进广播电视媒体深度融合发展的意见》，提出要推动全媒体人才队伍的建设，要拓展广电＋政用、民用、商用服务，提高平台价值和用户活跃度。

因此，在融媒体平台上的工作人员需要具备特殊的专业能力，未来的新闻记者也必须具备在融媒体平台上、场景中进行工作的能力，才能适应工作岗位的需要。

可以预见的是，未来的体育赛事报道将基于融合媒体的新闻工作背景进行，针对国际体育赛事的新闻采编人才储备和报道演练，需要借助虚拟仿真指挥报道系统，进行国际体育赛事相关的融媒虚拟报道实验。在体育赛事虚拟报道系统中，师生可以使用虚拟现实眼镜等设备在近似实景的条件下进行模拟报道，实现远程沉浸式的报道体验,以此提高体育赛事报道的质量。

国际体育赛事指挥报道虚拟仿真实验是根据国家体育发展的实际情况,结合融媒体传播环境和虚拟仿真技术设计的新闻报道类实验。其实验的总目标是通过依托融媒体平台的整合教学实验,在学生完成前修课程的基础上,掌握在融媒体平台,尤其是在体育赛事报道机构统一制作新闻信息产品,对以"两微一端"为主要载体的各类终端实施发布。实验需要学生具备从事舆情大数据处理、开展融合媒体互动运营等工作的专业能力,实现未来在融媒体中心"上岗即熟手"的工作目标,最终形成在融媒体平台上的实际工作能力。通过虚拟报道实验,学生在运用和巩固新闻采访、新闻摄像、新闻摄影、视听编辑、图文编辑、新媒体编辑、新媒体写作、创意产品赏析、大众文娱项目运作、网络直播等专业技能的基础上,着重完成国际体育赛事融媒体实验平台里指挥报道策划系统的认知和综合运用。

3.融媒体指挥报道虚拟仿真系统

国际体育赛事指挥报道虚拟仿真实验坚持"能实不虚、虚实结合"的原则,以重大国际体育赛事的资料准备和实验平台的虚拟场景演练相结合,进行多屏互动的仿真实验。通过统一指挥平台,我们可以将各方资料汇集到融媒体平台,实现师生的沉浸式教学体验。由此,可以实现资源共享、内容互享,达到巩固理论知识、培养学生的动手能力和应急处理能力以及对于国际体育赛事报道策划的能力。

虚拟仿真实验需要依托于特定的指挥报道系统,该系统是在保持传统制播体系的独立性和完整性的前提下,提供统一呈现和控制功能,将传统电视生产、互联网内容生产纳入融合统一体系,从而建立基于资源调度的业务统一管理和调度控制机制。指挥报道系统主要包含了策划指挥系统、地理信息系统(GIS)地图以及新闻采编客户端等运作系统,其中最为关键的在于策划指挥系统的整体设计和构建——通过系统的选题、指派、任务的执行以及相关内容的回传进行融合生产流程的要素呈现,同时使用GIS地图大屏进行记者任务以及回传内容的实时监测和情况把握,服务于生产和对外展示。

3.1 策划指挥系统

策划指挥系统包括多渠道汇聚新闻热点选题平台、策划调度采访资源平台以及融合生产监看平台。多渠道汇聚新闻热点选题平台利用云线索汇聚的海河大数据监测实时社会热点事件或突发事件，提供选题策划的依据，实施选题指派分发任务，指导新闻内容生产。策划调度采访资源平台指派互联网发布、电视播出、采访等3种类型的工作任务，并对后续生产发布环节的情况进行跟踪，且在GIS中能进行实时监测；记者登录策划指挥系统或采编客户端可进入任务的查看、认领、反馈等执行状态。融合生产监看平台可实时监看融合生产系统互联网生产流程进度。该平台展示了上述3种工作任务的进度，若有工作任务出现异常变动，指挥决策者能实时了解查看并作出应急处理。

3.2 GIS地图大屏

基于GIS地图实现对所有采访资源的统一管理和调度，指挥决策者可在GIS地图查看记者和工作任务的位置、记者相关任务列表、任务状态以及回传素材进度，实时掌握该工作任务对应的生产进度。同时，GIS地图可展现所有采访资源的分布状态，指挥决策者在地图系统直观地看到采访资源的实际情况，可利用调度系统直接对资源进行更为合理、有效的调度分配。

3.3 采编客户端

我们以“小编快跑”应用程序为例，它是基于全球定位系统的记者采编移动软件，其位置信息可实时显示在GIS地图中。它具备视频、图片拍摄回传功能，支持文字、图片、视频编辑，包括CMS编辑器、JOVE微编、NOVA精编等生产工具，可实现工作任务的认领、编辑、审核、发布，也可以在安卓和iOS平台兼容。

在上述指挥报道系统的功能划分之下，虚拟仿真报道实验大致分为选题策划、指挥报道和内容生产3个方面。学生(或实习记者)通过教师设定的角色进入云平台，其角色大致分为主编、责编、记者等。主编指定题目，记者创建选题，责编审批选题，参与者以团队形式轮流进行角色的虚拟仿真实验。主编根据大数据全网舆情、专题，利用多种数据汇聚方式，选择需要报道的选题，并指派给记者工作任务。记者使用统筹调派应用程序，领取指派的新任务进行采访报道，同时利用编辑工具对文字、图片、视频进行移动在线编辑并回传。在此过程中，主编可以通过GIS地图大屏查看记者状况，包括位置、进程和回传内容等。责编则利用策划指挥系统在实验教学中心审核记者回传内容。

融媒体生产发布平台的指挥系统平台以策划和统一指挥为目标，将融媒体生产的全面系统呈现和控制融合生产流程的各重要环节串联起来，形成完整融合生产闭环，协助业务部门形成新媒体融合生产的辅助决策能力,实现新媒体和传统媒体内容生产和发布的完美融合。通过构建策划指挥系统,平台使融合生产新闻业务在运营中实现如下目标:在保持传统制播体系的独立性和完整性前提下,提供统一呈现和控制功能,将电视内容生产、互联网内容生产纳入融合统一体系,与此同时,建立起基于资源调度的业务统一管理和调度控制机制。

4.OBE 教育模式的研究

成果导向教育(OBE)是一种基于学生学习成效的教育模式,高度适配于一系列传媒类课程所要求的实践能力的熟练掌握,而非理论知识的获取。成果导向教育又名结果导向教育、产出导向教育等,该理念强调了教学重点不在于学生的课程成绩,而是在课程结束之后学生所具有的思维及能力。早在 1937 年,卡内基教学促进会的沃尔特(Walter.A.Jessup)提出能力导向教育理念:对学生学习成果的判定不应该受限于学期课时,而是依据他们展现出自己能做什么来决定。职业教育率先借鉴了这一教育理念,到了 20 世纪 70 年代,开始逐渐用于大学生的培养。1994 年,《成效基准理念的教育》在美国出版,该书作者斯派蒂(Spady)提出:“基于成效的教育是从使每个学生能成功地展示学习经验为出发点而来组织和运行一个教育系统。成效是指我们希望学生能够通过学习经验结束后展示的清晰的学习结果。”该书作者还强调,学生学到什么和是否学习成功了比什么时候以及怎么学习更重要。OBE 要求在学习产出、教与学的活动、评估这 3 个方面统一起来,形成整个教学体系。换句话说,OBE 教育模式就是围绕“定义预期学习产出—实现预期学习产出—评估学习产出”这条主线而展开,其中的学生产出评估构成了教育质量持续改进的闭环。①

这一思想一经形成,迅速成为引导美国、英国及加拿大等国家教育改革的主流理念。20 世纪末,先确定学习成果再验证教育成果这一思路被美国医学院协会(AAMC)所采纳,该协会联合研究生医学教育认证委员会(ACGME)共同商定了 6 项能力,用于医学专业认证。在这一时期,OBE 开始走向国际,南非、澳大利亚等国家开始 OBE 教学实践。21 世纪初,对 OBE 的研究主要是对其如何应用进行探索,也是在这一时期,中国部分高校开始引入这种教学模式。

我国首先将 OBE 理念应用于工科专业。以清华大学为例,美国工程技术评审委

---

① 顾佩华,胡文龙,林鹏,等.基于“学习产出”(OBE)的工程教育模式:汕头大学的实践与探索[J].高等工程教育研究,2014(1):27-37.

员会(ABET)在清华工科专业中设立了认证试点,ABET 采用了 OBE 理念,要求工程教育各专业对核心课程的设立进行学习成效的分析,该理念对工程教育课程质量起到保障作用。目前,在工科领域 OBE 模式已经发挥着稳定且高赋能的作用,但是在文科领域相关的学术研究还存在较大空白,研究成果呈碎片化特点,且多停留在理论研究——OBE 理念与某课程某专业或某高校的适配性层面。①

5.OBE 教育模式下实验过程的设计

国际体育赛事指挥报道虚拟仿真实验从确定学习成果、搭建自我参照体系、反向设计课堂教学内容及活动几个方面进行了设计。

5.1 依托成果导向构建项目库

传媒类课程涵盖的领域包括艺术、技术等多方面,实际教学既有理论基础知识,又有拍摄剪辑制作等实践影视创作,是实践性与综合性强的课程。依托 OBE 理念进行板块化实践教学,旨在通过不同板块项目的设置,帮助学生达到预期目标。

5.2 依托成果导向进行项目实践教学目标确定

在构建实践项目库的基础上,我们需要确定实践项目教学目标,以检测 OBE 理念能否成功融入。课程实验教学分为选题策划、指挥报道和内容生产 3 个方面,从前修课程的基础教学到指挥报道策划系统的流程教学,再到以项目为核心的平台整合实训的过程,明确项目的实验目的和能力要求,实验教学以教师讲授教学和学生模拟仿真实验操作的模式展开。

5.3 依托成果导向进行实验项目的设计

学生通过教师设定的角色进入云平台,角色分为主编、责编、记者。主编指定题目,记者创建选题,责编审批选题。学生以团队形式,轮流进行角色的虚拟仿真实验。主编根据大数据全网舆情、专题,利用多种数据汇聚方式,选择需要报道的选题,并指派记者工作任务;记者领取指派的新任务,进行采访任务,使用移动编辑回传内容,同时主编借助 GIS 地图大屏,查看记者状况,包括位置、进程和回传内容;责编利用策划

① 苏芃,李曼丽.基于 OBE 理念构建通识教育课程教学与评估体系:以清华大学为例[J].高等工程教育研究,2018(2):129-135.

指挥系统在实验教学中心审核记者回传内容。学生通过实验操作掌握“选题策划决策系统”“舆情大数据监测系统”“中央厨房指挥调度系统”“采编客户端”等软件的操作流程。学生担任主编、记者、责编3个角色,进入选题策划、指挥报道、内容生产融合3个方面的媒体平台虚拟仿真前序工作流程操作实验。

学生在实验中可通过云线索大屏和GIS地图大屏,辅助选题决策以及查看和调度记者资源。

实验具体实施时,教师可以依托过程、主题、成果等环节进行综合评价。最终形成了实验赋分模型为,步骤满分=A,平均成绩=B,评价值 $C=\sum B/\sum A$。教学目标达成度的计算公式为 $D=(C1+C2+C3+\cdots\cdots+Cn)/n$(本实验中 $n=20$)。

6.OBE模式下的虚拟仿真实验有效评价教学效果

国际体育赛事指挥报道虚拟仿真实验被认定为省级一流虚拟仿真实验课程,导入OBE教学理念顺应了融媒体时代发展要求、适应了新媒体市场经济发展需要。针对融媒体人才培养的实践教学,确立了开展融媒体人才培养的基本思路和工作方向,建设了满足融媒体人才培养综合需求的实践教学设备设施,构建了致力于人才实际工作能力形成的实践教学课程体系,开发了关键课程,设计了与之配套的教法,初步探索了满足融媒体人才培养的“双师双能型”师资队伍建设的实现途径,建立了与融媒体人才培养目标匹配、具备融媒体实践教学特点的课程考核和毕业考核的方式方法。在融入传统传媒类课程的同时,结合5G、大数据、云计算、虚拟仿真、人工智能等信息技术革命成果,虚拟仿真实验实现在深入开展教学工作的同时服务地方和行业经济发展。

〔陈臻,副教授,四川传媒学院融合媒体学院;彭毅,讲师,四川传媒学院融合媒体学院〕

实验教学中心构建研究

新时代下传媒类实验教学中心的建设和发展实践

——以陕西师范大学数字传媒技术实验教学中心为例

◎李　喆　翟　梅

摘要:本文主要介绍了在人工智能赋能融媒体时代背景下,数字传媒技术国家级实验教学示范中心(陕西师范大学)实验平台建设的探索与实践,从引进人才、资源整合、实验室建设以及取得的成效和未来的发展几个方面进一步阐述了实验教学中心建设和发展方面的显著成效。

关键词:人工智能;融媒体;实验教学;实验室建设

1.引言

数字传媒技术国家级实验教学示范中心(陕西师范大学)的发展要追溯到1982年成立的陕西师范大学电化教育中心,该中心1994年更名为陕西师范大学电教影视中心。2000年,陕西师范大学为了适应信息时代对新闻传媒、艺术传媒、教育传媒人才培养的需求,在原新闻系、电化教育系、电教影视中心的基础上合并组建新闻与传播学院,中心又更名为陕西师范大学数字传媒技术实验教学中心,为陕西师范大学六个校级实验中心之一。该中心于2006年获批陕西省数字传媒技术实验教学示范中心,于2009年入选国家级实验教学示范中心建设单位,2013年通过验收,获批国家级实验教学示范中心,成为西北地区唯一一家传媒类国家级实验教学示范中心。经过40多年的发展,如今的数字传媒技术国家级实验教学示范中心(陕西师范大学)在人才培养理念、人才培养目标、专业结构、实验教学体系、实验教学方法、资源建设和师资队伍等方面逐步形成了鲜明特色。

在智能网络时代,随着5G、物联网、人工智能等普及应用,传媒类实验教学中心建设和发展面临挑战,也遇到了加快发展的机遇。推动中国融媒体的创新发展,是党中央在新的传媒生态下做出的重大战略部署。高校融媒体实验平台建设是《教育部、中共中央宣传部关于提高高校新闻传播人才培养能力实施卓越新闻传播人才教育培养计划 2.0 的意见》中的重要内容。本文以数字传媒技术国家级实验教学示范中心(以下简称“中心”)融媒体实验平台的建设实践为例,总结陕西师范大学在人工智能赋能融媒体时代背景下传媒类实验教学中心的建设和发展情况,以及取得的成效。

2.引进人才、资源整合,促进融媒体实验平台建设

2015 年,中心联合北京北大方正电子有限公司部署了全媒体新闻生产和新媒体发布平台,建设了全媒体内容制作和发布实验室;同时依托中科点击(北京)科技有限公司军犬舆情系统,建设了新闻舆情与调查实验室。这两间实验室的建成基本实现了中心媒体内容生产的数字化流程改造,也开始了中心在融媒体实验平台建设的探索。

2018 年 12 月,陕西师范大学成立了“一带一路”文化教育传播智慧港,引进中国工程院院士吾守尔・斯拉木,组建院士工作站,并以院士为带头人,获批陕西省“三秦学者”创新团队;同时特聘北京师范大学周明全教授的虚拟现实与可视化技术团队,组建了陕西师范大学文化教育智慧传播工程技术研究中心。

高层次专家团队的融入给融媒体实验教学带来新的发展,中心依托新闻与传播学院、“一带一路”文化教育传播智慧港、吾守尔・斯拉木院士工作站、“三秦学者”创新团队、文化教育智慧传播工程技术研究中心,广泛整合学校在计算机、人文社科、历史地理、教育等相关学科领域的优势资源,探索人工智能+融媒体的融合,提出建设“人工智能+融媒体实验平台”建设思路。融媒体实验教学平台构成基础如图 1 所示。以数字传媒技术国家级实验教学中心已有的实验室群落为基础,将文化教育智慧传播工程

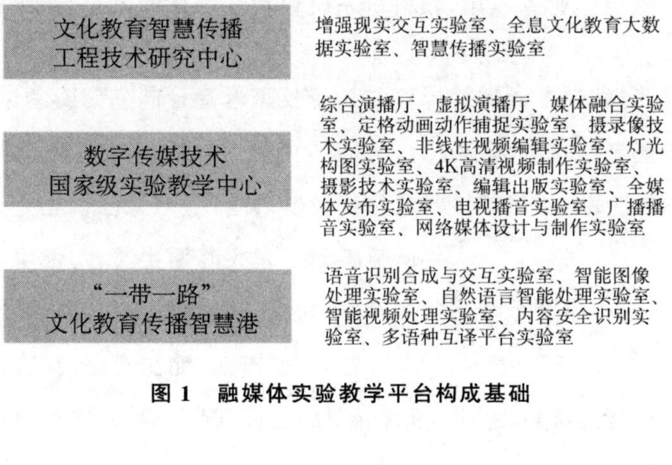

图 1　融媒体实验教学平台构成基础

技术研究中心和“一带一路”文化教育传播智慧港的科研实验室纳入人工智能＋融媒体实验室群落;建立统一的资源、数据和计算中心,资源共享;教学和科研相长,教学和科研紧密结合,优势互补,解决了教学实验室在计算机人工智能方面的技术性不足,同时也为科研实验室素材采集、制作等方面补足短板。

融媒体是一次因技术创新而产生的媒体变革,其创新的驱动力就是人工智能、信息通信、大数据、云计算等方面的先进技术。①我们可以清晰地看到人工智能在内容生产、内容传播、内容监管等各个方面对融媒体领域产生的巨大影响。人工智能应用在融媒体领域的总体架构共可分为3层:硬件层、技术层、应用层。② 对于培养传媒人才的院校来说,硬件层、技术层和媒体行业无异,但应用层除了媒体业务系统外,还需要增加教学和科研应用系统。

按此思路,中心在学校的支持下,优化和扩展实验室的物理空间——以逸夫传媒教育楼为主体,布局“人工智能＋融媒体实验平台”。逸夫传媒教育楼包含主楼、南楼和北楼3个区域,数字传媒实验教学中心实验室群落分布在主楼,有30多间涵盖摄影、摄像、动画、网络技术、视频制作、音频制作、电子出版、全媒体发布、大数据采集及新闻舆情、媒体融合制作、内容直播等功能的教学实验室;南楼为虚拟演播厅、综合演播厅和融媒体指挥调度中心;北楼为戏剧与影视艺术综合剧场。学校调配资源、统一规划,将文化教育智慧传播工程技术研究中心和“一带一路”文化教育传播智慧港的科研实验室也部署在主楼,这些科研实验室涵盖虚拟现实、智慧传播、大数据、人工智能媒体融合等领域。

在此基础上,中心以教学和科研一体化为突破口,明确了人工智能＋融媒体实验平台的建设方案,如表1所示。建设方案包括3个部分,包含基础系统、业务系统和教科研系统。基础系统包含统一的资源、数据、计算中心和人工智能媒体处理平台;业务系统包含智能化融媒体业务应用;教科研系统包含融媒体教学平台、继续教育平台、大数据科研应用等。

---

① 宋煦.融媒体环境下媒体技术的创新及发展探讨[J].数字化用户,2019(8):134.

② 周绍懿.人工智能技术在融媒体领域中的应用[J].传媒论坛,2021(22):19-20,23.

表 1　人工智能+融媒体实验平台建设内容

层次	项目	建设内容
硬件层	基础系统	资源、数据和计算中心
技术层		人工智能媒体处理平台
应用层	业务系统	智能化矩阵式新闻发布运营实验室
		内容智能交互生产与多模块集成应用实验室
		人工智能直播(导播)实验室
		指挥调度仿真实验室
		媒体大数据及可视化实验室
	教科研系统	智能化融媒体课程和虚拟仿真实验平台
		智能化媒体融合专业技术人员继续教育平台
		智慧传播大数据科研应用平台

3.分步实施,加快“融媒体+人工智能实验平台”建设

3.1　融媒体与人工智能实验基础系统建设

融媒体基础系统和通用的人工智能平台一样,包含硬件层和技术层两层。硬件层包括计算硬件、数据资源和相关基础理论,其中计算硬件的核心是具备高运算能力的芯片,基础理论的核心是机器学习。技术层主要包括计算机视觉技术、自然语言处理技术、语音处理技术、知识图谱技术、推荐系统、数据挖掘、虚拟现实、增强现实等技术。

3.1.1　统一的资源、数据、计算中心

融媒体硬件层需要解决的问题是数据存储和计算,传统的数据中心已经无法应对未来海量的存储容量和计算能力,因此需要建立统一的私有云。通过建设私有云,同时部署高速网络,将各实验室、各系统高速连接至私有云机房。此外,整理现有资源和数据,并引入吾守尔·斯拉木院士的多语种语言互译数据资源,建立大数据资源库。

3.1.2　借助科研实验室的优势,搭建人工智能媒体处理平台。

人工智能是一门涉及计算机科学、逻辑学、生物学、心理学、哲学等众多学科的交叉学科,已在语音识别、图像处理、自然语言处理、自动定理证明及智能机器人等应用

领域取得了显著成果。① 人工智能技术通过研发手段实现模拟并拓展人的智能,其在新闻传播领域的应用,目前已经渗透到新闻传播生产的各个环节。新闻传播生产模式在信息采集、内容制作、产品分发、用户体验等诸多方面,都可使用人工智能技术。

自然语言智能处理可以模拟人的智能和认知行为,实现机器的“创造力”,用人机结合的方式来强化记者的写作能力;智能图像处理可以将非结构化媒体数据进行机器审核;语音识别技术在采编环节中将语音生成文本稿件并进行二次编辑;人工智能语音编译系统将语音报道生成文字版,提升了媒体稿件、节目素材管理的效率;语音合成技术把媒体报道的文章从文字版转换成语音版,并且接近于逼真的人声;个性化推荐技术针对每个特定用户量身定制推荐内容;人工智能预测技术通过对海量的热点内容的模型进行训练和分析,可以实现对于热点趋势的预测;多语种互译除了可以实现中文与其他通用语言的智能化互译,还可以实现汉语和哈萨克语、乌兹别克语、吉尔吉斯语、土耳其语,乃至阿拉伯语等语言的信息交换。

3.2 融媒体与人工智能实验业务系统

人工智能技术在融媒体制作流程中每个环节都可以发挥积极作用。当前人工智能技术基本涵盖了融媒体生成传播的全过程,主要包括内容生产、内容传播和内容管理 3 个部分。早在 2015 年中心已经建立了全媒体发布平台,在融媒体平台的建设中,以智能化矩阵式新闻发布运营实验室、内容智能交互生产与多模块集成应用实验室、人工智能直播(导播)实验室、指挥调度仿真实验室、媒体大数据及可视化实验室为主。

3.2.1 智能化矩阵式新闻发布运营实验室

该实验室包含内容管理系统(CMS)/视频管理系统(VMS)新媒体视音频内容管理模块,两微一端,互联网矩阵多终端内容发布与互动运营模块等。该实验室建设符合行业发展趋势,又与行业主流系统能力一致,涵盖了融媒体业务各个环节的业务平台,符合学校教学和实训的业务需求。通过该实验室,师生可自行组队,使用智能化矩阵式的新闻发布平台,培养学生新媒体业务运营实践能力。

3.2.2 内容智能交互生产与多模块集成应用实验室

该实验室整合现有来稿素材资源,实现了业务内容的单独平台集中共享,可深入进行新闻工作质量有效管理,培养学生媒体内容智能交互生产能力。系统提供统一编

---

① 吕伟,钟臻怡,张伟.人工智能技术综述[J].上海电气技术,2018(1):62-64.

辑流程管理、多媒体新闻内容加工、多渠道新闻发布管理的全媒体新闻运作方式,支持新闻报道以稿件为中心、以新闻事件为中心两种业务模式,可以跟踪新闻事件报道的整体采、编、发状态,能够对新闻生产实施全流程监控。

多模块集成应用实验室建立采编开放共享信息技术平台,打造“中央厨房”编辑部,形成跨媒体跨平台的新闻信息生产流程线,稿源集成处理,衍生出全介质的新闻产品,对不同渠道稿件素材进行自动分类、权限共享、内容审核,打通纸媒应用、网站应用、掌媒应用的稿件采、编、发应用流程。

3.2.3 人工智能直播(导播)实验室

该实验室可以为各种活动进行网络直播,培养学生直播策划、专业拍摄、现场主持、直播间管理、播控、主备播、延时播、垫播、上字幕台标、互动以及人工智能直播等能力。实验内容一是 IPTV 系统,与陕西广电网络合作开办 IPTV 校园实验网,在校园网上提供电视信号观看;实验内容二是网络直播,在原有的校园有线电视系统增加网络直播系统,实现自办节目的流媒体直播,输出到校园网和互联网直播平台。

3.2.4 指挥调度仿真实验室

该实验室包括融媒体“多来源汇聚”“多样化生产”“多渠道发布”“统一报道指挥”等部分,培养学生的融媒体生产及运营能力。该实验室以“中央厨房”融媒体统一策划及报道指挥系统为原型,包括统一指挥中心、新闻融合生产、内容库、内容汇聚和基础服务平台。统一指挥中心包括统一新闻选题策划、指挥协同资源调度、舆情分析、业务监看、发布监看等子系统。融媒体新闻融合生产包括互联网内容生产、电视广播内容生产和其他内容生产等子系统。融媒体内容库包括聚合平台汇聚到台内的融媒体内容、融媒体新闻融合生产体系、台内其他业务体系的交互内容等子系统。基础服务平台包含统一索引、统一检索、转码服务、流程引擎、大文件传输以及生产周期管理等功能服务的子系统。

3.2.5 媒体大数据及可视化实验室

该实验室为各种课题研究提供素材和互联网上最新舆情,具备自定义各类学科专题热点的能力,培养学生媒体数字化运营思维。

该实验室基于科研实验室的已有大数据服务,结合学校自有相关渠道数据,实现为学校产学研用业务提供科学的舆情分析、头条预测、传播分析、运营分析等大数据舆情分析服务。该实验室开展媒体大数据基础服务和内容精准传播研究,提供知识图谱、用户画像、个性化推荐、舆情分析、媒体传播分析与用户行为分析和智能推荐服务。在成熟的大数据分析服务的基础上，实验室开展相应的产学研用活动，自主开发相应的分析算法，拓展更为丰富的大数据分析服务。

3.3 智能化融媒体教育教学系统

3.3.1 智能化融媒体课程和虚拟仿真实验平台

该平台引入云计算、大数据、产业升级运营的相关理念和课程，与传媒专业教学体系深度融合。智能化在线课程发布与学习平台实现了课程内容的在线点播、直播、跨平台发布、互动教学等多种服务，搭建基于产业项目运营服务、大数据追踪、人工智能的全流程智慧教学平台，同时将海量的短视频制作、配音、计算机动画(CG)制作等市场化项目带入课堂，搭建海量云资源库，开设媒体前沿系列课程。

教师可以利用云计算、虚拟现实等技术开发虚拟自然灾害现场仿真报道实验，对学生进行实训。教师可以利用融媒体报道便捷、快速、多渠道、大数据支撑特点，训练学生完成与传统媒体报道差异化的报道，提升学生新闻判断力；基于人工智能技术发展，研究人工智能技术在媒体生产发布环节中的落地，使学生获得实际体验；同时通过实践教学，使学生感知人工智能环境下的媒体生产进化过程。

在这一平台上，“地震突发事件新闻现场采访报道虚拟仿真实训项目”抓取地震灾区新闻采访工作流程的关键步骤与核心要点，选择代表性的时空坐标进行设计。实训采取模块化通关任务机制，通过特定“情景”的“实战演习”，让学生锻炼出现场新闻采访与生产的相关能力。学生采用第一人称情景模拟方式进行挑战过关学习。在此学习场景中，学生扮演记者，模拟新闻信息采集全过程。

3.3.2 智能化媒体融合专业技术人员继续教育平台

基于省部共建的需求和学校在人工智能、融媒体教育教学的专业性前瞻性，我们利用融媒体中心云平台随时随地可以使用的便捷性、融媒体业务全流程虚拟实验教学平台与融媒体的实验教学融合互通的专业性开放性，融媒体完整体系教学的完善性，形成了一个可以面向新闻从业人员的继续教育平台。该平台不仅能提高在校师生在融媒体行业专业教学水平，更可以服务社会，达到真正的校企协同育人、产教联合发展。

3.3.3 智慧传播大数据科研应用平台

智慧传播大数据科研应用平台致力于人工智能、移动互联网及媒体技术相融合的创新研究，探索人工智能＋移动媒体的未来，推动媒体教育和科学研究在内容生产、传播方式、业务形态、服务模式、产业格局等多方面的创新，为新闻媒体行业及相关辐射行业提供包括智能文本处理、智能语音交互、智能图像及视频处理与分析、高效移动互联网传播等在内的智慧化媒体融合解决方案。平台通过对传统媒体和新兴技术进行二次整合、深度融合、一体发展，帮助学生实现传统媒体学习向智慧媒体学习的跨越。

中心开发了混合现实全息舞台设备，由虚拟影棚和全息舞台两部分组成，采用实时前景背景分离技术与混合现实技术。虚拟影棚中的人物由高清摄像机实时采集，经软件系统处理，将人物与虚拟影棚背景分离，然后经混合现实软件，将人物影像与预先制作好的虚拟人物、场景进行融合后，采用全息投影技术，将融合后的影像投射到全息舞台上，进行现实人物与虚拟人物的立体展示。混合现实全息舞台可以打破时空的界限，让参与者在虚拟影棚中与虚拟人物进行一定的实时互动。

4.中心建设取得的成效

4.1 有效培养学生动手实践与创新能力

“人工智能＋融媒体实验平台”优化和完善了中心实验室布局，建立了适应当前融媒体时代的特点，汇聚广播电视技术、新闻采集编辑、计算机多媒体技术、人工智能和大数据为一体的实验实训平台，在此基础上确立“以学生为本，文理艺多学科融合，培养复合型现代传媒人才”的培养理念。中心以学生实践能力、创新精神的培养和人文素养、技术素养、艺术素养相融合的综合素质提高为目标，构建了支撑人才培养理念和人才培养目标的“多层次综合化”实验教学新体系，主要体现如下：

第一，通过国家级实验教学示范中心实践教学和“三结合教学模式”赋能，新闻传播专业实践教学比例占总学分的30％左右。

第二，新闻媒体实践教学基地建设至40家，覆盖各种媒介类型。

第三，有效利用地缘优势，利用革命老区、贫困落后地区、少数民族地区情况推进国情教育和实践教学相结合；学生实践实习推行课程实习、集中实习和假期实习相结合.

第四，利用实验室资源，学生自办网络媒体平台，实现组织化、机制化运作，充分体验新闻产制流程。学校利用专业优势和人才优势，深化校企合作，共建新媒体直播培训基地。

第五,联合地方政府开展全媒体技术培训、农特产品带货直播,全面融入和服务乡村振兴国家战略。

4.2 产出丰富的研究成果

中心围绕卓越新闻传播人才教育培养 2.0 计划,推进新形势下实践实验教学改革,获批国家级人才培养模式创新实验区 1 个、省级专业综合改革试点项目 1 个、省级人才培养模式创新实验区 2 个、省级教学团队 2 个、省级教学成果奖 3 项、团队成员参与的国家教学成果奖 2 项。中心在复旦大学出版社出版了一批高质量实验教学教材,发行量突破 2 万册。

此外,中心凝聚了新闻出版、计算机及人工智能技术、文化传播研究人才,形成了一支跨学科研究队伍,相继获批一系列项目:国家重点研发计划项目“民族民间文化资源传承与开发利用技术集成与应用示范”;国家社科基金重大项目“数字媒介时代的文艺批评研究”;国家自然科学基金项目“虚拟环境下物体间交互关系研究”“基于物理的交互破碎模拟算法及算法真实感评价研究”“维吾尔语汉语语音翻译系统关键技术研究”;国家重点研发计划项目“智慧博物馆关键技术研发和示范”子课题“远程交互数字展览技术和应用”“多语言大数据环境下的复杂网络行为分析、预测和干预”等。

4.3 产生广泛的影响力和辐射效应

中心打造的一批实验室产生广泛影响力:西部多语种文化资源智慧出版重点实验室入选国家新闻出版署出版业科技与标准重点实验室;全媒体实验室入选教育部中外人文交流全媒体产教融合基地;媒介素养科普基地入选陕西省社会科学界联合会“陕西省社会科学普及基地”。

陕西师范大学入选教育部第二批教育融媒体建设试点单位,以此为契机,中心发起成立西部丝路校园融媒体中心,开展形式多样的融媒体实践实训活动,先后组织了融媒体人才培养、宣传业务技能培训、优秀文化进校园活动以及虚拟现实文化应用、人工智能与媒体融合的科学研究,服务了公费师范生硕士教育和中小学教师继续教育等工作。这些工作是西部教育教师创新联盟中的一项重要内容,正在积极推进。

2018 年中心牵头联合省内多家院校策划陕西高校传媒专业共享课程平台的建设。2019 年中心建立了陕西高校传媒实践交流群,沟通共享课程建设。截至 2021 年,中心已完成课程共享平台的建设,平台上线课程三门,与西北大学新闻与传播学院、长安大学人文学院、陕西理工大学文学院等院校达成合作意向,共同开展课程建设和实验教学改革，平台建成后将实现课程共享、学分互认。

2020年开始，智能化媒体融合专业技术人员继续教育平台先后承担了陕西省委宣传部、西安市委宣传部等部门和《陕西日报》等媒体单位的业务培训任务20多次，累计培训学员超过1500人。

5.结语

当前，人工智能技术已经渗透到融媒体领域的各个方面，从信息收集、选题策划、内容创作、内容分发传播、内容校对、内容审核、内容辨伪等各个环节重塑了媒体融合的整个业务流程。[①]传媒院校作为融媒体人才培养的基地，必须紧跟社会需要，顺应媒体融合化、移动化、数据化、智能化、社交化、个性化发展趋势，建设新一代融媒体实验室，对教师、学生进行实战实训，掌握新闻产品创新加工能力、互联网新闻编务生产能力、融合生产协同工作能力等融媒体能力，培养出满足社会需求的融媒体业务人才。

数字传媒技术国家级实验教学示范中心（陕西师范大学）在新形势下推动融媒体实验平台建设的实践，以数字传媒技术国家级实验中心现有实验室平台为核心，引进人工智能、虚拟现实等领域高层次专家团队，内联计算机、人文社科、历史地理、教育等相关学科领域的优势资源，在统一的数据、资源和计算中心上实现各实验室、各系统之间高速互通互联、资源共享，将人工智能技术渗透到媒体的处理流程中，建设了“人工智能＋融媒体实验平台”，为新时代背景下探索融媒体实验平台建设开辟了一条崭新的实践路径。

〔李喆，实验师，陕西师范大学新闻与传播学院；翟梅，实验师，陕西师范大学新闻与传播学院〕

① 刘德寰，王妍，孟艳芳.国内新闻传播领域人工智能技术研究综述[J].中国记者，2020(3)：76-82.

文科实验中心文化内涵建设分析

——以河北大学文科综合实验教学中心为例

◎ 田艺霏 刘洪流

摘要:在文科实验室的建设发展中,除了实验室硬件设备和场所的不断升级改造,我们更要关注文科实验室的文化内涵建设,应当将文化建设摆在尤为重要的位置。这一观点虽然看似"不务正业",打了"文科"的擦边球,但是其实有助于培养学生人文气质和人文素养,提升创新实践能力。河北大学文科综合实验中心在长期发展中形成了以文科实验室建设为主、以文化内涵建设为辅的发展思路,并着力发展传统文化,以文促教、以文促建。本文通过研究文化内涵建设的重要性,进而分析河北大学文科综合实验中心文化内涵建设的成果和未来方向。

关键词:文化内涵建设;传统文化;创新应用型人才

1.文科及文科中心概述

文科,是教学上相对于理科与工科而言的科学,又称人文社会科学,是人文科学和社会科学各学科的总称,是研究人类社会独有的政治、经济、文化等各种人文社会现象的科学。[①] 人文社会科学中应用性强、实践性强的学科可以统称为应用文科。应用文科人才培养不是仅仅依靠传统书本教学就可以完成的,更重要的实践操作能力培养必须在实验室里完成,因此文科实验中心应运而生。

河北大学文科综合实验教学中心就是为了应用文科而设立的实验教学单位,成立于2007年,包含传媒实验中心和经管实验中心两个实验中心。2010年文科综合实验教学中心(以下简称"文科中心")获批成为国家级文科综合实验教学中心。文科中心

---

① 张宝秀,朱科蓉."文科综合"的内涵与文科综合实践课程体系建设[J].实验技术与管理,2013(1):18-21.

的基本定位是：实验教学坚持学生在教育中的主体地位，着力实现学生综合素质的全面提高，建立独立和完善的实践教学体系，加强对学生创新精神和实践能力的培养。文科中心结合文科学科的教学内容及特点，通过实验教学对学生进行理论联系实际指导和实验技能训练，使学生完整、系统地掌握实验的基本原理、方法和技能，培养学生解决问题的实践能力，培养满足社会需求的融通性实用人才。

文科中心一直坚持科学发展，实验技术与文化内涵建设并重，在长期的发展和改革中，形成了以文科实验室建设为主、以文化内涵建设为辅的发展思路，并着力发展传统文化，以文促教、以文促建。

2.文化内涵建设对文科实验室建设的重要性

2.1 文科实验室建设离不开内涵建设

随着科技的不断发展，实验技术与实验手段更新换代周期大大缩短，新技术、新方法、新实验层出不穷，实验室已经从过去单纯的机房、演播厅发展到如今的虚拟现实、增强现实实验室。国家大力支持文科实验室的建设和发展，推进虚拟仿真实验教学的建设，又极大地促进了文科实验室建设的繁荣。然而，文科实验室建设也出现盲目跟风现象，陷入比拼技术与投入的怪圈。实验室建设越晚，采用的技术自然越先进，投入也自然更大，这种跨越式发展虽然建设了一大批“高大上”的文科实验室，但是实验室大而无物，除了高科技和冰冷的实验设备，缺少文科气质。这是文科实验室建设只注重技术、投入，忽视文科精神内涵建设的后果。实际上，实验平台多、实验室先进、实验器材资源充足、开放项目丰富、示范中心头衔多，这些都是文科实验室的“面子”，也可以说是“壳”。然而，仅有“面子”还是不够的，只有空壳的文科实验室并不能达到培养学生的目的，它仍然需要“里子”支撑，也就是文科实验室的精神内涵。试想，一个缺乏文科气质和精神内涵的文科实验室，又如何能承载培养学生重任，使得文科实验室长久可持续发展呢？

2.2 创新应用型人才培养离不开传统文化

全球化时代，科技发展日新月异，我们每天接受着各种外来文化的影响和熏陶，同时传统文化出现了被冲击的危险。胡适曾经指出：“如果对新文化的接受不是有组织的吸收的形式，而是采取突然替换的形式，因此而引起旧文化的消亡，这确实是全人类的一个重大损失。”[①]对待传统文化，我们不能让情绪替代理性，不能让武断代替分析，更不能简单认为旧不如新。我们不能只看到旧文化衰亡的因子(其内在矛盾的否定方面)，而忽略了它仍有生命力的部分(其内在矛盾的肯定方面)。如果传统文化不能在大学生心中扎根，将会严重制约他们的创新能力培养。[②] 因此，我们不应否定传统文化，而应当取其精华去其糟粕，将中华优秀传统文化与培养新时代创新应用型人才相结合，引导学生学习中华优秀传统文化，继往开来，培养创新理念；胸怀天下，传承人文精神与气质；知行合一，从理论走向实践。高校应用型文科实验室的建设旨在培养学生的知识应用能力和实践能力，并在此基础上培养学生的创新意识，提升创新能力与职业素质。[③] 文科实验室建设宗旨与传统文化建设相结合，对于创新应用型人才的培养是事半功倍的。

文科实验室需要“面子”，更需要“里子”，实验室建设必须做到“内外兼修”。注重文科实验室内涵建设，才能更有效地提高实验教学质量，促进创新应用型人才培养。而内涵建设中最为重要的是传统文化建设。传统文化是我国高校素质教育的重要组成部分，也是文科人才培养的重要环节。河北大学位于历史文化名城河北保定，背靠雄安新区，大量传统文化留存和非物质文化遗产资源是河大学子学习、实践研究的良好素材。因此，文科中心重视文化建设尤其是传统文化的建设，这不仅可以提升大学生文化素养、学术创新能力、民族自信心与自豪感外，文科实验与传统文化相结合，也成为创新型人才培养的重要方式。传统文化与文科实验相结合，可以让学生在专业实践中领略传统文化风采，感悟传统文化精神，提升自身能力，成为符合社会需要的创新型人才。

3.文科中心文化建设现状

一般来说，人文素质包括 4 个方面的内容：具备人文知识(包括艺术知识、哲学知识、政治知识、法律知识、宗教知识、历史知识、文学知识、道德知识、语言知识等)；理解人文思想；掌握人文方法；遵循人文精神。[④] 当前，我国高等教育过多强调专业学习，却忽视了对大学生人文素质的培养，从而导致部分大学生虽然有专业知识上的高积

① 胡适.胡适文集：第 6 册[M].北京：北京大学出版社，1998：10.

② 王泽庆.传统文化与高校文科拔尖人才培养[J].湖南第一师范学院学报，2017(2)：48-52.

③ 谢安建，王礼贵.高校应用型文科实验室的建设实践与探索[J].实验室研究与探索，2014(12)：264-267，307.

④ 陶茂芹.文科实验室建设中存在的问题及对策[J].科技情报开发与经济，2007(28)：234-236.

累，但是人文素质却极其低下。① 文科中心一直致力于推动应用文科发展，重视培养学生的知识应用能力和实践操作能力，也重视人文素质教育的发展，并以此为基础不断提升学生的创新创造能力。应用文科的培养除了实验技术和实验手段的加持，“文科”这一重点内容也不应被遗忘，尤其是传统文化更加不应该被舍弃。实现实验技术与文化内涵的协调发展，是文科中心一直追求的目标和发展思路。

文科中心重视实验室文化建设，在满足文科实验教学基础上，根植中国传统文化，结合高校素质教育发展要求，重视实验室文化建设。目前，文科中心建设有书画实验室、茶道实验室、电钢琴实验室、舞蹈实验室，另外开设中国灯谜选修课，努力打造“人生四韵七大雅，琴棋书画诗酒茶”的文化意境。

文科中心影响力最大的是书画实验室——文综书苑。书画实验室始建于 2013 年，是文科中心较早建设的实验室之一。文科中心深刻认识到“文、艺不分家”，“文科”之文不可无文艺之意，于是陆续建设书画、音乐、舞蹈三大实验室，意在充分发挥文科中心素质教育的功能。实验室面向我校师生全天候开放，依托书画实验室，文科中心先后举办河北大学教职工书法培训、指导兰亭书法协会举办驻保高校书法联展、协助教务处举办规范汉字书法展、开办书法实验室教学成果展等活动，获得师生广泛好评，知名度、美誉度持续提升。书画实验室开放至今，已经陆续培养 8 名同学加入保定书法家协会，两名同学毕业后创办书法学校，多名同学毕业后从事专职书法工作。实验室书法作品以礼品的形式被带到多个国家，还为“孔子与萨迪在当代”国际学术研讨会等大型会议提供书法作品展示。多年来，实验室形成了一套行之有效的管理与运作模式，也为非书法专业书法教学开创了一条较为专业的实践道路。2017 年书画实验室正式定名为文综书苑，同时也即将推出同名书法期刊、公众号等试验作品。

茶艺实验室是文科中心另一个文化特色实验室，也是实验室着重打造的另一传统文化、素质教育培育基地。茶艺实验室 2017 年开始申报建设，2018 年 3 月装修完毕投入使用。茶艺实验室面向全体学生开放，其学生构成主要以经济管理、传媒、艺术类文科学生为主，进行茶叶知识讲授、基本茶道训练，培养学生的茶艺技能，提高学生文化修养，陶冶学生情操。茶艺实验室开设课程，带领学生认识和冲泡六大茶类，每周一天对学生开放，供学生互相学习茶艺、品鉴茶品。未来，茶艺实验室拟开设茶道选修课，让更多学生了解茶艺，领略茶文化的博大精深，培养学生的细心、耐心以及良好的礼节习惯。同时，茶艺实验室学员也会参与校园茶艺展示，表演茶艺，分享茶知识。

---

① 岳彬.论人文素质教育下的高校文科实验室建设[J].贵州民族大学学报(哲学社会科学版)，2013(6)：184-186.

文科中心还拥有舞蹈实验室和电钢琴实验室,定期开设舞蹈沙龙和电钢琴培训课程,丰富了学生的课余生活,提升了他们的艺术气质和文化涵养。

文科中心重视将传统文化与专业学习相结合,积极开放实验室,将传统文化内容融入文科实验教学中。以书画实验室为例,文科中心将书法艺术与新闻、广告、播音等新闻传播类专业相结合,开展跨学科综合实践课程。书画实验室运营微信公众号“河大文综书苑”,其中的“关萍说书”栏目,通过讲述的方式为大家介绍书法故事,是书法与播音相结合的一次尝试;公众号的运营维护和内部书法期刊《文综书苑》,为编辑出版专业学生提供了实践和操作的平台;书画实验室还制作推出了一系列书法教学短视频,又让书法艺术与广播电视专业结合与互动,在弘扬传统文化书法艺术的同时,让广电专业学生在专业能力训练方面获得很大的锻炼和提升。

可见,无论是文综书苑还是茶艺实验室,文科中心的“里子”建设从未停歇,走上了文化建设蓬勃发展助力实验室建设发展,实验室建设又促进文化丰富繁荣的良性循环发展道路。

4.文科中心内涵建设发展思路

无论是文综书苑还是茶艺实验室,文科中心都办得有声有色,真正实践了“内外兼修”“文化育人”的目标。但是,文科实验室建设模式并没有成熟经验可以借鉴,而且各学科的差异较大,建设和使用方式不可能一致。[①] 长期以来,人们对于文科实验室建设的重要性仍然认识不足,在管理方式、实验室建设上仍然存在诸多误区,重理轻文传统思想普遍存在,实验室发展很容易陷入文科实验室建设套用理科实验室模式的窠臼。文科中心要想持久发展,除了加大资金投入外,仍需转变观念,继续加强内涵建设。

在面向21世纪的高等教育改革和发展中,加强素质教育无论作为目标或手段都已成为共识。而着力于加强实践能力和创新精神的培养,正是素质教育的宗旨和难点。实践已经证明,培养和加强学生实践能力和创新精神,高校中的各类实验室将会发挥出重要而关键的作用。

10年来,文科中心在探索文综学科实验实践教学体系建设中付出了很大的努力,取得了长足的发展进步,文综学科实验实践教学建设日趋规范化、系统化,在促进人才培养方面发挥了重要作用。但同时,我们必须认识到探索文科中心内涵、促进文科中

① 赵红,李著成.高校文科实验室建设探讨[J].实验室研究与探索,2011(3):169-171.

心发展建设依然任重道远。

4.1 以传统文化为根基，以科技为手段

文科实验室建设具有长期性和广泛性，更具有复杂性和需求的迫切性。[①] 文科实验室的发展必须要明确建设思路，避免分散建设、重复建设，做到资源的有效利用。文科中心重视实验室建设的可持续发展和前瞻性，明确实验室建设应当辅以文化内涵建设，以传统文化为根基，以科技为手段。

重视传统文化在文科实验室建设中的重要性，不能一味追求科技上的“高大全”，而忽视实验室人文精神和内涵文化的建设和培养。科技并不是文科实验室建设的全部方向和目标，而是实验室建设的方式和手段，真正体现实验室人文精神和底蕴的仍然是实验室本身蕴含的文化气质。文科实验室的长久发展，必须明确科技与文化的关系，避免本末倒置，让实验室“活”起来。

4.2 文科中心教师注重自身文化内涵培养

文科中心文化内涵与人文气质的塑造和建设除了物力、财力的投入，更少不了文科中心教师的帮助和加持。文科中心教师十分重视自身文化内涵的培养，文科中心定期组织教师进行传统文化学习交流培训，鼓励教师学习传统文化，开设相关课程，带领学生积极参加各种相关活动，指导学生将专业知识与传统文化相结合。文科中心鼓励教师不断学习，大胆探索，制定激励机制，重视实验技术人员的业务素质，在职称评定、评优奖励、业务进修等方面给予重视。[②]

目前，文科中心除了茶艺、书法两个重点建设发展的实验室外，还开设中国灯谜文化课程，任课教师龙吉红为保定市灯谜学会负责人；成立府内太极拳兴趣组，由杨氏府内太极拳入室弟子陈志华亲自教授府内太极拳。未来，文科中心还计划开设古琴艺术鉴赏与演奏、围棋等传统文化内容，聘请校外书法家进行书法艺术讲座，全面推进传统文化的传承发展和素质教育的开展，不断提升教师文化涵养，为学生提供良好示范带头作用。

5.结语

综上所述，文科中心将实验室文化内涵建设尤其是传统文化建设摆在重要地位，

---

① 陶茂芹.文科实验室建设中存在的问题及对策[J].科技情报开发与经济，2007(28)：234-236.

② 周群.师范院校文科实验室建设漫谈[J].南通师专学报，1995(1)：93-95.

虽然看似“不务正业”,不断打着文科的“擦边球”,但是实际上文科实验室建设绝对离不开文化内涵建设,这个“擦边球”不仅要打,还要打出特色、打出水平。

文科实验室不能照搬理科实验室建设模式,而应该结合自身专业的特点和属性进行有特色的建设和评价。① 河北大学文科综合实验教学中心在不断发展和探索中,结合河北大学教学理念,结合学校区位优势和学生培养建设方向,确定了文科实验室建设发展思路——以文科实验室建设为主,以文化内涵建设为辅。这一发展思路明确了文科实验室建设既要规范化、科学化、现代化建设,也要注意实验室的家国情怀、民族精神、礼义廉耻等中华传统文化建设。这不仅可以赋予实验室“文”气,让实验室“活”起来,更可以培养学生的人文气质和人文素养,他们不仅具有极强的实践能力,在待人接物与言谈举止间也体现着文化自信。

〔田艺霏,实验师,河北大学文科综合实验教学中心;刘洪流,实验师,河北大学文科综合实验教学中心〕

① 谢安建,王礼贵.高校应用型文科实验室的建设实践与探索[J].实验室研究与探索,2014(12):264-267,307.

实践教学创新研讨会综述

智媒时代传媒实践教学共建共享的探索与展望

——“云深处,新实践”传媒实践教学共建共享研讨会综述

◎ 马文策　王轶群

摘要:在智媒时代,如何充分运用当代信息技术,探索突破时空限制、高效便捷、形式多样、“线上+线下”结合的教学方式,形成跨时空、跨学校、跨专业的传媒实践教学共建共享模式,是当前传媒实践教学的一个热点。本文综述了“云深处,新实践”传媒实践教学共建共享研讨会嘉宾的观点,对传媒实验教学示范中心与实践课程建设、实践教学共建共享平台构建、实验教学创新等方面进行了经验总结和前瞻性探讨。

关键词:实践教学;共建共享;课程建设;虚拟教研室

2021年11月25日晚,浙江传媒学院电视编辑与导播国家级实验教学示范中心(全媒体实验创新中心)、中国高校影视学会实验教学专业委员会、浙江省影视摄制技术与艺术创研虚拟教研室联合举办了以“云深处,新实践”为主题的传媒实践教学共建共享研讨会。本次研讨会采用线下+线上结合方式进行,为全国传媒相关专业师生奉上了一场传媒实践教学共建共享新思路、新方法、新范式的饕餮盛宴。

浙江传媒学院副校长姚争教授、中国美术学院实验室与设备管理处处长胡惠君教授、浙江大学现代教育技术中心常务副主任董榕、浙江传媒学院实验室与设备管理处处长杨寿堂、浙江传媒学院教师发展中心主任贾智等40余位嘉宾在浙江传媒学院参加线下会议。姚争教授致辞并主持会议,东南大学、中国美术学院、南京大学、中国传媒大学、上海交通大学、成都华栖云有限公司、容艺集团、北京晓数聚传媒科技有限公司等高校学者、行业专家参加会议,他们就传媒实验教学示范中心与实践课程建设、实践教学共建共享平台构建、实验教学创新等方面进行了经验总结和前瞻性探讨。来自全国各高校传媒相关专业400余位教师参加了线上研讨。

1.实验教学示范中心建设

在智媒时代，国家级实验教学示范中心需要继续完善运行管理机制、深化实验教学改革、探索创新性实验教学模式、汇聚优质实验教学资源、增强示范辐射能力。重构实验教学课程体系是传媒类国家级实验教学示范中心建设的重中之重。

1.1　实验教学示范中心考核与专业实验教学体系建设

教育部高等学校实验室建设与实验教学指导委员会秘书长、东南大学实验与设备管理处处长熊宏齐教授作了题为《国家级实验教学示范中心考核与专业实验教学体系建设》的报告。报告从示范中心年度报告考核内容、专业实验教学课程体系重构、新型实验课程与课程群设计 3 个方面进行了分享。

第一，国家级实验教学示范中心年度报告必须严格参照实验教学示范中心考核指标体系认真撰写，确保中心填报数据的准确性。

第二，大部分专业对实践教学描述比较宏观，没有明确实验教学具体要求，专业实验教学课程体系重构非常重要。实验课程体系建设需要以学生能力培养为核心，注重基础与前沿、经典与现代、单项原理与综合创新、个体操作与群体合作、科学原理与工程应用、循序渐进与探索创新的 6 个平衡。熊宏齐列举了东南大学土木类专业实验教学课程体系重构案例。

第三，在新型实验课程与课程群设计方面，学校需要加强线上、线下、线上线下混合的 3 种实验课程建设。各个学校应该加大教育部虚拟仿真实验教学项目在实验教学中的应用力度，实现资源共享，进而开展更多专业实验项目。

1.2　美美与共——国家艺术造型实验教学示范中心社会实践

中国美术学院实验室与设备管理处处长胡惠君教授作了题为《美美与共——国家艺术造型实验教学示范中心社会实践》的报告。报告分享了艺术造型实验教学示范中心技术与艺术、教学与创意产业、创作与科研融合的成功经验，用艺术的魂形成形、境、场，用时尚催生生活、智造生活和大家一起美美与共。

第一，按照金木水火土的概念，把艺术造型实验教学示范中心变成了融通、共享的造物之源、造物之质、造物之能、造物之本、造物之计。

第二，如何在校内共享的前提下进行校外共享。艺术造型实验教学示范中心以培养“四通人才”为根本目的,把工作室引入实验室,大大节省了空间,增强了仪器设备的共享性,提高了仪器设备的利用率,调动学生参与合作。

第三,校内外共享下的主要成效:在国际阵地方面,持续吸引一流专家打造创新设计智库;以中国设计智造大奖(DIA)流动博物馆树立优秀设计示范;强化全媒体传播,扩大品牌影响力;设计转化助力总体观,推动产业转型升级。

2.新型传媒实践课程建设案例分享

新型传媒实践课程作为传媒实践创新人才培养的核心要素,其建设需要注重以学生为本、以智媒业务为纲、以媒体化项目实践为路径。

2.1 如何建设一门新课

南京大学新闻传播学院教授、南京大学国家级传媒实验教学示范中心主任白净作了题为《如何建设一门新课》的报告,以“数字人与虚拟制片”课程建设为例进行了分享。

白净首先介绍了“数字人与虚拟制片”课程的建设背景。一方面,新版的人才培养方案要求学校要紧盯业界发展的前沿领域,示范中心要求不能只顾自身发展,需要向外辐射。另一方面,虚拟仿真实验教学项目发展火热,各种开源软件使用较为方便。

该课程专业定位是顺应新媒体融合发展趋势,使用新闻传播新业务、新技术,让学生故事写作、视频拍摄制作等能力逐渐融合到新课程中。该课程上课时间统一集中在周末,由业界和学界老师共同指导,以项目形式展开教学。

白净还对课程作品进行了分享,总结了课程的收获与问题,今后将建设课程网站和课程慕课,联合相关高校进行线下交流培训。

2.2 基于校外平台的小型传媒实践课程建设探索

中国传媒大学实践实验教学中心主任编辑黄俊香作了题为《基于校外平台的小型传媒实践课程建设探索》的主题发言,主要分享了两个方面,一方面是校内小型传媒实践课程建设情况,另一方面是虚拟教研室基于校外平台小型实践课程的建设思考。

2021年春季学期,中国传媒大学实践实验教学中心在原有实践课程之上做了新的尝试和探索,其中包括设置开放实践项目。与传统实践课程相比,开放实践项目以传媒技术应用为核心,实践性更强、学程更短、课程设置更灵活高效,也更加强调学生

“在做中学”。实践项目包括8K技术体验、AE抠像应用、演播室讯道摄像实践、影视同期录音等课程，同时还设置1学分短学程课程，实行项目制教学方式，避免碎片化教学，强化融合实践能力培养。从课程反馈看，学生对于这种不同体量和不同学程的实践课程，总体上给予了肯定评价。

结合小型课程建设，教师们可以设置不同的小型课程群，比如可以设置服务中西部地区的影视传媒教育，在确定了所服务的教学对象和教学目标之后，在实施路径上，可以在虚拟教研室内组成相应的教学小组，明确对于课程群的培养方案，每门的课程都可以组建相应的小组，通过不同的高校教师在一起联合备课，共同指导学生。小型课程群线上教育课程学程短、灵活高效，便于学生线上学习，能够充分发挥虚拟教研室联合共享优势，是实现优质教学资源跨学科、跨专业、跨地域共享与辐射的一个有益抓手。

2.3　在传媒实验教学中融入课程思政的实践

上海交通大学媒体与传播学院新闻传播系教学主任王昊以《在传媒实验教学中融入课程思政的实践》为题，分享了上海交通大学如何在传媒专业实践教学中融入课程思政。

习近平总书记多次强调，“要用好课堂教学这个主渠道，思想政治理论课要坚持在改进中加强”。教育部印发《高校思想政治工作质量提升工程实施纲要》强调坚持以习近平新时代中国特色社会主义思想为指导。课程要结合所在学科专业、所属课程类型育人要求和特点，深入挖掘蕴含的思政教育资源，优化课程思政内容供给，坚持用习近平新时代中国特色社会主义思想铸魂育人，激发学生自觉把实现自身价值与实现中华民族伟大复兴中国梦联系起来，教师要把马克思主义的基本立场观点方法贯穿到课程教育教学中。

从思路来看，教师要把握课堂教学的3个要素。在教学过程中，有3个非常重要的关口，分别为教师、学生和教学内容。在教学设计上，教师要接受承担思想政治教育职责的理念；在教学内容上，教师要做到价值引领，其中包括精心选材，在求知中潜移默化地接受价值观的引领；对学生的培养要做到“四位一体”，其中包括价值引领、知识探究、能力建设和人格养成。

在做法方面，王昊结合上海交通大学实际情况分享了5点做法，分别是利用“党建新媒体平台”进行教学、以生产红色内容为思政导向、主流媒体社会主义核心价值观传播、科研与思政同向同行和通过社会实践凝聚主流共识。

3.实践教学生态系统构建与应用

当前云计算、大数据、人工智能、5G、区块链、虚拟现实/增强现实等新一代信息技术迅猛发展,产学协同构建集传媒教学、实践、科研、社会服务于一体的传媒实践教学生态系统,形成与数字文创产业同频共振的实践教学体系,是传媒实践教学生态系统构建与应用的必然之路。

3.1 传媒实验、教学、教研云平台的融合

成都华栖云有限公司执行总裁余军作了题为《渐行渐融的传媒实验、教学、教研云平台》的主题发言,他结合国家在教育领域全面推动线上线下教学、实践与教研、科研的政策,探讨了在当今数字化社会背景下如何在云端建设集支撑“云实验”“云教学”“云教研”于一体的线上传媒实践教学平台。

智慧媒体云的底层能力实现了传媒实践教学各个业务环节智能化,如机器写稿、大数据舆情、智能模板视频等智能媒体业务突出应用方向创新;以多种媒体处理能力、媒体工具能力、媒体智能能力、媒体大数据能力突出对学科建设支撑作用;革新人才培养模式,通过平台培养特色传媒人才,提升师生传媒业务实践能力,达到深化产教融合。

“云教学”通过打造线上线下混合式智慧教学闭环满足了多空间、多场景混合教学,最大程度保障教学开展,助力夯实传媒实践教学根基。

“云教研”则是通过虚拟教研室——线上线下混合教研平台实现跨时空的多校协同教研,支持在线教学研讨、在线师资培训、在线课堂观摩、教学评价,同时还可将课程开发与实验教学平台、教育资源库共建共享,实现跨时空的多校资源智慧化共建共享。

传媒高等教育通过打造一个渐行渐融的传媒实验、教学、教研云平台,可将传媒创新人才培养整体搬上云端,从而打造一所服务于本校师生、服务合作院校、服务社会化学习的云端传媒教学生态体系,实现数字化传媒学院从服务师生、到服务合作院校以及最终服务社会化学习的目标。

3.2 与数字文创产业同频共振的实践教学体系

容艺集团创始人、数字文创产教融合专家、教育部新文科建设专家李霞作了题为《与数字文创产业同频共振的实践教学生态建构探索》的主题发言。李霞结合自身20

余年的从业经验，为全场景、全学科、全产业的传媒实践教学赋予了新的内涵。

第一，“文创＋”时代传媒人才培养必须顺应时代潮流，共创新场景、共研新模式。从多屏互动场景、沉浸式场景到虚拟体验场景、竖屏场景、采集分发中心，任何场景适配度都需得到加强。容艺集团近年来推动实践教学基地深入学校，将实践项目带进课堂，把实践人才推向市场，实现了实践教学效果优化。

第二，传媒新文科建设全学科实践教学必须打破单一性思维，打造拥有交叉学科背景的复合型人才。在人才培养方面，容艺集团推出了云平台鼓励学生自主创业，在合作高校搭建短视频工厂和直播基地等，承接覆盖全行业市场化短视频项目，集结高校学生进行实习实训，打造产教融合新范式。

第三，全媒体中心产教融合示范基地建设围绕区域经济特色进行直播带货、实现市县级融媒体中心的联动、优化全媒体从业者的培训，或是开展汽车发布及展示、举办线上演唱会、沉浸式音乐会，抑或是主持高质量节目、打造中外人文交流的大咖线上课堂，真正实现传媒全产业、全链条联动。

3.3 云转播创新实践与智慧观看

北京晓数聚传媒科技有限公司总裁张大勇以《云转播创新实践与智慧观看》为题，分享了晓数聚团队大型体育赛事云转播创新实践与智慧观赛方面的成绩。

在大型体育赛事转播过程中，晓数聚进行了包括 5G 端到端的用户自选视角直播、电视字幕的创新制作以及基于人工智能的超级慢动作、精彩集锦、数据分析和战术分析等创新尝试，这些是在大赛直播里的主要创新技术和模式。同时，基于增强现实技术和混合现实技术转播也是大赛转播的主流创新思路，自选视角和战术分析在全球大型赛事转播中都是普遍应用的技术。

在转播模式方面，晓数聚重点围绕计算机视觉的数据采集、数据分析，原创高阶数据分析算法和模型，智能数据可视化渲染技术，无人值守智能自动化直播技术等方面进行转播模式创新，也取得了不错的成果。

未来，晓数聚将持续基于人工智能领域计算机视觉实现大型体育赛事采集，其中包括动作技术识别和分析、追踪数据提取，将基于这些原始数据针对不同应用场景研发更多算法和模型来支持大赛转播。

2022 年北京冬奥会基于 5G 和云转播实现远程协同制作与云端全球共享。“5G＋4K/8K＋AI”赛事公用信号制作与转播给受众提供沉浸式、个性化、互动性和社交化等新型观赛体验。

4.传媒实践教学共享机制建设

开展不同地域影视传媒类专业跨学科、跨专业、跨时空传媒实践教学的各种条件日益成熟,实现优质教学资源、高水平师资的线上线下共建共享,需要相应的体制机制创新。

4.1 传媒实践教学的虚拟教研室建设

浙江传媒学院电视编辑与导播国家级实验教学示范中心副主任、中国高校影视学会实验教学专业委员会副主任兼秘书长胡一梁围绕传媒实践教学面临的形势、虚拟教研室建设的原则与任务、传媒实践教学虚拟教研室建设 3 个方面展开探讨。

当前传媒正面临着媒体生产工业化、媒体传输 5G 化、媒体内容消费价值化、媒体业务安全全链化、内容版权保护数字化这 5 个主要的机遇与挑战,传媒实践教学只有把握好这几方面的机遇,跟上时代的步伐,与时代同频共振,才能得到创造性转化、创新性发展。虚拟教研室的建设目标是构建与传媒行业同频共振的跨学科、跨专业、跨时空多场景融合的教学模式,既要推动教学机制重塑,助推优质教学资源共享,又要深化与共建单位合作,构建共享运营平台,形成一个双师型传媒师资培训机制。传媒实践教学跨时空、跨学校、跨专业正当其时,“云端融合+生产运营+人工智能”是其未来发展之路。

4.2 传媒共建共享大有可为

浙江大学信息技术中心副主任董榕认为技术赋能、创新引领为传媒实践教学创造了无限可能。从元宇宙、虚拟空间、虚拟现实到全方位教学场景、媒体平台、体育赛事及 5G+8K/AI 应用,技术从物理变化、化学变化到生物变化,不断融合创新,浙江大学智云课堂、“学在浙大”课程平台、智慧教室等构建了线上线下全生态教学体系,实现了线上线下完全同步和知识的牵引、流动。在智媒时代,传媒发展未来可期。跨时空、跨学校、跨专业共建共享,通过全国各地传媒院系的共同努力,我们一定能够打造一个传媒实践教学的“金字招牌”。

5.结语

实践教学在传媒人才培养中有着不可或缺的作用。在智媒时代,虚拟实验教学项目仍然无法完全替代线下的课程。如何做好传媒实践教学，既是挑战又有无限想象空间，在全国各地传媒产教领域专家学者共同努力之下，传媒实践教学必然走上康庄大道。面对疫情影响，线上教学活动可快速开展、有效应对的事实，正说明了高校加快线上线下混合式教学平台建设刻不容缓，一方面可以作为现实应急防控措施，另一方面也将长远影响学校智慧教育建设进程。

〔马文策，实验师，浙江传媒学院全媒体实验创新中心教师；王轶群，高级实验师，浙江传媒学院全媒体实验创新中心教师〕

凌云　融智　见未来

——第五届传媒实践教学创新国际研讨会综述

◎董　莉　李子剑

“十三五”时期,我国广播电视和网络视听行业紧密围绕国家创新驱动、媒体融合、文化科技融合、信息化、网络强国、宽带中国、数字中国、数字经济等重大战略部署,在智慧广电建设、媒体融合发展、传播体系优化、安全传输保障、科技创新应用等方面不断取得新成效。随着大数据、云计算、4K/8K、虚拟现实/增强现实、5G、区块链、人工智能等重大关键技术的集成创新和应用创新,全面赋能传媒行业融合创新,互动视频、沉浸式视频、虚拟现实视频、云游戏等高新视频新业态产业链不断完善。传媒日新月异发展,既是传媒新文科建设的机遇与挑战,又是传媒新文科建设的难点和出发点。

传媒新文科实践教学生态系统如何优化?传媒实践创新人才培养模式如何构建?传媒实践教学课程如何建设?校企如何协同培养传媒实践创新人才?2020 年 11 月 27 日—11 月 30 日,以“凌云　融智　见未来”为主题的第五届传媒实践教学创新国际研讨会暨中国高校影视学会实验教学专业委员会年会在浙江杭州举行,并对以上问题进行了探讨。

本次会议由中国高校影视学会实验教学专业委员会、浙江传媒学院电视编辑与导播国家级实验教学示范中心主办,浙江传媒学院全媒体实验创新中心、浙江传媒学院电视艺术学院、中国传媒大学实践实验教学中心、武汉大学新闻传播学实验教学中心、南京大学新闻传播学院、东北师范大学传媒科学学院(新闻学院)、陕西师范大学新闻与传播学院、河南大学新闻与传播学院、黄冈师范学院新闻与传播学院 9 家单位联合承办。来自全国超过 130 所高校、15 家企业等传媒产学研创各界 400 余位专家学者参加会议。

1.引言

2020 年 11 月 28 日上午 8:30,研讨会开幕式正式开启。开幕式由中国高校影视学会实验教学专业委员会副主任、山东师范大学教务处处长马池珠教授主持,教育部实验室建设和实验教学指导委员会副主任委员,温州医科大学党委委员、副校长曹建明教授,中国高校影视学会秘书长、中国传媒大学张国涛研究员先后发表热情洋溢的致辞,分别从实践创新、产教融合、凝聚共识等角度,对论坛与年会给予肯定和寄予厚望。

中国高校影视学会实验教学专业委员会副主任、东北师范大学传媒科学学院(新闻学院)院长张文东教授在致辞中阐述了本届论坛主题的初衷与目的。当前,传媒实践创新人才的培养取得世人瞩目的成就,但是传媒实践创新人才的培养仍面临着诸多机遇与挑战:一是不断涌现的传媒新技术,助力传媒新的业务场景不断发展,实践教学需要与传媒发展同步;二是传媒深度融合不断推进,正演化为现实的技术融合、媒介融合、文化融合,融合发展已然成为新常态,新的传媒实践教学模式仍未成熟;三是在双一流与新文科背景下,高等教育从目标理念到学科专业,都面临着全新的调整与转变,但传媒新文科中的实践教学如何落笔,目前还没有可以参考的方案;四是新冠疫情防控常态化背景下,传媒实践教学如何实现"云端一体",是传媒实践教学面临的一个崭新课题。为此,实验教学专业委员会专门设计了"凌云　融智　见未来"这样一个会议主题,就是要回答这个"时代之问",解答"挑战之谜",迎接"发展之机",这是从事传媒实践创新人才培养的专家学者历史使命与职责所在,也是实验教学专业委员会集聚我国传媒实践教学资源的优势所在。

在主题论坛和分主题论坛中,嘉宾围绕"传媒实践教学生态系统建设""传媒新文科实践教学课程体系建设""传媒新文科实验教学中心建设""影视摄影与制作专业一流专业建设"四大主题,重点回答了智能媒体背景下传媒实践教学的创新与发展这一现实问题。

2.传媒实践教学生态系统建设

主题论坛由中国高校影视学会实验教学专业委员会副主任、河南大学新闻与传播学院院长杨萌芽教授主持。

2.1 传媒类一流专业中实践教学体系建设的地位、价值与路径

中国高校影视学会常务理事兼实验教学专业委员会主任，浙江传媒学院党委委员、副校长姚争教授作了题为《传媒类一流专业中实践教学体系建设的地位、价值与路径》的主题报告，以翔实数据从贡献学术理论价值与学科评审价值方面入手，系统分析了实践教学在专业教学建设中的关键作用与突出地位。姚争提出，在当前新文科、新工科背景下，知识与能力、理论与实践应该融通，实践能力培养、实践教学体系在专业建设中的重要性不断增强。

从第一轮传媒类国家一流专业申报数据看，各个申报的专业对实践教学都比较重视，主要表现为实践教学学分在人才培养方案中占比的平均值为37.54%、填报的10个重要的政策文件中实践类文件个数均值大于1个，实验和实践教学平台的个数均值接近4个。在各类奖项和项目中，与实践相关的也占有较大比重，具体表现为：教学成果奖中实践类占比均值为45.45%；教改项目中实践类占比均值为32.5%；其他获奖中实践类占比均值为86.93%。

从统计数据看：

第一，实践类教学成果奖和教改项目的绝对数量还不是太高，教学成果奖的平均值只有0.6个，实践类教改数的平均值为1.34个。

第二，在其他获奖成果中，实践类获奖占比高，达到了86.93%，而且实践类获奖的绝对数量也较高，达到30.08个(限报50个)。

第三，实验和实践教学平台的个数均值虽然接近4个，但是一些学校的实践教学平台个数存在为0的现象。

高校应加强实践教学建设的路径选择，一是要将实践教学贯穿人才培养始终，借鉴一些院校实践经验，选择适合本专业人才培养的实践教学模式。二是全面加强实践教学师资队伍建设，打造双师型人才队伍，优化教师梯队结构，构建多元化教师培养体系。三是开展产教融合、校企合作的办学模式。浙江传媒学院和华策影业合作，实行学校行业联手办学，实施“混合所有制”本科教育改革，实现产教协同育人机制。四是注重实践教学的过程管理。在实践教学创新的基础上强化过程管理，在教学标准上实行质量监控，实行多维考核标准，实施分层次考核。五是打造基于云的实践教学平台。浙江传媒学院以云平台为基础，打造立体化的教学、创作环境，以华栖云为教学、实践平台，突破传统教学、实践场地、时间的限制，打造在线实时的无边界课堂。

针对各学校办学类型，姚争提出了传媒实践教学发展的路径选择。第一，综合师

范类院校加大实践课程比重，强化理论实践融通，发挥多学科优势，积极引导优势学科融入传媒类教育；第二，地方类院校加大实习与综合实践课程数量，强化学校发展、学生成长与地方发展的融通；第三，艺术类院校立足传媒领域发展态势，加大前沿技术、业务实践课程比重，满足媒介社会对全媒体人才培养需求。

2.2 中国美术学院实验教学的改革与探索

中国美术学院实验室与设备管理处处长胡惠君教授作了题为《新文科背景下实验教学面临的改革与探索》的报告，指出中国经济已经进入5G＋新零售直播的获利风口，5G与直播的发展为打造具有示范引领价值的经济风向标、培育企业品牌助力。胡惠君在报告中重点分享了中国美术学院从"宜居、宜旅、宜业、宜享""风格、风情、风貌、风尚"的视角深度承担极具未来感与文化感的旅游项目教学案例，充分展示了实践教学与城市发展的密切关系和美好前景。

2.3 长兴传媒集团媒体生产运营及其对传媒人才需求

浙江长兴传媒集团总编辑王晓伟作了题为《媒体融合生产运营及其对传媒人才需求》的报告，阐释了长兴传媒集团服务地方经济发展的融媒体产品案例，介绍了集"制作、传播、运营、技术"于一体的全媒体实践创新人才需求。

长兴传媒集团由长兴广播电视台、长兴宣传信息中心、县委报道组、"中国长兴"政府门户网站（新闻版块）跨媒体整合而成，是全国第一家整合广电和报业资源的县域全媒体传媒集团。新闻宣传把握主线、围绕中心、服务大局，外宣排名年年位列全省县级台前茅，每年打造300多场活动。

在内容生产上，长兴传媒集团坚持守正创新、深耕本土，发挥直播核心竞争力，变传媒优势为融媒"胜势"；利用新媒体激活移动创新和技术创新，不断创作新产品；通过各种活动，形成平台传播"顶天立地"、矩阵垂直服务深耕常态；用短视频或音频讲述正能量故事，展现本土人文之美。

在产业上，长兴传媒集团摆脱单一路径，实现多元渠道变现。一是通过网络传输平台开展跨平台、产业、区域合作，产业链不断升级；二是信息智慧产业运营平台异军突起，在媒体生产运营中起到中流砥柱作用；三是通过融媒体资源运营平台推动线上线下融合发展，增强媒体集团自身造血功能。

在媒体运营上，长兴传媒集团通过拓展平台互动，打造用户社区。一是电商带货，以年轻用户为瞄准点，寻找潮流方向；二是开展各种会展节庆活动，寻找经营增长点；

三是通过技术自主研发，生产运营系统不断迭代升级并输出至各个媒体单位，实现开放平台，共建生态，联合作战，扩大战果，无界经营，全域延伸。

让想干事、能干事、干成事的人跳出来，是长兴传媒集团的用人理念。集团员工晋升实行双轨制，实施关键业绩指标考核法(KPI)＋目标与关键成果法(OKR)相结合的绩效考核体系，培养了一支独具一格的传媒文化队伍。

在融媒体生态环境下，传媒高等教育需要培养有产品经理意识的运营人才、有营销意识的复合型人才、有团队精神的“三高”人才、有技术思维的传播人才、有现代管理理念的专业人才。

2.4 “四新”背景下本科一流课程建设

浙江大学教务处原处长楼程富教授作了题为《“四新”背景下一流课程建设》的报告，分享了“四新”背景下高校一流课程建设理念，从政策角度解读了学科交叉、新文科发展的必要性与重要性，指出新文科建设必须守正创新、推进学科交叉融合。另外，他强调了教学上需要注重教师教学设计能力，以打造高阶性与创新性并存的一流课程，在人才模式改革上需要遵循规律、协同育人、模式多元。

2.5 融媒体实践教学系统及相关课程建设

成都华栖云有限公司高级副总裁张亚敏作了题为《传媒新文科建设与融媒体实践教学》的报告，指出融媒体实验教学平台是新文科学科建设的基础、催化剂，也是学科建设、实践教学的支撑平台。新文科建设创新幅度大，大部分学校交叉学科知识领域积累弱，存在认知过程，做不到一次到位。新文科学科建设、教学实验可以依托融媒体教学平台来形成过程反馈。

张亚敏分享了“浙传云”、“中传云”、华中科技大学融媒体教学云等典型案例，当前融媒体实验教学平台在底层架构、内容、能力等方面，向云端一体智能化方向发展。她同时介绍了浙大智云课堂在新文科专业能力和线上教育的应用，实现了在智慧教室轻松直播、线下课程秒变线上，并用人工智能技术赋能教学，自动生成电子笔记、课程标签，提升教学效率。

2.6 多学科交叉的传媒实践教学模式创新思考

中国高校影视学会实验教学专业委员会副主任兼秘书长胡一梁作了题为《多学科交叉融合背景下传媒实践教学模式创新思考》的报告，从多学科交叉融合促进创新、

“云端一体”实践教学系统、媒体化实践教学模式3个方面进行了分享。

多学科交叉融合是大势所趋，多种信息的融合不仅为传媒带来了更加广阔的发展空间，也为传媒实践教学发展指明了方向。多种学科群的交叉融合能够为传媒全面创新提供前瞻性引领、高效能路径以及体系化场景。

以浙江传媒学院实践教学探索之路为例，在优化现有制播能力的基础上，加强移动化、智能化、云端化的生产能力，突破了时间、空间限制，形成了传媒实践教学“云＋端”的媒体化模式转型升级路径，初步实现了“产学研创”业务一体化。云制作、云运营、云发布、资源共享、设备管理等子系统是最成功的应用案例。

云端教学包括融媒体教学、课程制作、在线学习与考试、融媒体生产发布等功能平台，将涉及的产学研创等教学业务在云端无缝对接，在实践教学中实现基于浙传云的“视频＋测试＋实训＋实践考试”传媒云端实践教学模式。浙江传媒学院开设面向全校各专业的选拔性媒体生产运营系列课程，以中心生产运营平台为教学平台，以“理论教学＋作品生产＋媒体运营”一体化、栏目化、媒体化运作为云端结合的教学形式，将选课学生编入具体栏目进行某种形式的媒体生产运营，在产学研创一体化教学环境中培养学生媒体理论素养和生产运营能力，形成媒体化实践教学模式。毕业联合创作激发老师、学生的实践创新能力，实现了反哺教学和科研。

目前实践教学生态体系已从金字塔型转向网格化，从条块状转为扁平化，集教学、生产、科研、创新为一体的智慧实践教学生态系统是未来发展方向。

3.传媒实践创新能力培养探索

2020年11月28日13:40，以实践创新能力培养为主题的分论坛举行，由南京大学新闻传播学院教授、南京大学国家级传媒实验教学示范中心主任白净主持。

3.1 “见云、见智、见服务”——黄冈师范学院智慧校园建设构想

黄冈师范学院新闻与传播学院院长杨疾超教授作了题为《“见云、见智、见服务”——黄冈师范学院智慧校园建设构想》的报告。黄冈师范学院信息化建设以原有校园网络为基础，在开放数据资源共享、提升智慧应用水平、满足学校高质量发展需求基础上，完善校园基础设施环境，提升校园信息化支撑能力，加强大数据中心建设，通过数据治理推进教育治理能力现代化，建设师生“一站式”服务中心和校级运营决策中心，实现校园一张图管理和升级完善四类智慧应用，拓展校园服务内容和服务方式。

3.2 兰州大学实践教学模式构建与探索

兰州大学新闻传播学院李惠民教授作了题为《行走、观察、思考、成长——兰州大学实践教学模式构建与探索》的报告。在兰州大学开展的一系列寒暑假教学活动中,师生深入基层、深入群众、深入生活,去采访、记录、体察、感悟,像真正的新闻工作者一样行走、采访、报道。这不仅是兰州大学驻守甘肃、扎根西部、心系国家,弘扬西部优秀文化,讲好西部故事的有益尝试,也是思政教育的"延伸课堂",更是我国新闻传播教育跨平台协同育人的大胆尝试与创新。

这一系列教学活动有 3 个创新点。一是课程思政路径创新,将思政课堂融入田野、融入社会,有效落实马克思主义新闻观教育。二是实践教学方法创新,拓展实践教学的空间,将课堂延伸到基层、延伸到田野、延伸到社会,师生在现实环境中全方位沉浸式教学,实现了新闻教育"学"与"用"的无缝对接。三是实践教学内容创新,丰富实践活动形式,全面提升新闻学子的政治认同、家国情怀和专业技能,活动关注议题广泛,作品形式多样。同时,师资教学团队创新,学界业界协同育人,加强与业界以及社会各界的密切联系,使教师切身认知社会和媒体,实践教学成为教师创新教学的源头活水。

3.3 传媒实验室与学科专业融合发展

浙江传媒学院实验室与设备管理处处长杨寿堂作了题为《传媒类实验室与学科专业融合发展的实践思考》的报告。传媒类实验室是传媒实践教学的重要基地。实验室建设应根据学校发展规划,结合学院学科建设和专业设置以及实验室建设工作的实际需要合理定位,重视各个时期实验室建设态势与格局。学校在不断发展,实验室建设也要与学科专业融合发展,学校的整体事业才能不断往前推进。总结来说,实验室的建设离不开 6 个字——求变、求新、求全。

求变就是实验室建设要跟上学校发展的步伐。目标随着时间推移会发生改变,要抓住时机,主动求变。求新就是要跟上传媒行业发展的步伐,实验室建设要紧贴行业新技术新优势,把握时代发展方向,追求建设时效性。要瞄准科技前沿,在每一个行业发展阶段建设一个具有先进性、前瞻性的标杆实验室,以引领行业若干年。求全就是指实践教学体系构建要相对完善、完整。

浙江传媒学院近几年把握行业发展脉搏,加快了超高清实验室建设步伐,协同推进网络直播实验室、网络与新媒体综合实验室和视听虚拟仿真实验教学中心等网络视听实验室建设，实现与行业接轨与同步。2020年，浙江传媒学院建成了4K电竞综合演播室。这是国内高校第一个全链路基于ST2110协议的全IP化4K超高清演播室，也是全国高校第一个5G＋4K电竞馆，实现5G＋4K远程节目制作，为推动浙江传媒学院相关学科和专业建设发挥重要作用。

技术是传媒实验教学系统的根本，实践教学需求是实验系统建设的推动力。传媒行业是高科技、重装备行业，投入大，更新换代快，实验室建设只有与时俱进，与学科专业融合发展才能跟上学校发展步伐。

3.4 传媒类实践课程混合式教学优秀案例征集

中国传媒大学实践实验教学中心曲肖羽老师作了题为《传媒类实践课程混合式教学优秀案例征集》的发言，介绍了由高等学校国家级实验教学示范中心联席会传媒学科组组织的传媒实践课程混合式教学优秀案例征集活动详情，及时总结2020年春季学期的线上教学成功经验，推进“互联网＋”环境下信息技术与传媒实践教学的深度融合，为实践实验教师搭建一个展示交流的平台，为下一步线上线下混合式一流课程建设提供思路与方法。

4.新闻类专业实践教学新探索

2020年11月28日16:00，以新闻类专业实践教学为主题的分论坛举行，由黑龙江大学新闻传播学院副院长安立国教授主持。

4.1 融合媒体发展对新闻传播实践教学的启示

武汉大学新闻传播学院副院长程明教授作了题为《融合媒体的发展及对新闻传播实践教学的启示》的报告。传媒新文科是与社会发展紧密结合的学科，人文社会科学实践教学需要坚持“大实践观”，贯通从学校到实践的发展道路。新文科人才培养理念需要突出理论、技术、实践一体化，只有坚持理论教学与实践教学无缝衔接，传媒人才的培养才能实现综合实践能力与综合素养的全面提升。

4G时代不同平台之间建构的数据壁垒使得数据链路不连通，形成一座座“数据孤岛”，导致数据跨平台传输低效化及消费者数据的分散化。5G时代打通了全场景的数据链路，实现消费者数据跨平台、跨场景的融合。

全场景数据融合使得用户需求产生融合，无论是即时性需求或是成长性需求，都建立在对用户充分了解的基础上,满足用户对信息、产品或服务的真实性需求。智能媒体"无缝隙"数据融合,实现了人类即时性需求与成长性需求的连通,满足其自知与不自知的需求。

智能媒体使媒体从单一的信息服务提供,转变为综合信息服务提供,在不同场景下解读用户的真实需求,在用户需要时向其提供一站式服务。智能媒体与人的融合主要表现为机器与智能的协同、人类智慧与机器智能的协同。智能是解决问题的能力,智慧是自主性看待问题的能力,"媒体即人,人即媒体"。

从新闻传播实践教学来看,新文科是与社会发展紧密结合的学科,理论教学与实践教学要无缝衔接,新文科人才培养的理念为理论+技术+实践,要注重通过融合媒体实践教学培养学生综合素养以及综合实践能力。

4.2 新闻传播实践教学的六个层次

南京大学国家级传媒实验教学示范中心主任白净教授作了题为《新闻传播实践教学的六个层次》的报告。报告强调实践空间设施建设需要从课程实践、综合实践、创新实践等方面向多方向、多层次的实践教学延伸。

从课程设计来看,实践教学需要从课程设计、教学方法、实践成果着手,将基础课程与口语表达、可视化应用、工作坊、校媒锻炼、暑期实践、实习等多种实践模式深度有机融合,通过各种国内外赛事、毕业作品设计等途径,全方位培养学生的实践创新能力。南大专硕工作坊课程为小班化教学,鼓励教学方法创新,注重学生多种技术应用实践,集中一段时间完成教学,要求学生完成实践作品。实践教学由学院、教师和学生三环组成,学院创造条件和重视教学改革成果,教师热爱教学、自我学习,教学科研相互结合,教师注重立德树人,在这样的环境中学生找到乐趣、提升能力、结交朋友并衔接就业。

4.3 清华大学新闻实践教学创新探索

清华大学新闻与传播学实验教学中心主任、高级工程师王庆柱作了题为《不忘本来,创造未来,清华大学新闻实践教学创新探索》的报告。在建设历程方面,王庆柱分享了清华大学从恢复文科建设到成立新闻与传播学院,再到建立新闻传播学实验教学中心的完整历程。清华大学未来媒体实验室融媒体平台由融媒平台电脑端、手机客户端、硬件设备、软件及平台数据等部分组成,服务了实践教学、学科建设和海外国际学生。传媒实践教学未来创新来自文科、理科、工科的交汇,要解决科学文化和人文文化的融合及互补问题。针对这一问题，当前的新闻传播实践教学需要在教学计划、课程设置、师资建设、体制机制等方面进行改革和突破，包括对新闻传播理论进行本土化创新，编写适合于文科教学的融媒体、大数据、人工智能、认知传播方面的教材及辅助材料等。

4.4 “一体两翼”式新闻实践教学模式探索

暨南大学新闻与传播学院党委副书记张建敏副教授作了题为《国内新闻院校“一体两翼”式实践教学模式探索》的报告。“一体两翼”中的“一体”是马克思主义新闻观理论教学，“两翼”是专业实践与志愿服务。

实现“一体”，要系统开展马克思主义新闻观培养计划。计划包括加强马克思新闻观课程建设、编写相关教材并开展培训、开展主题实践训练与写作、做好港澳台侨青年思想引领和学生领袖培养工作四个方面。

实现“两翼”，要加强专业实践和志愿服务。专业实践包括每年暑期组织开展大型培训、调研采访活动和开展红色实践活动。志愿服务要以“思想引领＋专业提升＋志愿服务”为主要运行模式，结合新闻传播类学生的专业优势及特点，以专业设置为基础成立相应的志愿服务队伍。

暨南大学在新闻实践中的特色创新可以总结为三点：第一，依托专业相关实践，坚定培养马克思主义新闻观信念。第二，辐射港澳台侨学生，思想引领与个性化培养双提升。第三，扩大民间外宣，传播中华文化。“一体两翼”式实践教学模式探索获得了一系列国家级综合荣誉、科研与社会服务及智库建设成果。

5.传媒技术新发展与国际交流

2020 年 11 月 29 日 8:30，技术与国际交流的分主题论坛在主会议厅举行，由信阳师范学院新闻与传播学院院长焦素娥教授主持。

5.1 媒体人工智能(AI)激发内容新活力

阿里巴巴达摩院机器智能实验室高级算法专家、多模态理解及数智媒体方向负责人唐铭谦作了题为《媒体 AI 激发内容新活力》报告，从 AI 视频的多模态信息结构化、视频搜索与指纹、辅助生产 3 个方面进行了分享。

在 AI 视频的多模态信息结构化方面，AI 视频能够综合利用海量多模态数据(视频、音频、文本等),改进并构建全新的学习模型,提升对视频的识别和理解,最终实现多模态交互,显著提升准确度。此外,还以流程图的形式介绍了多媒体 AI 从理解到生产的全过程。

在 AI 视频的视频搜索与指纹方面,AI 视频搜索包括版权保护、视频关联和视频多模态搜索等不同应用场景,在视频搜索上可以支持图文互搜、视频片段搜索、多轮视频搜索等多种搜索形式。

在 AI 视频辅助媒体生产方面,唐铭谦展示了阿里达摩院的视频辅助生产系统全貌,以丰富、翔实的案例介绍了媒体 AI 在剧本式集锦生成、解说视频生成等方面的应用,预示着媒体 AI 技术逐渐成熟。

5.2 大影视教学观传媒人才培养模式探索

四川电影电视学院电视艺术学院院长苏亚平教授作了题为《大影视教学观的传媒人才培养模式探索》的报告。他从电影艺术的发展历程出发,阐述了大电影教学的时代观,指出当前传统媒体的嬗变对影视教学提出了新的挑战,人才培养模式必须能够应对多工种、多节目形态的需求。

大影视教学观主要围绕综合素质的培养、专业理论的学习以及专业实践 3 个模块展开。具体来看:需要统合包含文学、哲学、艺术学、心理学、社会学等相关学科的新文科;培养学习者的精神价值和强壮体魄,既劳心也劳力;确立以社会需要为目标的人才培养出发点;培养集理论知识与创作技能相结合、时代意识与国际视野相融合的电影与电视创作专业人才;完善业界与学界的关系,让业界与学界相互引导。

传媒教育需要落实科学的教学体系,人才培养要从"专业专才"向"专业通才"转型,进而从课程设计思路、教改课程、考试制度、人才培养多个方面进行改革。在此基础上,四川电影电视学院形成了"一元领先、双向嵌入、三类贯通、四方协同、五真保障"的应用型创新人才培养特色。

5.3 国际教育、跨文化品牌塑造与"文创大师港"产业新模式探索

青岛科技大学传媒学院院长杨建华教授作了题为《国际教育、跨文化品牌塑造与"文创大师港"产业新模式探索》的报告。当前文化强国根本问题是全球化人才的竞争与有效利用。青岛科技大学传媒学院以"国际平台+科学艺术+文化传媒+公益理念+分享教育"为理念,构建包含了文本故事内容 IP、影像视频制作和数字特色出版等跨年级、跨专业、跨学校、跨产业、跨国家的"橄榄型"一流学科群模型,培养了一批影视

动漫、新媒体方面具有国际视野和竞争力的跨文化、跨学科应用型专门人才。

在“橄榄型”一流学科群模型指导下，青岛科技大学传媒学院开展了与美国多米尼克大学联合传播学博士项目1+3、特色大角牛系列工作室、“一带一路”美丽世界国际公益品牌赛事、国际动漫节、国际学生公益媒体艺术展、青岛科技大学与法国戛纳短片电影节等一系列跨文化、跨学科项目。

5.4 “一核两翼、三轴四轮”影视艺术实践教学体系的改革与探索

西南石油大学艺术学院李序副教授作了题为《“一核两翼、三轴四轮”理工科高校影视艺术实践教学体系的改革与探索》的报告，从关键词“一核两翼、三轴四轮”出发阐述了理工科院校影视艺术类专业如何合理存在和提质发展。

李序首先探讨了影视艺术专业如何在理工科院校合理存在。

其一，将工科务实的教育理念融入血脉，培养掌握专业核心竞争力，适应当今媒介发展趋势，能动手、能创作、能就业、能创新的实践应用型艺术人才。其二，践行与推广“美育教育”，为理工科学生带来艺术的慰藉，体现艺术学院在理工科院校的价值。

李序还分析了影视艺术专业如何提质发展。

首先，明确“一核两翼”的实践教学理念，一方面突出“一核”，紧扣人才培养目标，基于学院“厚基础、宽口径、强能力、高素质”人才培养目的以及“艺术与科技融合、多学科交叉渗透、理论与实践结合、跨专业协同育人”办学思路，形成了“以立德树人为根本、以学生需求为中心、以行业发展为驱动、以能力培养为导向”的实践教学理念，在实践教学体系中融入课程思政，培育学生社会主义核心价值观，提升学生的创新实践能力，建立科学影视艺术职业意识，培养复合型应用型影视艺术人才。另一方面，强化“两翼”，在实践教学中践行成果导向教育（OBE）理念与新文科融合理念探索，深化影视艺术人才培养理念。

其次，搭建“三大平台”，实现“三轴”驱动，以艺术展演平台、创作竞赛平台、校企共创平台等实践教学平台推动项目制教学、推动创作导向，夯实实践教学的落脚点和发力点，形成实践教学的依托和驱动力。

最后，狠抓包括课堂实训、独立实践课程、校企项目合作、行业实习在内的层级化、阶段化、递进化“四层级实践教学”，强化“四轮”支撑，改变粗放实践的教学样态，实现实践教学质量评价闭环，持续改进实践教学。

6.影视摄影与制作专业建设探索

2020 年 11 月 29 日上午 10:20,以影视摄影与制作专业建设为主题的分论坛举行,由淮阴师范学院传媒学院院长史晖教授主持。来自国内相关院校专业负责人围绕新文科建设背景下的人才培养、影视摄影与制作教育变革、产教融合路径等问题展开讨论。

6.1 影视摄影与制作专业人才的培养策略

浙江传媒学院电视艺术学院制作系主任李琳副教授作了题为《当代影视摄影与制作专业人才培养策略》的报告。影视摄影与制作国家一流本科专业秉持“技术+艺术”“理论+实践”“课内+课外”建设思路,从明确人才培养思路、改变教学模式、联手行业、开拓云端等方面着手培养一专多能的影视摄制专业人才。

首先,改变教学模式,引导学生提高学习能力。在技能教授上,教师要注重思维模式和审美体验的引导,要进行学习知识方法的教授,最重要的是要形成以学生为主导的教学模式和激发学生自主学习的动力,使学生在高阶性、创新性、挑战度三个方面进行改变。

其次,学院联手行业,做到师资内引、定向培训。在课程中,行业师资进课堂;在课程外,外送学生定向培训。教师要让学生在实战中培养实践能力,使人才培养定位更专业、人才培养方法更专业、人才培养的知识结构更专业和人才培养的技能指向更专业。

最后,建立在线课程群、云端实验室、虚拟仿真实验室和在线教学资源等云端融合实践教学系统,打破时空边界的教学生态,实现更自由的学习方式、更多元的未来规划,解决摄制专业创作实践和课内学习之间的时间冲突。

6.2 加强实践教学,培养影视摄影与制作应用型人才

山西传媒学院新闻传播学院院长温建梅教授作了题为《加强实践教学,培养影视摄影与制作应用型人才》的报告。

影视摄影与制作专业人才培养原则是加强基础、拓宽专业口径、注重创新思想和创新能力培养,坚持理论与实践并重、能力与行业同步,实践课程体系设计思路秉持“实践即实战”理念。

理论教学、实践教学、素质拓展是影视摄影与制作专业课程的3个体系。理论教学体系以有效掌握基础理论和基础知识为目标,实践教学体系以提高基本技能与专业技能为目标,素质拓展体系以提高综合能力和拓展专业外延为目标。同时,按照校企合作人才培养模式要求及专业特点,设计了包括专业认知、课程实训、岗位实践、联合创作与毕业实习5个不同能力层次要求的实训环节。

6.3 加强实践教学,培养影视摄影与制作应用型人才

中国美术学院影视与动画艺术学院副院长刘智海教授作了题为《诗性影像观的课程体系建设》的报告,分享了该院影视摄制专业将观念上升为大文化语境、将前沿技术转化为镜头语言、将生活转变为社会意识、从创造中解决实际问题的案例,并介绍了学院在具体教学过程中的相关课程与书籍。

6.4 产教融合背景下影视摄影与制作一流专业建设

山东工艺美术学院数字艺术与传媒学院副院长吴向阳教授作了题为《艺术设计高校产教融合背景下影视摄影与制作一流专业建设与特色发展》的报告。

影视摄影与制作专业涵盖通识教育、专业基础教育、专业教育、交叉课程、德育与传统文化、创新创业、综合实践、学术活动等72门课程,实践课程学分占比约70%。同时建设包括微电影创作、影视后期特效、纪录片创作3个课程群。

学院聘用高职称高能力、在影视行业内具有影响力的创作型实践型校外专家进行实践课题的创意与制作指导,定期组织学术讲座和创作经验交流。在教学过程中,学院不断推动产教融合,深化与各大传媒公司产学研合作,为学生提供良好的实习平台,定期对学生进行专业考查,助力学生的专业创作,从而提高了实践教学质量与学生实践水平。

6.5 影视摄影与制作专业教学国际化新探索

北京电影学院摄影系主任李伟教授作了题为《影视摄影与制作专业教学国际化新探索》的报告。

北京电影学院摄影系在实践中不断创新与发展,经历了从"重技术"到"重叙事"再到"重造型"的转变,形成了"观念+技巧+概念与知识"新的教学格局,培育了"一切工作以教学为中心,教学工作以实践为核心"的教学理念。

电影创作是一个完整的体系,不能简单割裂进行分别教学。创作实践既是教学培

养的目标,也是教学的方法,更是检验教师教学水平和学生学习水平的首要标准。在北京电影学院摄影系的21门专业课中,有17门课程包含实践内容。实践能力培养贯穿了技术、技巧和创作课程,这是北京电影学院摄影系区别于综合性大学影视摄影与制作专业的显著特征。

6.6 新文科背景下影视摄影与制作专业教育的范式重构尝试

南京艺术学院影视摄影与制作系主任尤达副教授作了题为《新文科背景下影视摄影与制作专业教育的范式重构尝试》的报告。

问题解决式课程成为课程改革的一种趋势,影视摄影与制作专业从思想、形式和内容3个维度尝试教育范式革新。在思想上,思政进入课堂,聚焦“大思政”工作格局,将意识形态工作和思想政治教育有效融入课堂,提高学生的逻辑思维和批判能力,培养具有家国情怀和社会责任的建设者和接班人。在形式上,专业运用信息技术,聚焦“八个相统一”战略下的在线课程建设新内容、新方法、新技术,实现教学模式的创新发展。在内容上,专业尝试国际融合,聚焦“请进来”与“走出去”两个维度下的国际合作,力求在与世界进行对话的基础上,培养有人文精神与学术视野的影视专业人才。

影视艺术教育必须紧跟国际先进的研究方法与理念,不断引进和学习新的媒介技术手段和表现形式,才能使传媒教学、科研始终保持领先的步伐,这也是艺术科技型复合人才培养的新需求。

7.结语

本次研讨会还举办了传媒新技术、新业务、新平台的交流与展示活动,成都华栖云、艾迪普科技、北京强氧新科、北京中科大洋、松下电器(中国)、杭州新视达、北京美吉克科技、北京北广时空、佳能中国、杭州瑞普视听、北京中广上洋、镝次元数据科技、深圳普罗米修斯视觉等公司做了最新技术与业务系统介绍,参加了影视传媒实践教学系统现场展示活动。

本次会议旨在总结疫情以来传媒实践教学经验,分享了新技术、新业态背景下传媒实践教学创新发展路径,契合了传媒高等教育产学研创共建共享需求,探索了传媒新文科实践教学生态系统构建之路,为全国高校传媒实践教学创新作出了方向性指引。

〔董莉,图书馆馆员,浙江传媒学院图书馆;李子剑,浙江传媒学院2020级新闻与传播专业硕士研究生〕

实践教学系统构建研究

基于媒体云的直播与制作实践教学系统建设

◎ 魏　哲

摘要: 本文简述了中科大洋科技发展股份有限公司基于媒体云的直播与制作实践教学系统的建设维度与原则、系统架构与系统主要功能,提出了基于媒体云的直播与制作实践教学系统建设方案,详细描述了系统在直播实践教学中4个阶段的实践教学过程。

关键词: 媒体云;云导播;云制作;实践教学

改革开放以来,我国广播电视行业历经从广播到电视再到融媒体、从无线到有线再到卫星传输、从模拟到数字再到网络化的发展历程,建成星网结合、天地交融、公共服务与增值服务并存的立体化多层次广播电视传播覆盖体系,极大地丰富了人民群众的精神文化生活,对我国社会进步起到了重要的推动作用。当前,随着5G、云计算、大数据、人工智能、区块链等信息技术加速迭代创新和广泛应用,直播、点播、短视频制作等业务不断赋能社会其他领域,传媒逐渐以视音频为主要内容,其内涵与外延不断扩大,已经成为社会方方面面发展不可或缺的元素。

中科大洋科技发展股份有限公司(以下简称"中科大洋")是中国传媒行业知名的专业解决方案提供商和服务商,具有30多年媒体行业专业设备及相关产品的研发、生产和集成经验。中科大洋近年来深耕5G、人工智能、云计算等智能媒体信息技术,打造了服务于客户的视频服务云平台,实现视频直播、视频点播、存储管理、在线编辑、短视频生产、全网分发等功能,为《人民日报》、新华社、中央电视台、各省级电视台等媒体机构和教育、电商、企业等行业用户提供常年服务。

针对媒体融合直播与制作业务实践教学场景,中科大洋提出了集直播内容生产能力、多直播渠道入口、多直播互动平台等功能于一体的综合解决方案,满足了传媒实践业务内容统一管理的要求,实现了视频内容采、编、播、集成分发一体化能力,也实现了与网站、客户端、小程序、微信等应用对接能力,形成了基于媒体云的导播与制作实践教学业务系统。

1.建设维度与建设原则

1.1 建设维度

在面向高校传媒类相关专业媒体融合实践教学转型过程中，传媒实践教学需要在以下 3 个维度实现连接。

第一个维度是实践教学连接的广度，拓展连接的广度需要建设更多的传播渠道、实现全媒体多渠道矩阵化传播；另外，为了实现实践教学云端一体，在实践教学业务形态上需要进行多样化发展，如音视频、互动、增强现实、虚拟现实综合展示。

第二个维度是实践教学连接的深度，也就是俗称的实践教学师生黏性，为了提升师生黏性，要在实践教学业务数量、实践教学作品质量、师生参与性和互动性上做改进和加强。

第三个维度是考虑实践教学系统连接的成本，包括系统建设成本、采购运营成本、实践教学效率和安全管控成本投入。

1.2 项目建设原则

我们在进行直播与制作实践教学系统方案设计时，在充分满足各个学校实践教学具体需求前提下，必须考虑以下原则：

第一，统一规划，分步实施。统一规划确保实践教学系统建设的整体性，分步实施体现务求实效，遵循媒体融合技术发展，保证良好的业务支撑和实践教学应用效果。

第二，保障系统的稳定性和安全性。实践教学系统需要充分考虑系统的可靠性和稳定性。借鉴国内外主流媒体系统的架构和运维体系，采用国际上成熟的模式、产品和技术。系统设计有完整的安全接入措施和用户认证手段，具有严格的分级分层次用户权限管理以及访问控制、安全日志和操作记录管理。

第三，保障实践教学系统的技术先进性。实践教学系统需要以云计算架构和大数据技术为基础，满足今后实践教学在云平台、大数据平台业务扩展需要。

第四，保障实践教学系统的可管理性和人性化设计。实践教学系统设计必须确保架构合理、模块清晰，合理设置管理和维护模块。同时实践教学系统遵循人性化设计，充分体现“以人为本”思想，实现与媒体融合实践教学高度结合，切实提高实践教学效率，降低实践教学维护成本。

2.系统架构、功能

媒体云相关业务具有发展变化快、投资大的特点,若采用全功能方式自建,不但建设周期长、投资大、风险高,而且系统功能快速迭代升级更难以保证,为此采用混合云模式进行建设。媒体云建立在混合云基础上,直播与制作实践教学系统是媒体云实践教学系统的组成部分,其建设需要通过各方需求调研、技术论证、教学方案构建,这样既节省建设投入又能满足传媒技术、业务及实践教学快速迭代要求。

2.1 系统架构

直播与制作实践教学系统采用微服务架构,每个服务单元独立开发、部署和维护,降低了系统间的耦合度,从架构层面提升了系统稳定性、可维护性和可扩展性,服务之间采用 HTTP 等协议进行通信,其中部分基础服务采用腾讯云平台提供支撑。系统架构如图 1 所示。

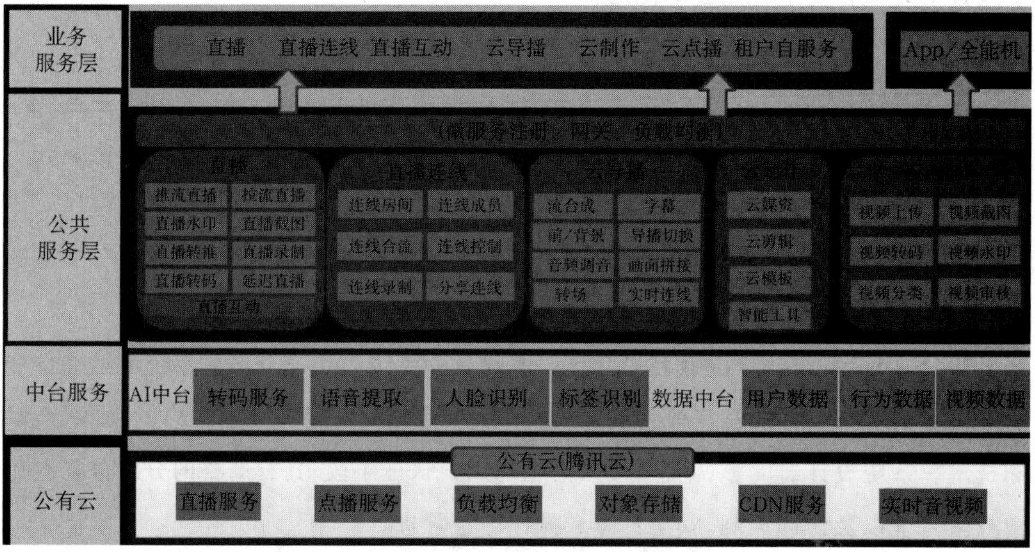

图 1 直播与制作实践教学系统架构

公有云采用腾讯云,其优势为:

第一,在面对视频点播访问、视频转码、直播等业务突发大规模访问时,互联网应用需要互联网资源进行支撑,以便能够进行资源的动态伸缩。

第二，基础服务免维护，不用专门投入人力资源。

第三，云服务厂商有专职的客户服务群进行响应支持。

第四，网络连接采用 HTTPS 加密传输，采用授权模式。

第五，云端服务三级等保，有包含云防火墙、应用防火墙、抗 DDoS 攻击、主机安全等各种安全设备进行防护。

2.2 系统功能

直播与制作实践教学系统主要由媒体云、云直播、云点播、云导播和云制作等系统构成。

2.2.1 媒体云

媒体云为导播与制作实践教学提供稳定流畅、超低延时、多协议支持、跨平台、全网分发的视频直播实践教学服务，主要包括媒体云控制台、媒体云应用程序编程接口（API）、用户中心、生产平台、运营平台、订单管理平台和应用程序（App）工具等功能。

媒体云控制台面向实践教学提供直播操作控制台，在账号登录后可以使用，可以自助化进行直播活动管理、活动运营、活动发布、活动运营数据查询，也可以进行通道管理、直播预览以及云导播管理等。师生用户通过控制台可以完成业务架构全流程自助化管理。

媒体云 API 以接口形式对实践教学提供开放服务，主要对接推流 App、第三方推流 App、直播播放页面、全能机以及其他实践教学业务和设备对接。

用户中心是一个专注于实践教学用户管理、用户权限管理和授权认证的管理平台，包括开放 API 和管理平台两部分。开放 API 主要为其他业务和平台提供用户注册、登录、认证服务，服务对象包括直播推流设备、直播相关业务、导播相关业务以及其他对接到用户中心的服务或业务。

生产平台主要负责直播生产全流程管理，通过直播通道和直播流的管理，打通从流采集、处理、转码、截图、视频加速到视频预览和质量监控、异常处理和恢复等全流程管理和监控。

运营平台主要提供包括内容编辑、发布、上下线管理、数据运营、播放页定制、互动组件设计和管理、客户配置管理等直播活动管理和运营支撑。

订单管理平台为直播、导播、存储等业务提供计费、结算、订单管理等服务。

App 工具提供大观直播 App,在私有化部署情况下用户可自定义名称进行上架。

2.2.2　云直播系统

云直播系统可使用推流、拉流两种方式接入直播平台,支持同时在电脑端、移动端等不同平台上播放和一键分享到微信、微博;通过控制台/API 创建直播通道,可以实现多通道活动直播、导播等直播场景;可自定义配置直播延时时间,有效避免和处理直播过程中出现的意外事故并满足审核需要,保证直播内容安全;支持实时查询流量、带宽、观看人数等直播数据。

2.2.3　云点播系统

云点播系统支撑点播内容(实践教学资源)采集、生产和发布的点播视频管理服务,提供视频生产全流程管理、点播媒资管理、点播内容源发布管理等功能,并提供点播视频上传入口(web)、点播生产控制 API、媒资管理 API、点播内容播放控制、点播播放器和预览播放页。

2.2.4　云导播台

云导播台支持自定义画面布局、备播机制、音视频同步切换等功能,省去了沉重的传统导播台的硬件设备,丰富线上导播业务场景。

2.2.5　云制作系统

云制作系统实现云端与本地资源共享,通过故事板模式编辑,配合大型实践教学制作团活动提供素材,让视频编辑过程更加简单和便捷。

2.3　为演播室赋能

通过媒体云连线功能实现演播室与异地从事实践教学活动师生的互动连线,师生连线画面分别通过数字串行接口(SDI)信号输出给下游的演播室大屏包装/制作包装系统,由下游系统负责包装和导播切换。

3.在直播实践教学中的应用

基于媒体云的直播与制作实践教学系统在全国高校传媒相关院系实践教学中得到推广与应用。直播演播的业务流程为策划、预热、演播、评价 4 个关键业务流程,实现了直播业务闭环。直播实践教学流程如图 2 所示。

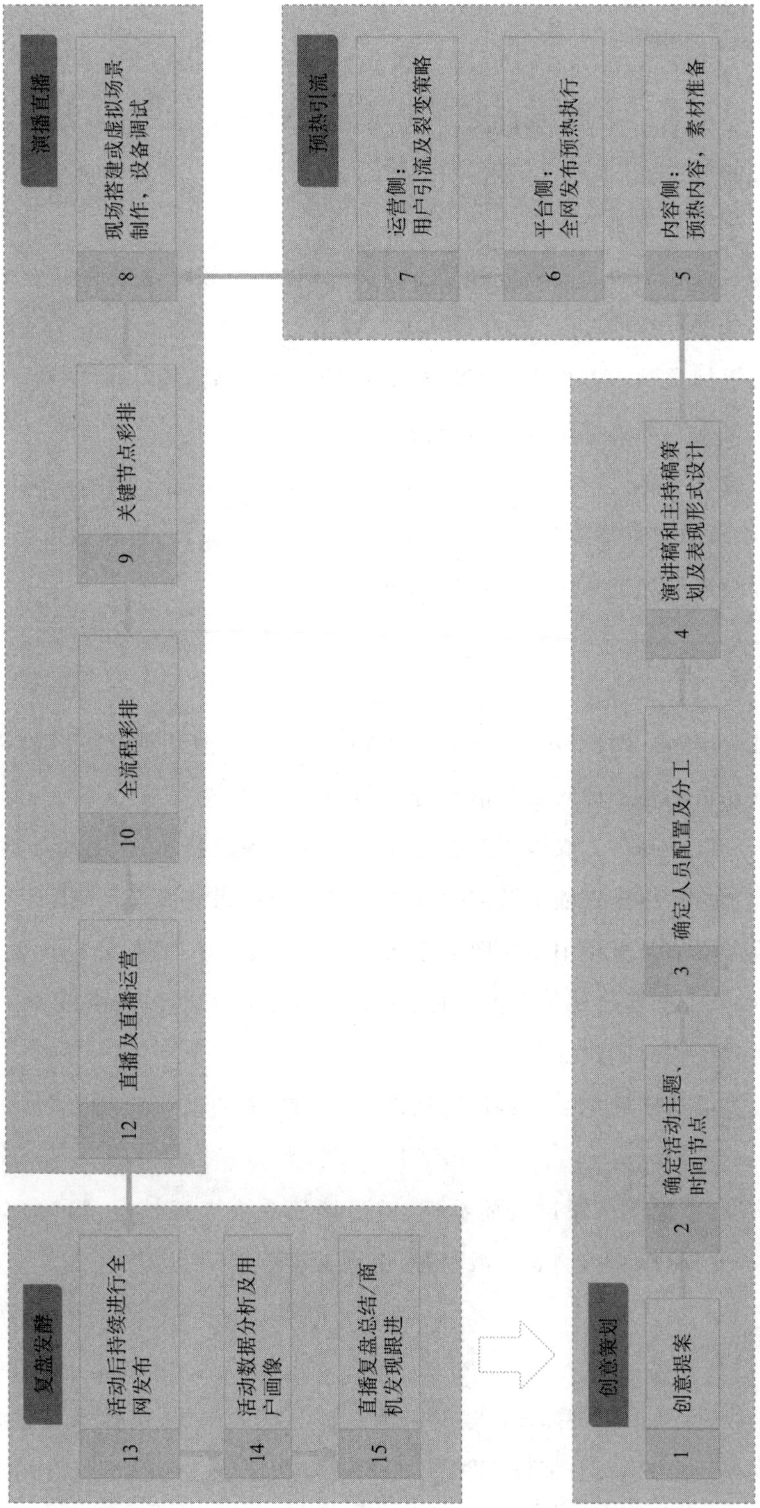

图 2　直播实践教学流程示意图

3.1 策划阶段

策划阶段是整个直播活动的起点,同时确定直播播出形式。针对直播实践教学活动需要对选题的背景、需求进行了解,对直播活动进行设计,策划编排出直播脚本,明确直播环节及学生实践业务分工。

重要直播实践教学活动需要进行彩排,检验直播实践教学业务流程设计合理性并对直播各个环节进行精准校时,这点对于电视直播、广播直播、大型网络直播有明确时段要求的节目更加重要。工作人员可根据彩排结果重新调整策划。中科大洋专门开发了直播创意策划实训虚拟仿真实验项目。

在策划阶段,老师可以将学生进行直播活动模拟分组,不同小组承担不同直播活动角色,每个小组通过直播策划软件进行岗位和时间规划设计,设计直播单,上传到手机端分享给同组成员和老师进行确认和修改。

3.2 预热阶段

预热准备阶段是区别于传统直播活动的部分,为了提前让观众了解直播活动,工作人员可在直播活动开始前对直播活动进行预热。

工作人员可以从制作方媒体资产管理库中查找相关的音视频/图片资料或者新制作预热的小片/海报,根据直播活动需要导入演播室中作为演播素材使用。

预热阶段需要准备直播中使用图文字幕素材,比如黑场、直播活动中重要人物的职务、姓名等以及一些增强现实虚拟素材、虚拟主播素材、互动包装模板等。这些内容不能在直播过程中临时制作准备。

预热阶段直播活动的主要内容包括活动名称、直播时间、活动摘要、活动介绍、封面图等。

在预热阶段,直播团队通过直播看板,通过调研观众上线情况,检验预热是否成功,可以及时补充预热手段,例如官微预告、电视滚屏引流等。

3.3 演播阶段

在演播阶段,导播带领直播团队进行音视频内容演播制作,包括现场拍摄、导播切换、调音、上增强现实效果、上字幕、呈现互联网互动数据、实时获取最新云端等业务。

在演播直播阶段,导播团队根据观众收视情况、观众评论反馈及时调整演播策略,如发红包、播放集锦等操作。直播活动结束后,相关人员上传最终的演示脚本,方便对直播活动进行复盘。最终，演示脚本对直播活动每个环节花费的时间都做了精准的记录，为最终的评价环节进行数据支撑。

目前直播过程中逐渐引入虚拟演播（虚拟现实/增强现实），能够更好地对新闻事件进行描述。通过前景叠加虚拟背景和实景同时播出功能就能够实现主持人在多个背景和前景之间的穿插走位效果，使节目表现形式更加形象、生动。

3.4 评价阶段

评价阶段完全区别于以往的传统直播活动，不用再进行传统的收视率调查，直播结束所有观看大数据都有统计分析，通过运营平台直播复盘评价工具，结合节目中导播单进行直播活动的效果复盘，随时总结经验，能够持续提升每一场直播实践教学效果。

我们通过导播单内容与数据在时间轴上对应展现提供全局效果能力，找出观看人数或互动热度重要的拐点，对高潮部分的内容，可采取持续报道造势的策略；对低谷则分析原因，可以重点标记出活动前预期热度较高或关注度较高的内容及时段，核对效果是否符合预期。

我们通过积累直播实践教学活动得失，可形成不同类型直播实践教学活动模板。后续类似直播实践教学活动在策划时直接套用模板即可。每次直播实践教学活动结束，教师可以带着学生通过直播大数据对整个直播的各类数据进行分析，总结直播实践教学得失，改进下一次直播实践教学活动准备工作，同时让学生深刻理解直播的效果评估。

4.结语

随着云计算、大数据、人工智能、5G、区块链等新一代传媒信息技术迅速发展，直播内容与形式越来越向电商、教育、发布会等细分领域发展，进一步呈现形式多样化、内容垂直化、直播人员专业化趋势，这就要求传媒类专业直播实践教学活动也要更加专业化。秉承前瞻理念、领先产品和先进技术，中科大洋将继续在传媒生产运营系统开发、集成、应用领域乘风破浪，为媒体融合时代传媒实践创新人才培养提供实践教学全方位媒体化的解决方案。

〔魏哲，北京中科大洋科技发展股份有限公司教育事业部总经理〕

云端融合传媒实践教学系统及多场景实验空间建设

◎ 胡一梁 钱晓勇

摘要:随着新一代传媒技术在社会的广泛应用和媒体融合的日益深入,传统传媒专业的实践教学系统、实践教学内容、实践教学模式、实践教学场景不再适应当代传媒人才素养与能力培养的需求。面对智慧媒体发展新形势,北京市强氧新科信息技术有限公司积极构建多场景、多业务、多专业融合的场景化、融合化传媒实践教学系统,支撑了相关高校传媒实践教学平台、实践课程体系、实践教学模式的转型,为传媒实践创新人才培养提供了有力支撑。

关键词:媒体融合;实践教学;多场景;网络直播

当前,以云计算、5G、人工智能、大数据、区块链、虚拟现实/增强现实等新兴传媒信息技术强力驱动着媒介形态的变革与传媒业态的重构,媒体生产体系已经由“人力—智慧”型向“技术—智能”型转移,媒体传播方式也由传统媒体时代“模糊—线性”转向智慧媒体时代的“精准—智能”。同时,建立在大数据技术上的数据化、智能化、个性化内容推荐和程序化创意、程序化购买,正在逐步取代传统人力劳动,传媒产业的核心业态正在由智力驱动型向技术驱动型转变。① 与此同时,微博、微信、抖音、快手、B站、小红书、数据新闻、H5、动漫、直播等媒体传播途径和传播形式,正全面渗透人们日常的生产生活学习之中。

当代传媒实践教学应深入了解传媒发展的变革动态及社会对传媒实践创新人才需求,积极探索传媒实践教学新体系、实践教学新模式和实践创新人才培养新机制。② 为此,北京市强氧新科信息技术有限公司(以下简称“强氧科技”)从成立至今积极进行

① 马二伟.大数据时代广告产业核心业态的变革与重塑[J].现代传播(中国传媒大学学报),2016(11):121-124.

② 黄玉波,张钰.以合为减:智能时代传媒人才培养体系改革思路与探索[J].中国出版,2021(18):34-38.

传媒新兴媒介、传播业务系统及传媒实践教学系统开发研究，不断用媒体融合思维模式、技术平台、业务实践支撑当代传媒实践教学转型，近年来构建了多场景、多业务、多专业融合的场景化融合化传媒实践教学系统，支撑了相关高校传媒实践教学平台、实践课程体系、实践教学师资的转型，探索了多场景实验室建设的新形态。

1.传媒实践教学体系面临3个转型

面对传媒技术、产业迅猛发展及在社会各个领域的广泛应用，传媒实践创新人才培养需要从实践教学平台、实践教学内容、实践教学模式等方面进行系统性创新，构建有效提升当代传媒实践创新人才职业素养、专业水平与实践创新能力的实践教学体系，从而实现传媒实践创新能力的培养与社会需求的同频共振。

1.1　传媒实践教学平台需要转型

传媒实践教学与传媒生产相辅相成，目前大多数传媒院系实践教学系统是按照传统媒体业务系统分别建立实验室，传统媒体集团与传媒实践教学平台架构如图1所示，各个实践教学业务系统在空间和业务上互不相连，无法实现互联互通和业务交互，呈现出鲜明的传统媒体特点，无法满足智能媒体时代传媒实践教学对教学平台的需要，同时还导致实践教学物理空间的日益紧张。

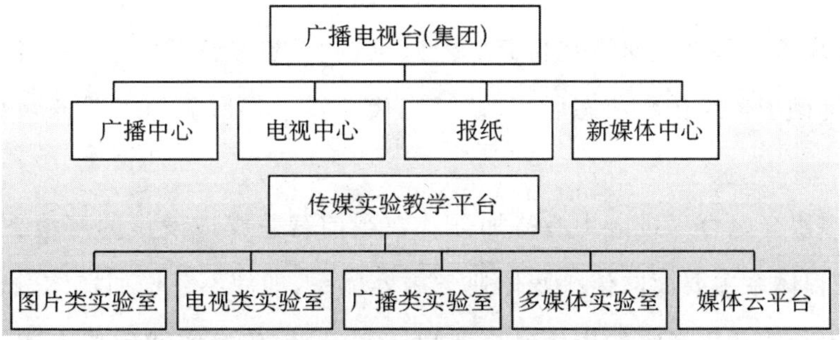

图1　传统媒体集团与传媒实践教学平台架构

当前智慧媒体不断发展，各种新媒体技术和媒介平台层出不穷，各级媒体朝智能化、融合化发展，已经逐步成为现实。主流媒体集团采用以媒体云为基本业务架构，其业务架构如图2所示，智能技术已初步覆盖媒体内容采集、生产、分发、风控、反馈、版权保护、媒资与商业化等业务环节。

随着媒体融合深入和新文科建设不断推进，传媒类专业融合创新在推进，与此同

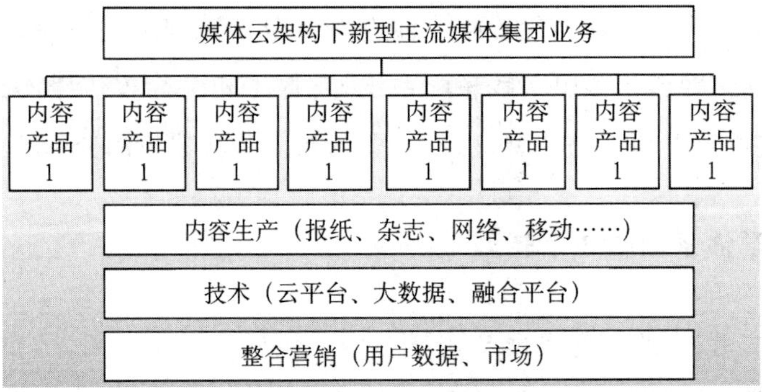

图 2　基于媒体云架构的新型传媒集团基本业务架构

时，通过云上实践教学系统和多场景、多业务、多专业融合的实验室(端)一体化建设，传媒实践教学平台逐渐向新型主流媒体集团业务平台转型。

1.2　传媒实践教学课程体系需要转型

传媒实践教学离不开实践教学平台的支撑，传媒实践教学课程体系构建与实践教学平台建设息息相关。建立在传统传媒实践教学平台之上的实践教学课程体系不能满足智慧媒体时代传媒实践教学的需要，存在的主要问题如下：

第一，多业务融合实践能力有待加强。传统传媒实践教学平台往往针对各自专业的需要建设，导致传媒各专业之间的实践教学没有打破相互壁垒，存在各专业实践教学各自为战现象。各专业对课程目标、类型、结构、评价缺乏综合设计，实践能力结构单一，甚至徘徊于传统传媒业态层面，缺乏当代传媒生产所需的多业务融合创新能力培养。

第二，多媒介融合思维能力有待加强。在当前智慧媒体发展的环境下，传统传媒实践教学课程体系主要面向传统媒体业务内容体系，即使不断增加媒体融合业务内容理论部分，也不能建立系统的媒体融合课程体系，导致传媒实践创新人才培养缺乏数字化和多媒介融合思维，表现为多媒介融合思维能力满足不了社会各领域对传媒实践创新人才的需要。

第三，多岗位融合管理能力有待加强。传统传媒实践教学课程体系围绕各自专业展开，导致技术、业务、运营等传媒业务管理能力培养难以融合，无法实现业务工作的“破圈”赋能，让业务人员具备技术、运营素养，让技术人员具备业务、运营素养，形成“业务＋技术＋运营”多岗位融合管理能力，更好地为智慧媒体向纵深发展提供支撑。

传媒技术系统选择、技术手段创新应用、技术趋势研判等能力以及智能生产、媒体管理、媒体运营、计算机编程等能力是当代传媒实践教学不可或缺的部分，这为传媒实践课程体系建设转型提供了方向。

1.3 传媒实践教学模式需要转型

不同的传媒发展阶段有不同的传媒实践教学模式。当前不少传媒院系践行“实践就是实战”的实践教学理念，在此基础上形成了实战化的传媒实践教学模式，由此培养了学生传统媒体实践能力。

当前主流媒体依托新一代媒体信息技术重构了内容生产逻辑、传播形式、社会影响力的云端一体传媒信息生产运营生态系统，实现了媒体生产运营向产品思维、数据化运营转变，形成了融合化、场景化的生产运营模式。《教育部、中共中央宣传部关于提高高校新闻传播人才培养能力实施卓越新闻传播人才教育培养计划 2.0 的意见》要求加快培养会使善用“十八般兵器”的全媒化复合型新闻传播人才。这就要求传媒实践教学模式必须适应主流媒体生产运营形态的需要，在云端一体的传媒实践教学生态系统基础上逐步建立起融合化、场景化传媒实践教学模式，实现传媒实践教学模式的转型。

2.基于媒体云的云端融合传媒实践教学系统

基于“公有云＋媒体专有云”的智慧校园是传媒相关院校的新型数字基础设施，需要按照租户理念设计，其基本架构如图 3 所示。智慧校园融合了面向智慧媒体业态的“采、编、发、用、管、存”等媒体服务特质媒体云系统，能够实现校园产学研用等单位“拎包业务入住”的需要。在智慧校园或公有云基础上，我们可以十分方便地构建云端融

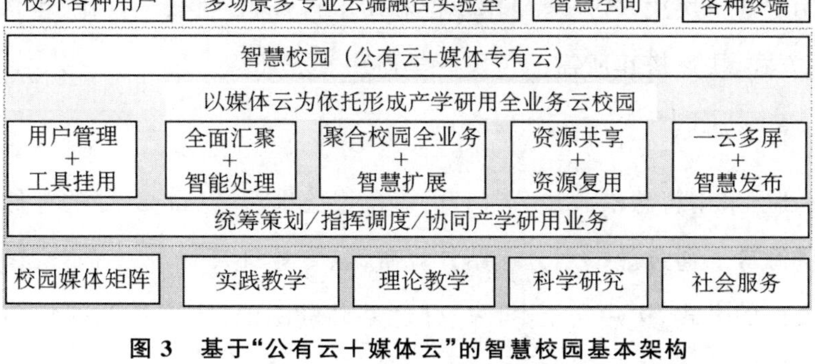

图 3　基于“公有云＋媒体云”的智慧校园基本架构

合多业务、多专业、多场景实验室,形成以虚拟空间(云)与物理空间(端)融合的实验室空间格局,实现跨时空、跨专业、跨终端进行传媒实践的教学场景。

2.1 云端融合传媒实践教学系统的特点

2.1.1 全新闭环云端一体产学研用业务系统

以媒体融合内容生产运营为核心,基于统一资源视图、面向多渠道的智慧媒体生产模式,辅以基于大数据舆情监测实现传播效果分析,实现媒体融合业态下的传媒产学研用业务,同时融合“采、编、发、管、存、用”等媒体服务特质,实现按需使用。

2.1.2 基于多租户的资源控制与共享机制

系统应采用多租户模式,学校二级业务单位和校外各种用户的资源独立控制,各产学研用业务用户独立享受各自私有空间和业务,达到业务互不影响又互联互通。

2.1.3 提供产学研用业务多工具、多服务统一融合及个性化定制业务服务

系统应提供标准系统接口规范,校园业务任意厂家的工具和服务都可以利用该接口规范融入云平台,为各用户提供统一服务能力和多样化工具选择。

2.1.4 提供大数据辅助业务

系统能够通过收集各种产学研用业务等有价值数据,面向师生提供更为精准的产学研用服务和更为科学的数据支撑,为课程建设、实践教学和相关产学研用业务提供精确定位。

2.2 云端融合传媒实践教学系统基本组成

传媒实践教学系统应采用媒体云架构模式,系统总体架构自下而上分为基础层、服务层、应用层 3 个层次,各产学研用单位利用平台资源池化、工具化、租户化的特性,采用组装的方式,快速搭建所需的传媒产学研用业务环境。

2.2.1 基础层

系统基础层采用智慧校园或公有云的基础设施即服务(IaaS)层的存储资源、计算资源、网络资源等。通过虚拟划分通用计算资源、专业计算资源(GPU)、存储、分布式网络、媒体桌面的方式,构建安全、可靠、弹性基础资源池,实现资源的集中使用、集中维护和弹性扩展。

2.2.2 服务层

系统服务层承担系统承上启下的核心作用，衔接了上层应用工具，引入大数据、人工智能等全新互联网技术，对接调度下层基础资源，采用分布式框架、高可用框架、媒体处理引擎、流程引擎、大数据引擎、媒体业务引擎等，构建智慧媒体及实践教学支撑平台，实现智慧媒体各种产学研用业务工具、资源的服务。

2.2.3 应用层

系统应用层依托基础层和服务层，提供各种产学研用业务适配，包括智慧媒体、实践教学、作品创作等业务所需的软硬件资源。

2.3 系统基本业务模块

系统基本业务模块包括融媒体中心、云制作、管控平台、校园媒体矩阵等部分，能够完成传媒实践教学所涉及的各项业务。

2.3.1 融媒体中心业务

融媒体中心业务包括基础服务、云编辑工具、选题策划工具、移动生产 App 工具、多媒体稿工具、通联工具、云收录等各类工具和服务，满足融媒体中心所涉及媒体生产运营、校园媒体矩阵、实践教学和新闻作品创作等业务需要。

2.3.2 云制作业务

云制作业务包括云非编工具、云存储、云转码、云文稿等业务。云非编工具提供虚拟化非编工具，按需使用，实现在计算机上完成作品制作。云存储根据需求提供统一的存储空间用于制作所需空间，具有良好的扩展性。云转码主要是将源文件转码为适合不同需要的格式，通常采用集群转码服务实现。云文稿用于实现文稿制作、文稿审查、串联单编辑等功能。

2.3.3 管控平台

管控平台也是大数据系统及指挥调度平台，包括融媒体中心大屏展示、新闻大数据系统、转载传播分析、指挥调度平台等部分，可按需求提供各地特色的互联网新闻大屏和电脑端大数据新闻线索库。

2.3.4 校园媒体矩阵

利用云端融合传媒实践教学系统整合校园广播、电视、网站、报纸、两微一端以及抖音、视频号等媒体,组成校园媒体矩阵,实现校园新闻内容、数据的共享,为学校打造体验优良、聚合专业新闻报道和各类优质媒体资源的媒体矩阵。

3.传媒多场景实践教学空间建设案例

强氧科技面对智慧媒体内容形式多样化特性,充分发挥在新兴媒介、传播业务系统开发集成方面的优势,利用智慧校园或公有云资源,建设了一系列多业务、多专业、多场景融合实验室,探索了低成本、高扩展性云端融合实验室建设之路。

3.1 直播实践平台

强氧科技作为广东外语外贸大学新闻与传播学院融媒体创新实验室联合共建单位,根据传媒行业发展及其对人才需求,在充分利用原有设备的基础上配置相关系统,与公有媒体云互联互通,对播音与主持实验室 3 个实验分室进行环境改造,构建了多功能演播室、网络直播室、专业录音棚 3 个云端融合实践教学系统,既可以完成融媒体全业务实践,又可以各自独立完成各自业务实践。

3.1.1 多功能演播间

多功能演播间配置导播、移动绿幕、灯光系统、工作站、返看、提词器、大调音台等业务子系统,能够完成沉浸式虚拟场景演播、导播、影视表演、摄影摄像、在线图文包装以及包括视频课程在内的小型演播活动的录制与直播等业务实践。

3.1.2 网络直播间

网络直播间配备桌面工作站、返看、提词器、直播灯、环形灯、调音台等业务子系统,能够完成实景演播、带货直播、在线课程录制、摄影摄像等实践教学业务以及课程教学、小规模培训等活动。

3.1.3 专业录音棚

专业录音棚配备录音工作站、录音声卡、录音话筒、监听音箱、监听耳机、前置效果器等业务子系统,能够完成声音特效制作、影视配音、播音录制、调音修音、音乐录制等实践教学业务。

相关网络直播平台在完成日常实践教学之外,还组建了“薪火乡传”直播助农工作室,开展了数十场直播带货、直播培训,相关项目获得了第七届中国国际“互联网+”大学生创新创业大赛省赛铜奖。

3.2 云转播实践平台

秉承创造性、融合性、开放性的实验室建设思路，华南理工大学新闻与传播学院采用简化设备构架、简化流程、简化操作、注重效果的强氧小型 IP 现场制作解决方案，由 4 台摄像机、2 台导播台、1 套在线包装系统、1 套推流录制工作站及其他附属设备组成云转播实践平台。

2021 年 9 月云转播实践平台承担了华南理工大学机械与汽车工程学院、新闻与传播学院联合举办的 2021 级新生迎新晚会，晚会采用云端融合形式进行，总时长 2 小时，当晚 B 站直播人气峰值达 5905，弹幕互动数 1175 条，扩大了华南理工大学的知名度与影响力。

3.3 媒体云桌面系统

强氧科技与浙江传媒学院电视编辑与导播国家级实验教学示范中心共建了“强氧传播创新业务实验室”，开展媒体云桌面、摄制、制作、转播、数据可视化、虚拟现实等方面技术与业务合作。双方共同在浙传云上建立了融媒体中心云桌面实验室，实现了内容汇聚、节目制作、内容运营、内容发布等融媒体中心业务全流程的云端实践教学，如图 4 所示。

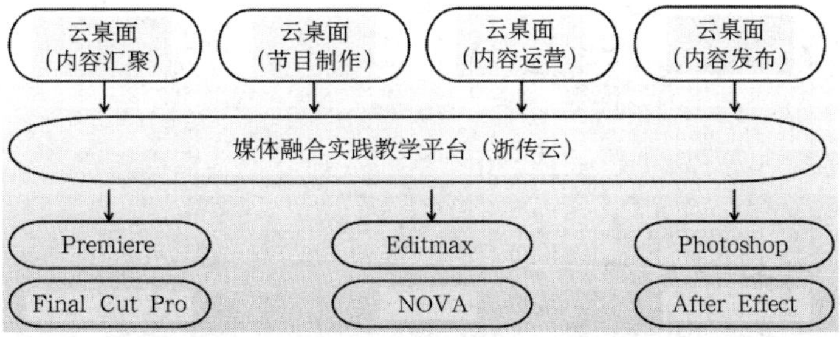

图 4　融媒体中心云桌面实验室架构

基于云桌面的融媒体全流程业务实践教学还可以随时创建相关业务的实践教学系统，实现跨时空的云端融合实践教学。如果云端媒体业务实践完成后，系统会自动退出并释放该业务软硬件资源供其他师生申领使用。

4.结语

随着智慧媒体的发展和传媒新文科建设的深入,云端融合传媒实践教学系统建设的成功案例越来越多,从而带动了传媒相关专业的实践教学课程体系升级转型,多场景、多业务、多专业融合实践教学成为传媒人才培养的一道亮丽风景线。强氧科技将继续致力于云端融合实践教学平台建设,为传媒实践课程体系、实践教学模式的转型不断助力。

〔胡一梁,教授级高级工程师,浙江传媒学院电视编辑与导播国家级实验教学示范中心副主任;钱晓勇,北京强氧新科信息技术有限公司运营总监〕

小型敏捷融媒体 App 系统的构建

◎ 秦大东　刘苏情

摘要：本文描述了小型敏捷融媒体 App 的建设目标和整体框架，分析了融媒体 App 的基本组成与功能，讨论了融媒体 App 系统安全措施，提出了融媒体 App 的运营策略与方法，以期为中小型媒体、企事业建设融媒体 App 提供参考。

关键词：融媒体 App；发布平台；运营策略

随着云计算、5G、大数据、物联网、虚拟现实、人工智能等媒体信息技术的融合发展，人类进入万物皆媒、人机共生、自我进化的智媒时代和媒介化社会。各种各样数据化、社交化、本土化的应用程序（App）快速收获了跨地域、跨文化的庞大用户群，实现了信息聚合式传播。当前 App 的下载和使用频率不断增长，App 资讯推送已经深深嵌入生活工作学习之中。截至 2021 年 11 月末，我国国内市场上监测到的 App 数量为 272 万款，数量与 10 月末持平。其中，本土第三方应用商店 App 数量为 137 万款，苹果商店（中国区）App 数量为 136 万款。①

2020 年中共中央、国务院印发《关于推动传统媒体和新兴媒体融合发展的指导意见》，各级媒体机构应布局移动互联网阵地建设，大力推动传统媒体与移动新媒体深度融合发展，坚持移动优先，全力打造移动传播的全新渠道。② App 按使用功能可以划分为新闻资讯、社会交往、网购支付、图书阅读、地图导航、医疗健康等十几个不同门类，涉及工作、生活方方面面。目前，媒体单位甚至大型企事业单位都在建设融媒体 App，其目标就是有效提升各自资讯工作质量和各自单位的传播力、引导力、影响力和公信力。

---

① 工信部.2021 年 1—11 月份互联网和相关服务业运行情况[EB/OL].(2021-12-30)[2022-02-15].http://www.miit.gov.cn/gxsj/tifx/hlw/art/2021/art_c11f934d11e0405cbb5777fd57a7517f.html.

② 中共中央办公厅 国务院办公厅印发《关于加快推进媒体深度融合发展的意见》[EB/OL].(2020-09-26)[2021-03-12].www.gov.cn/xinwen/2020－09/26/content_5547310.htm.

1.融媒体 App 建设目标、整体框架

各地各单位必须全面把握媒体融合发展的趋势和规律,推动媒体融合向纵深发展。融媒体 App 具备将传统媒体与新兴媒体优势发挥到极致的能力,能够把不同媒体在技术、内容、宣传及其他资源进行全面整合,实现在内容输出、推广、宣传等方面的聚合式发展。

1.1 融媒体 App 建设目标

融媒体 App 是一个多媒体呈现、多资源聚合、多技术应用的互联网资讯平台,能够提供海量图文、音频和视频等新闻资源和学习、工作、生活资讯,形成移动端与电脑客户端资讯同步推送。融媒体 App 在信息技术应用、功能模块设计、交互设计、界面风格设计上需要遵循系统的整体性、信息生产的多维度和用户黏性不断增强的设计思路,具体建设目标如下。

1.1.1 创新媒体传播方式

强化互联网思维,坚持传统媒体和新兴媒体优势互补,充分运用信息新技术,推动传统媒体和新兴媒体在内容方面深度融合,形成立体多样、融合发展的现代传播体系,为媒体融合发展带来内容优势。

1.1.2 实现灵活科学版面配置

移动端整体设计需要不仅符合媒体主流趋势,而且灵活可变。App 组件功能、版面配置在设计上要求充分降低各业务耦合性,既能够适应敏捷开发快节奏,又能保证 App 系统完整性。App 还应具备快速调用其他业务模块能力,各业务模块通过接口调用降低模块间耦合度,实现更好的用户体验。

1.1.3 满足“新闻＋本地服务”需求

融媒体 App 功能模块设计需要考虑多样性融媒体业务场景需求,新闻展现形式应涵盖图文报道、直播、视频、专题、虚拟现实/增强现实等多种形式,能够将本地服务、电子政务、社区服务等领域服务进行延伸,通过和新闻服务有机结合形成“新闻＋本地服务”模式。

1.1.4 全面提升媒体运营能力

在用户运营上,App 应具备内容发布量、传播量、用户画像、使用行为等多维度数

据统计功能;在内容运营上,App 应按照“栏目清晰、分类合理、界面美观、操作流畅、功能完善”展现效果打造用户界面和支撑平台;在活动运营上,需要通过运营手段来提升 App 的应用市场排名、下载量、活跃度等数据。

1.2 融媒体 App 整体框架

实现各类功能一站聚合,降低开发难度,建立统一开发标准,提升开发效率,保证组件独立性、安全性及可控性,是小型敏捷融媒体 App 框架设计的主要因素。小型敏捷融媒体 App 框架一般由服务端框架、移动端框架、Web 前端框架等三个部分组成,均采用组件式开发模式,这样不同模块可以方便集成在同一套框架内。

1.2.1 服务端框架

后台管理框架采用 Web2.0 的架构,使用超文本预处理器(PHP)语言,基于 ThinkPHP 进行二次开发,实行封装后端系统全局配置模块、统一文件上传服务和操作日志接入方式,提供常用的公共方法、统一定时任务管理,实现安全、稳定的服务。

1.2.2 移动端框架

移动端框架包括安卓和 iOS 框架,提供底层软件开发工具包(SDK)、H5 容器、原生设备有关的应用程序编程接口(API)和详细的在线开发规范文档,具有混合式开发、支持原生开发和 H5 应用开发功能。

1.2.3 Web 前端框架

采用 React 框架进行开发,提供 JS－SDK、JavaScript 库,实现传递多种类型的参数、构建界面设计(UI)以及公共上传、视频转码、数据加密、富文本编辑等功能。

2.融媒体 App 组成与功能

融媒体 App 一般由融媒发布服务平台、网站和 App 前端建设、本地服务三部分组成,每个部分主要功能如下。

2.1 融媒发布服务平台

融媒发布服务平台集网站、App、微博、微信、短视频等各个渠道统一发布系统于一体,服务平台包括全媒体融合内容发布系统、融媒体运营及互动系统、统一综合服务聚合系统 3 个部分。

2.1.1 全媒体融合内容发布系统

该系统主要实现内容聚合生产、图集发布、视音频发布、专题发布、多功能检索、频道栏目维护、发布后台管理、内容高效过滤、内容智能加工、智能推荐等功能,以及为微信公众号、微博、今日头条、抖音等提供平台化一键融合发布功能,要求系统具有平台化、租户化、组件化、智能化、融合发布的特点。

2.1.2 融媒体运营及互动系统

该系统主要实现注册模块、会员管理模块、评论模块、分享模块、爆料模块、报名模块、投票模块、知识类模块、用户生成内容(UGC)类模块、积分商城模块等功能,具有广电资讯类、公共服务类、政务类、社区圈子类、电商服务类等模型以及报名型互动、知识型互动、评论型互动、UGC 互动等互动类型,要求系统具备模型化、租户化、插件化、融合运营化的特点。

2.1.3 统一综合服务聚合系统

该系统将媒体与政务、服务等业务相结合,提供“媒体+政务”“媒体+服务”多样化综合服务,面向用户提供政务、生活、社交传播、教育培训等服务,能够支持党建服务、政务服务、公共服务和增值服务类业务开展。

2.2 网站和 App 前端建设

该系统主要聚合关于本地各类媒体时政、生活、服务等信息,连接聚合政府或企事业单位建设“智慧城市”“智慧单位”等各种公共服务的信息,实现公共服务落地生根、惠及百姓需求。

2.2.1 界面风格样式

整体界面风格样式和菜单布局排版应符合当下客户端、网站以及小程序等主流融媒产品的设计风格,支持系统个性化定制需求。

2.2.2 功能展示

公共部分能够实现高性能全文检索、轮播宣传、智能媒资发布、评论模块、分享模块、专题展示、直播、广告运营管理等功能。

App 专有部分能够实现读报、微矩阵、活动互动、个人中心、主题显示、栏目显示、消息推送管理、会员激励体系、爆料与红包激励、App 邀请码推广、多样化综合服务等功能。

2.3 本地服务

本地服务将本地政府或本单位各级政务、民生、业务应用逐步汇聚到融媒体 App 上，达到丰富 App 内容、增加用户黏度的目的。

2.3.1 自助政务服务终端

打通部门之间系统壁垒，对事项名称、办事材料、工作流程和数据流程实行统一标准，实现各审批职能部门之间数据共享和业务协同，在本地“一窗受理”或政务网自助受理相关业务。

2.3.2 最多跑一次平台

依托政务网或单位最多跑一次平台，通过融媒体 App 就可以搜索获取办理事项的具体流程、申报材料、办理单位地址或单位业务等信息，还可以通过输入办理件编号查询事项的办理进度。

2.3.3 医养服务

在融媒体 App 上开设生活学习娱乐等优质教学视频资源。通过视频通话功能足不出户实现家庭医生签约、服务和在线视频问诊，与第三方智能健康设备连接后，随时掌握健康情况，为视频问诊提供更为准确的健康数据。

2.3.4 旅游服务

整合当地旅游资源，为用户提供专业、实用的旅游产品及服务。

2.3.5 家政服务

提供由社会专业机构、社区机构、非营利组织、家政服务公司和专业家政服务人员承担的家政服务，构建家庭规范，提高家庭生活质量。

2.3.6 综治服务

整合本地“综合执法平台”“市场监督平台”“便民服务中心”“综治工作平台”等平台，形成本地综合信息指挥中心，通过社区、职能部门和相关社会组织提供网格落地精准服务。

2.3.7 电子商城

通过购物平台将地方特色的商品送进千家万户。

3.融媒体 App 系统安全

融媒体 App 系统安全是指系统稳定持续运行和信息使用的安全两个方面,主要涉及数据安全、网络安全和系统安全。

3.1 数据安全

数据库安全首先是数据库备份,融媒体 App 应该覆盖完整备份和增量备份。备份一般采用计算机脚本自动执行+人工确认的方式,保障故障出现后即时恢复系统。数据库是服务数据存储的核心,一般采用 mySQL 和阿里云对象存储 OSS。MySQL 数据库访问将放置内网区,从而隔绝外网访问,提高数据库安全性。云数据库安全主要采用分布式块存储架构,每个数据块在可用区都有副本,从而规避物理磁盘宕机故障导致的数据损坏。

3.2 网络安全

网络攻击包括 DOS 攻击、CC 攻击、ARP 攻击和 SQL 注入攻击等,融媒体 App 网络安全目标是尽可能屏蔽网络攻击。对于高并发请求攻击,App 可使用 IP 访问控制限制来抵御,IP 访问控制主要防止恶意向系统对外提供服务的域名和端口进行攻击行为。融媒体 App 针对此种情况应使用阿里云提供的安全机制和宝塔付费插件实现网络请求防护。

3.3 系统安全

APT 数据通信一般采用 HTTPS 方式进行,同时对其接口参数进行加密,按照机密策略有效屏蔽无效请求。各客户端、Web 管理台用户操作界面查询输入框屏蔽特殊字符输入,预防 SQL 注入发生。同时,要对服务器和后台云采用强密码管理策略,避免因密码过于简单被黑客入侵。

4.融媒体 App 运营

与用户兴趣匹配的丰富内容是融媒体 App 运营的基础,成熟的互联网运营策略和运营推广方法也是融媒体 App 运营成功的关键之一。

4.1 运营推广策略

发掘种子用户、培养用户习惯、建立日常互动模式、发掘潜力用户是融媒体App运营一般采取的策略。

4.1.1 发掘种子用户

运营者可以分析App定位建立种子用户模型，找到代表核心需求用户，将其作为种子用户，打磨产品让种子用户对产品满意，产生传播效应，再通过渠道倒流、置换，实现种子用户的裂变扩大用户群。

4.1.2 培养用户习惯

运营者通过制定运营规则，建立有效用户反馈机制，培养用户按规则使用习惯，熟悉规则用户越多，接受的用户就越多，再结合养成类小游戏增强用户的黏性。

4.1.3 建立日常互动模式

除日常活动外，运营者选择合适时间组织搭配红包、群公告功能、管理者实时在线、发起互动挑开话题、群文化、小游戏互动、不定时福利针对性发放等社群营销互动，保持核心用户黏性。

4.1.4 发掘潜力用户

运营者通过用户画像发现具备变现潜力的用户，利用该群体用户特征，推广用户感兴趣的品类，系统应提供“特卖仓”“优惠券”等变现手段，最终实现收益变现。

4.2 运营推广方法

裂变活动、信息流投放、大V转发、专业地推是常用运营推广方法。

4.2.1 裂变活动

裂变活动是每个App运营主体追求的目标。运营者可以科学借助文化环境，借力定期爆发的社会心理需求，结合合理宣传造势方式，制定明确裂变活动目标和方案，有目的开展裂变活动。过程中，运营者需要充分注意裂变活动转化，尽可能将裂变活动流量转化为目标用户和目标行为。

4.2.2 信息流投放

运营者可以根据大数据用户画像触达指定用户群体，通过微信、今日头条、抖音、微博、知乎等线上渠道进行在线活动、软文推广、开屏广告,信息流广告、社群转发、创意视频等形式信息流推广,实现用户转化。

4.2.3 大V推广转发

运营者可以锁定特定大V的高精准度用户群体,通过大V推广转发裂变营销活动进行营销,达到高曝光率的信息量和高到达率的信息到用户,实现用户变现。

4.2.4 专业地推

专业地推时效性强、有效性高,被称为“终端媒体”,起到与用户互动沟通作用。运营者根据App战略规划、市场定位进行专业地推传播造势,能够实现快速培养App种子用户的目标。

5.结语

融媒体App在运营过程中需要持续通过加密、证书、鉴权、智能监控等手段提升其稳定性和安全性,同时还要不断迭代和改进多媒体呈现、多资源聚合、多技术应用能力。聚焦优质内容生产、创新内容表现形式、提升内容传播效果是小型敏捷融媒体App可持续发展的核心要素。

〔秦大东,高级工程师,中国广电内蒙古网络有限公司传输维护部主管;刘苏情,浙江传媒学院2021级新闻与传播专业硕士研究生〕

图书在版编目(CIP)数据

中国传媒实践教学研究.第二辑/胡一梁,姚争主编.--北京:中国传媒大学出版社,2022.6
ISBN 978-7-5657-3198-3

Ⅰ.①中… Ⅱ.①胡… ②姚… Ⅲ.①传播媒介—教学研究—高等学校—中国—文集
Ⅳ.①G206.2-53

中国版本图书馆 CIP 数据核字(2022)第 065696 号

中国传媒实践教学研究(第二辑)

ZHONGGUO CHUANMEI SHIJIAN JIAOXUE YANJIU (DI-ER JI)

主　　编	胡一梁　姚　争		
策划编辑	李水仙		
责任编辑	李水仙		
特约编辑	李明远		
封面设计	拓美设计		
责任印制	李志鹏		
出版发行	中国传媒大学出版社		
社　　址	北京市朝阳区定福庄东街 1 号	**邮　　编**	100024
电　　话	86-10-65450528　65450532	**传　　真**	65779405
网　　址	http://cucp.cuc.edu.cn		
经　　销	全国新华书店		
印　　刷	唐山玺诚印务有限公司		
开　　本	787mm×1092mm　1/16		
印　　张	17.5		
字　　数	340 千字		
版　　次	2022 年 6 月第 1 版		
印　　次	2022 年 6 月第 1 次印刷		
书　　号	ISBN 978-7-5657-3198-3/G·3198	**定　　价**	79.80 元

本社法律顾问:北京李伟斌律师事务所　郭建平